高等职业教育“十三五”规划教材

物流运输管理实务
（第二版）

主　编　马　华　朱紫茂
副主编　万晶晶　赵妍红

中国轻工业出版社

图书在版编目（CIP）数据

物流运输管理实务/马华，朱紫茂主编 . —2 版 . —北京：中国轻工业出版社，2020. 12

高等职业教育“十三五”规划教材

ISBN 978 - 7 - 5184 - 1986 - 9

Ⅰ. ①物… Ⅱ. ①马… ②朱… Ⅲ. ①物流—货物运输—管理—高等职业教育—教材 Ⅳ. ①F252

中国版本图书馆 CIP 数据核字（2018）第 174306 号

责任编辑：张文佳　　责任终审：张乃柬　　整体设计：锋尚设计
责任校对：吴大鹏　　责任监印：张　可

出版发行：中国轻工业出版社（北京东长安街 6 号，邮编：100740）
印　　刷：北京君升印刷有限公司
经　　销：各地新华书店
版　　次：2020 年12月第 2 版第 2 次印刷
开　　本：787 × 1092　1/16　印张：15. 75
字　　数：380 千字
书　　号：ISBN 978 - 7 - 5184 - 1986 - 9　　定价：39. 80 元
邮购电话：010 - 65241695
发行电话：010 - 85119835　传真：85113293
网　　址：http：//www. chlip. com. cn
Email：club@ chlip. com. cn
如发现图书残缺请与我社邮购联系调换
KG1279-180578

第二版前言

自2011年8月以来，物流业发生了很大的变化，为适应物流业发展对物流人才的要求，作为物流职业技能和高层次复合型人才的培养教材，自然也要在第一版的基础上做出必要的调整和修改。

第二版是在第一版的基础上，博采众长，力求突出教与学过程中的实用性和可操作性，对项目教学结构进行了大量调整。首先对学生测评这一难以操作的部分进行了删除，调整为更加实用的课堂训练，使得更加适用于课堂教学过程中的“做中学、学中做”；其次对过时的资料数据进行了更新，充分反映时代潮流、发展变化趋势；再次对书中以往描述不准确、不全面的内容进行了补充完善。

第二版相对第一版，其主要变动如下：项目一对物流及现代物流发展作了更新，一些资料数据也同时进行了更换，拓展知识部分增加了新内容，把第一版中的交通运输通道和大陆桥运输进行了删除，增加了一带一路和互联互通；项目二对以往描述不准确、不完善的地方进行了完善，拓展知识也进行了更新，增加了归纳总结性的表格；项目三对集装箱运输和托盘运输进行了补充完善，对拓展知识增加了新内容；项目四结合快递业的发展，作了大量的资料更新，通过增加表格数据的形式使内容更完整、更清晰；项目五进行了部分资料的更新，适当增加补充了一些新内容；项目六删除了网络计划评审技术，增加了公路场站设计，对表上作业法进行了更详尽的描述，对初始方案的调整优化方法也进行了更改，使得更直观、更简便，易懂易学；项目七主要是对铁路整车运输费用的计算进行了更详尽的补充和完善；项目八仅增加了趣味性的教学内容（如生物节律），以便激发学生的学习兴趣；项目十在任务三中增加了运输纠纷的处理案例，学生完全可以仿照案例进行角色扮演，更好地完成实训任务。

第二版的成功出版，离不开出版社编辑辛勤的付出，耐心细致的沟通，不厌其烦的审阅和校对。在校阅过程中，发现了不少问题，提出了许多宝贵的建议，付出了大量的时间、精力和心血，在此特别表示感谢。

第二版教材紧贴当前形势，极具时代气息，突出专业特色，适用于物流专业、运输管理与组织专业的教学，也适合于物流、运输各行业专业人士阅读。但是，由于本人水平有限、时间仓促，难免出现疏漏之处，恳请各位专家、同仁、学者和读者能够提出宝贵意见和建议，本人将不胜感激。

编　者

2018年7月

第一版前言

为适应高职教育教学改革要求，提高教材的适用性，在本教材编写之前，我们深入走访德邦物流、佳吉物流、天地华宇等几家大型物流企业，进行广泛的调查研究，听取企业专家的建议。在编写过程中，总结教学过程中的经验和体会，收集学生的建议和意见。同时，与兰州石化职业技术学院、青海交通职业技术学院等兄弟院校沟通交流，经过多次调整、补充和完善后才编写成此书。

教材编写主要针对物流运输管理所涉及的业务范围、岗位群和典型工作，首先进行工作任务和作业能力分析，提炼出主要职业能力模块，并根据职业能力模块安排教材内容，以项目、任务、单元为主线的教学内容，以“项目导向、任务驱动、学生主体”的教学模式，旨在培养学生在物流系统中的运输作业流程及单证管理能力、运输工具选择与运输线路优化能力、运费计算与成本控制能力、承运商选择与评价能力、运输合同的签订以及运输纠纷的处理能力等。同时，注重培养学生的自主学习能力、创新思维能力、协作沟通能力与可持续发展能力。

在教学设计上充分重视课前的准备工作，包括情境设计、场景布置、资料准备、知识准备、角色分配、实训步骤、实训要求、能力测评等。教学过程特别强调情景、角色的真实感，关注每个学生的参与性，最大限度地激发他们的学习兴趣，帮助他们建立学习的成就感和自信心，使他们在学习过程中提高人文素养，培养团队合作精神，树立责任心，同时注重学生语言表达能力的锻炼和提高。

本课程按照物流运输基础知识—现代物流运输形式—物流运输管理实务—物流运输环境管理四大核心能力模块，分层次进行逐次教学。

编　者

2011 年 5 月

目　录

模块一
物流运输基础知识

项目一　物流运输概述

知识目标

1. 了解物流与运输的含义和特点
2. 掌握运输的主要功能和原理
3. 掌握物流节点的含义及功能
4. 认知一带一路与互联互通

技能目标

1. 会根据具体客户要求与货物批量、种类及特点选择适宜的运输方式
2. 通晓物流节点的功能及全国物流节点的规划与布局
3. 理解一带一路战略

物流与运输密不可分，整个物流活动是由包装、装卸、保管、库存管理、流通加工、运输和配送等活动组成的，其中运输是物流活动的主要组成部分，是物流的核心环节，不论是企业的输入物流还是输出物流，或者流通领域的销售物流，都必须依靠运输来实现商品的空间转移。可以这样说，没有运输，就没有物流。物流与运输的关系如图1－1所示。

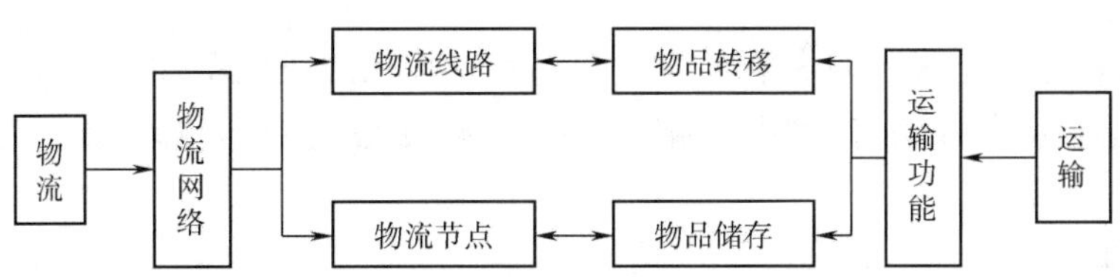

图1－1　物流与运输的关系结构图

任务一　什么是物流与运输

一、认知物流

1. 物流

物流（logistics）就狭义而言，即指商业流程中的仓储及运输。近年来随着区域经济的快速发展，原来分散的、低效率和高成本的物流活动转化成物流资源互补整合、相互联系、分工协作的产业链条，形成以供应链管理为核心的社会化物流系统。现代物流活动逐渐从生产、交易和消费过程中分化出来，成为专业化的新型经济活动。

2. 现代物流

现代物流就是通过仓储、运输、配送等全面综合管理，令整个物流过程缩短时间及降低成本，故现代物流在商业营运流程的地位更为重要，主要原因体现在以下几个方面：

（1）商业流程缩短。制造业者为掌握销售通路与利润，逐渐向下游整合，成立体系内销售部门的现象日益普遍，以致中游的批发者或中间商生存空间日渐压缩，甚至被制造业者或零售业者所取代，形成商业流程缩短的现象。

（2）连锁店兴起。为增强竞争能力，扩大销售规模以降低销售成本，企业化的连锁经营不仅可扩大营业规模，亦可以加强对市场的渗透及销售渠道的掌握。

（3）市场采取薄利多销策略。在市场供过于求的情况下，价格竞争往往导致获利率降低，故加强各项成本控制已成为企业求取生存发展之道。虽然在生产流程的成本降低方面已日见困难，但在物流方面减少支出，仍有相当空间。

3. 现代物流的目标

现代物流的目标概括为“7 R”：即以合理的成本（right cost）、恰当的条件（right condition and packaging）、在确定的时间（right time）、在确切的地点（delivered to the right place）、向合适的客户（right customer），提供恰当数量（right quantity）和所需要的产品（right goods）。

二、认知运输

1. 运输的概念

运输是人们借助运输工具，在一定线路上实现运输对象的空间位置变化的目的性活动。运输过程是运输劳动者使用运输工具在一定线路上使运输对象实现空间位移的过程。

2. 运输的特性

（1）运输生产和消费的即时性。即时性是指产品仅能在其生产与消费同时进行的过程中存在的属性。运输生产活动的目的，是将运输劳务提供给有运输需要的利用者即用户。因此，运输生产必须有用户即时利用和接受其服务时，运输才能有效进行。因而运输生产和消费两个过程是不可分割的，它们在时间和空间上相重合。

（2）运输生产过程具有流动性。工农业生产过程，一般是在一个空间比较有限且位置固定的地点来完成，而运输业生产过程则是流动的、分散的，尤其是道路运输更具有分散、流动、点多、面广、机动、灵活的特点。这种流动性的特点，使得对其生产过程的管理与控制更为复杂，难度更大。

（3）运输生产过程的替代性。实现货物和旅客的位移，往往可采用不同的运输方式。由于各种运输方式的产品都是位移，因此，某种运输方式在某种程度上，有可能被另一种运输方式所代替。运输需求在运输方式之间转移的可能性，促成了各运输方式之间一定的替代和竞争关系，而工农业部门的生产内部及它们相互之间的生产一般是不能代替的。例如：工业内部的冶金、机械不能代替纺织、食品加工等。运输业的这种替代性，使得有可能通过调节不同运输方式的供求关系，使运量在各种运输方式之间合理分配，形成较为科学的综合运输体系。

（4）运输产品的非实体性。与工业产品和农业产品的实体性相比较，运输活动是一种劳务，其本身只是在一定时间条件下实现被运输物品或乘客发生空间位置的变化，简称"位移"。这种由运输活动产生的运送对象的位移，通常意义上被称为运输产品或运输劳务。运输产品本身并不具有实体性，运输活动并不改变运输对象的属性和形态，而只改变其空间位置。

（5）运输产品的非储存性。由于运输劳务的结果具体表现为完成一定量运输对象的空间位置移动，使运输产品同时体现了两种量：运输对象的量（人或吨等）以及其被移动距离的量（公里等）。因此，一般用运输对象量和其被移动距离量的乘积来计量运输产品。其计算单位以复合指标人公里或吨公里等来表示，通常称之为运输周转量。以复合指标为计算单位的主要优点是便于对各种运输工具完成运输产品的产量进行统计、分析、比较，据此可计算在其统计期间内企业或单个车辆的产量，并可作为计算运费的依据。

除此之外，还有运输需求的派生性、运输服务的公共性等特性。

3. 运输的功能

（1）物品转移。无论产品处于哪种形式，是材料、零部件、装配件、在制品，还是制成品，也不管是在制造过程中将被转移到下一阶段，还是更接近顾客，运输都是必不可少的。运输的主要功能就是产品在价值链中的来回移动。运输的主要目的就是以最低的时间、财务和环境资源成本，将产品从原产地转移到规定地点。

（2）物品储存。对产品进行临时储存也是运输的一项功能，即将运输车辆临时作为储存设施。然而，如果转移中的产品需要储存，但在短时间内（例如几天后）又将重新转移的话，那么该产品在仓库卸下来和再装上去的成本也许会超过储存在运输工具中每天支付的费用。在仓库空间有限的情况下，利用运输车辆储存也许不失为一种可行的选择。这种运输车辆被用作一种临时储存设施，但它是移动的，而不是处于闲置状态。

4. 运输与物流的关系

物流主要是指原材料和物品流入、流经和流出企业的全过程，物流系统中包括了实物流、资金流、人才流和信息流，而人才流是该系统中的关键。另外，物流是供应链的一部分，实物在供应链上的流动可以将价值传递给最终用户，运输是实物流动的最主要

载体。因此，运输是构成供应链上主要的物流活动之一。

物流与运输之间存在着密切的联系，物流的全过程始终伴随着生产的全过程，而整个物流过程的实现，则始终离不开运输系统。运输的合理化更是降低物流成本的重要途径。因此，方便、快捷、高效、及时、准确、安全的运输系统是实现全球化、一体化、信息化的现代化物流的根本保证。运输与物流的关系主要体现在以下几个方面：

（1）运输是构成物流的关键。企业的工厂、仓库与其供货厂商和客户之间的地理分布直接影响着物流的运输费用。因此，运输条件是企业选择工厂、仓库、配送中心等物流设施配置地点需要考虑的主要因素之一。

（2）运输影响着物流系统中的众多因素。运输方式的选择决定着装运货物的包装要求，使用不同类型的运输工具决定其配套使用装卸搬运设备以及接收和发运站台的设计。企业库存储备量的大小，直接受运输状况的影响，发达的运输系统能够比较适量、快速和可靠地补充库存，以降低必要的储备水平。

（3）运输费用在物流费用中占有很大的比重。运输费用是最大的物流成本，组织合理运输，以最小的费用、较快的时间，及时、准确、安全地将货物从其产地运到销地，是降低物流费用和提高经济效益的重要途径之一。

5. 运输与其他物流各环节的关系

（1）运输与包装的关系。货物包装的材料、规格、方法等都不同程度地影响着运输。作为包装的外廓尺寸应该充分与运输车辆的内廓尺寸相吻合，这对于提高货物的装载率十分重要，将给物流水平的提高带来巨大影响。

（2）运输与装卸的关系。①运输活动必然伴随有装卸活动。一般来说，运输发生一次，往往伴有两次装卸活动，即运输前、后的装卸作业。货物在运输前的装车、装船等活动是完成运输的先决条件。②装卸质量的好坏，将对运输产生巨大的影响。③装卸工作组织得力，装卸活动开展顺利，可以使运输工作顺利进行。④装卸为最终完成运输任务作补充的劳动，使运输的目的最终完成。⑤装卸又是各种运输方式的衔接环节，当一种运输方式与另一种运输方式进行必要的变更时，都必须依靠装卸作为运输方式变更的必要手段。

（3）运输与储存的关系。储存保管是货物暂时停滞的状态，是货物投入消费前的准备。货物的储存量虽直接决定于需要量（即使用量），但货物的运输也会对储存带来重大影响。当仓库中储存一定数量的货物而消费领域又对其急需时，运输就成了关键。如果运输活动组织不善或运输工具不得力，那么就会延长货物储存量，而且还会造成货物损耗增大。

（4）运输与配送的关系。在企业的物流活动中，将货物大批量、长距离从生产工厂直接送达客户或配送中心称为运输；货物再从配送中心就近发送到地区内各客户手中称为配送。

三、认知物流运输的地位和目标

1. 物流运输的地位

物流企业从生产企业采购产品进行仓储或是将仓储的物资转移到消费者手中，都离不开运输。运输在物流工作中具有重要的地位。

（1）运输配送是物流网络的构成基础。物流系统是一个网络结构系统，由物流据点（物流中心、配送中心或车站、码头）与运输配送线路构成。物品位置在空间发生的位移，称线路活动；其他物流活动是在节点上进行的，称为节点活动。无论直供物流网络还是中转物流网络，如果没有线路活动，网络节点将成为孤立的点，网络也就不存在，零售店或用户需要的物品也就无法得到。由此可见，运输配送在物流网络的构成中是一个重要的基础条件。

（2）运输配送是物流系统功能的核心。物流系统具有创造物品的时间效用、形质效用、空间效用三大效用（或称三大功能）。时间效用主要由仓储活动来实现，形质效用由流通加工业务来实现，空间效用则通过运输配送来实现。运输配送是物流系统不可缺少的功能。物流系统的三大功能是主体功能，其他功能（装卸、搬运和信息处理）是从属功能。而主体功能中的运输配送功能的主导地位更加凸显出来，成为所有功能的核心。

（3）运输配送合理化是物流系统合理化的关键。物流系统合理化是指在各物流子系统合理化基础上形成的最优物流系统总体功能，即系统以尽可能低的成本创造更多的空间效用、时间效用、形质效用。或者从物流承担的主体来说，以最低的成本为用户提供更多优质的物流服务。运输配送是各功能的基础与核心，直接影响着物流子系统，只有运输配送合理化，才能使物流结构更加合理，总体功能更优。因此，运输配送合理化是物流系统合理化的关键。

2. 物流运输目标

（1）服务目标。流通系统是物流系统的一部分，它具体联结着生产与再生产、生产与消费，因此要求有很强的服务性。物流系统采取送货、配送等形式，就是其服务性的体现。在技术方面，近年来出现的“准时供货方式”“柔性供货方式”等，也是其服务性的表现。

（2）快速、及时目标。及时性不但是服务性的延伸，也是流通对物流提出的要求。快速、及时既是一个传统目标，更是一个现代目标。其原因是随着社会大生产发展，这一要求更加强烈了。在物流领域采取的诸如直达物流、联合一贯运输、高速道路、时间表系统等管理和技术，就是这一目标的体现。

（3）节约目标。节约是经济领域的重要规律，在物流领域中除流通时间的节约外，由于流通过程消耗大而又基本上不增加或提高商品使用价值，所以通过节约来降低投入，是提高相对产出的重要手段。

（4）规模化目标。以物流规模作为物流系统的目标，是以此来追求“规模效益”。生产领域的规模生产早已为社会所承认。由于物流系统比生产系统的稳定性差，因而难以形成标准的规模化格式。在物流领域以分散或集中等不同方式建立物流系统，研究物流集约化的程度，就是规模优化这一目标的体现。

任务二　如何选择适当的物流运输方式

一、认知物流运输基本方式

运输是人们利用各种交通工具和运输路线把运输对象从一个地方运送到另一个地

方，是物流系统的一个中心环节。按使用的运输工具不同，现代运输方式分为铁路运输、水路运输、公路运输、航空运输与管道运输五种。

1. 铁路运输

铁路运输具有载运量大，运送速度较快，运输成本低于航空和汽车运输，安全程度较高、运输能耗低、用地省、对环境的污染较轻，受气候季节变化影响小等优点。列车的运行速度与技术速度较高，随着高铁的修建，货物列车的区段运行速度越来越快，铁路运输无疑成为我国运输业的主要运输方式。但运输过程中受固定的铁路设施限制，缺乏灵活性，修建铁路工程造价高，受经济和地理条件限制，不能在短期内完成。

适用范围：①中长距离的运输；②长距离、大宗货物的运输；③在联合运输中（尤其是陆路）发挥骨干和纽带作用。

2. 水路运输

水路运输分为海洋和内河运输，海洋和主要内河干线的轮船及拖驳船队载重量大，航道航线通过能力所受限制极小，运输成本低，劳动生产率较高，特别是土地占用和能源消耗量较其他运输方式要低，对环境的污染较轻。由于水上航道的地理走向和水情变化难以全面控制，运输的连续性、灵活性和时间的准确性差，运送速度慢。

适用范围：①国际货物运输；②大宗、笨重货物的长途运输；③在综合运输体系中发挥骨干作用。

3. 公路运输

汽车是最重要和普遍的中短途运输方式。虽然载运量小、运价较高、安全性较差、环境污染严重，但对不同的自然条件适应性很强，一般公路基建投资又较小，因而空间活动的灵活性很大，技术速度与送达速度均较快。汽车交通广泛服务于地方和城乡的物资交流和旅客来往，为干线交通集散客货，并便于实现货物运输“门到门”。近年来，由于高速公路的发展，公路货物运输正逐步向中、长途距离发展，汽车运输的范围正在扩大。

适用范围：①承担中、短途客货运输；②为其他运输方式集散客货；③在综合运输体系中起补充和衔接作用。

4. 航空运输

航空运输是20世纪迅速崛起的新的运输方式，运输速度快，飞机飞行时速一般都在900千米以上。其他任何一种运输方式都无法比拟，科技含量高，航空运输已成为反映一个国家科技水平的标志。灵活机动，不受自然地理条件限制，对加强与边远闭塞地区的联系作用较大，安全性较高，对土地占用和环境污染较少，但运费高、运量小。它担负着政治、经济、文化中心及国际交往的快速旅客运输和报刊邮件、急迫物资的运输。随着我国国民经济的发展和对外联系的增加，新的机场和航线不断出现，其重要性正在日益凸显。

5. 管道运输

管道运输目前只是输送流体货物的一种运输方式，适合于石油及其制品、天然气、煤气、水、化学品及泥浆类等流体货物的运输。它具有大量不间断运送、管理方便、土地占用很少、人员占用较少、运输成本较低、受自然条件影响小等技术和经济优点，但无法承担多种货物运输，且铺设时需大量钢材。近年来随着固体物料液化技术的发展，管道已开始用于煤矿炭、矿石等固体物料的运输。管道运输是将运输线路和运输工具合二为一的一种专门的运输方式。

二、认知各种运输方式的技术经济特征

在商品生产的市场经济体制中，尽管在运输市场上各种运输方式之间不可避免地进行着激烈的竞争。但是，一方面由于各种运输方式均拥有自己固有的技术经济特征和相应的竞争优势，另一方面由于运输市场上需求本身的多样性，例如表现在运输的数量、距离、空间位置、运输速度等诸多方面，这两方面实际上就为各种运输方式在社会经济发展过程中营造了它们各自的生存和发展空间。

各种运输方式的技术经济特征如下。

1. 送达速度

技术速度决定运载工具在途运行的时间，而送达速度除运行时间外，还包括途中的停留时间和始发、终到两端的作业时间。对旅客和收、发货人而言，送达时间具有实际意义。铁路的送达速度一般高于水上运输和道路运输，但在短途运输方面，其送达速度反而低于道路运输。航空运输在速度上占有极大的优势。

目前我国各种运输方式的技术速度为：铁路，80～120 千米/小时；海运，10～25 节（1 海里=1852 米，1 节即为 1 海里的航速，如 25 节的意思是每小时航行 25 海里的距离）；河运，8～20 千米/小时；道路，80～120 千米/小时；航空，900～1000 千米/小时。

2. 运输工具的容量

由于技术和经济原因，各种运输方式的运载工具都有其适当的容量范围，从而决定了运输线路的运输能力。道路运输由于道路的制约，其运载工具的容量最小，100 吨的大件运输在道路上已相当困难，通常载重量为 5～10 吨；航空运输的升降作业限制它的载重量；铁路运输列车的载重量决定于列车长度和路基承受能力，我国一般铁路列车的载重量为 3000 吨；船舶容量主要受航道和港口水深的制约，但一般来说其规模要比其他运输方式大得多，已经建造的世界上最大的油船载重量为 62 万吨。

3. 运输成本

运输成本主要由四部分构成，即基础设施成本、运转设备成本、营运成本和作业成本。基础设施成本在运输成本中占有很大的比重，如铁路运输中的线路建设、水路运输的河川整治等，车站、港口、机场、管道、灯塔也属于基础设施成本；运转设备成本是指牵引机车、动力机械等运输工具方面的投资，如电力机车、汽车、轮船、飞机、集装箱等；营运成本是指运输过程中所产生的能源、材料和人工等方面的开支；作业成本是指在交通运输的始发、中转和终点所发生的编组、整理、装卸、储存等作业而发生的各类费用。

4. 经济里程

经济性是衡量交通运输方式的重要标准，一般来说，运输速度（特别是技术速度）与运输成本有很大的关系，运输的经济性与运输距离有着紧密联系。不同的运输方式的

运输距离与成本之间的关系有一定差异，例如铁路的运输距离增加的幅度要大于成本上升的幅度，而道路则相反。各种运输方式技术经济指标如表 1－1 所示。

表 1－1　各种运输方式技术经济指标

比较项目	排列顺序（由大到小）
灵活性	道路—航空—铁路—河运—海运
装载量	海运—铁路—河运—道路—航空
运输距离	海运—航空—铁路—河运—道路
经济性（运费）	航空—道路—铁路—河运—海运
及时性（速度）	航空—铁路—道路—河运—海运
安全性	航空—铁路—河运—海运—道路
连续性	铁路—道路—航空—海运—河运
稳定性	铁路—道路—航空—海运—河运

三、认知物流运输工具

物流运输工具包括：铁路运输工具，如铁路机车、铁路车辆和列车等；公路运输工具，如客车、载货汽车、牵引车、挂车和特种车等；水路运输工具，如货船、客船等；航空运输工具，如客机、货机以及各种飞行器等，如图 1－2 所示。

1. 铁路运输工具

铁路机车（俗称火车头）是铁路运输的动力。列车的运行和机车车辆在车站上作有目的移动均需机车牵引或推送。从原动力看，机车可分为蒸汽机车（如建设型、前进型）、内燃机车（如东风型、东方红型）、电力机车（如韶山型）、动车组可分为电力动车组和内燃动车组。

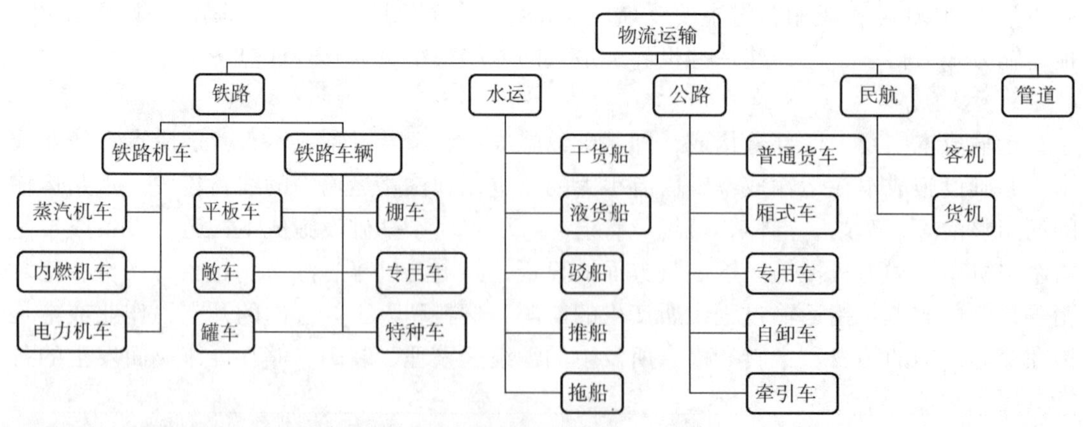

图 1－2　物流运输工具构成示意图

2. 道路运输工具

（1）普通货车。普通货车按载重量的不同可分为轻型（2 吨以下）、中型（2～8 吨）、重型（8 吨以上）三种；按有无车厢板分为平板车、标准挡板车和高挡板车。载重量在 8 吨以上，一般是高货台，主要用于长途干线运输。

（2）厢式货车。厢式货车具有载货车厢且有防雨、隔绝等功能，安全性好，可防止货物散失、盗失等，但由于自重较重，因此无效运输比例较高。厢式货车按开门方式分为后开门、侧开门、侧后双开门和两侧开门，顶开式和翼式等。后开门式适合于后部装卸，方便手车、手推车等进行装卸，货车车尾与站台接靠，占用站台位置较短；侧开门式适合于边部叉车装卸，货车侧部与站台接靠，占用站台较长；顶开式适合于吊车装卸，翼式适合于两侧同时装卸。

（3）自卸车。这种类型的车都是力求使运输和装卸有机结合，在没有良好装卸设备的条件下，依靠本车附设设备可进行装、卸作业。如随车吊、尾部带自动升降板的尾板车、翻卸车等。

（4）牵引车和挂车。牵引车又称拖车，是专门用以拖挂或牵引挂车的。牵引车可分为全挂式和半挂式两种。挂车本身没有发动机驱动，它是通过杆式或架式拖挂装置，由牵引车或其他汽车牵引，而只有与牵引车或其他汽车一起组成汽车列车方能构成一个完整的运输工具。

挂车有全挂车、半挂车、轴式挂车（无车厢的挂车，俗称拖架）、集装箱挂车、箱式挂车、双面自卸半挂车以及重载挂车等类型。半挂车与半挂式牵引车一起使用，它的部分质量是由牵引车的底盘承受的；全挂车则由全挂式牵引车或一般汽车牵引；轴式挂车是一种单轴车辆，专用于运送长、大货物；重载挂车是大载货量的挂车，它可以是全挂车也可以是半挂车，专用于运送笨重特大货物，其载货量可达 300 吨。由于挂车结构简单，保养方便，而且自重小，在运输过程中使用挂车可以提高运送效率。牵引车与挂车组合在一起便形成了汽车列车。

（5）专用车辆。专用车辆仅适用于某些特定的货物，它的通用性较差，往往只能单程装运，因此运输成本高。如汽车搬运车、油罐车、洒水车、清扫车、垃圾车、粉粒物料运输车和混凝土搅拌车等。

3. 水路运输工具

水路运输工具也称浮动工具（也称浮动器），包括船、驳、舟、筏。船和驳是现代水路运输工具的核心。船是指装有原动机的，而驳则是没有动力装置的。

在综合物流中广泛应用的水上运载工具是运输货船，分为：

（1）干货船。干货船又分为杂货船（特征是货舱设计成多层甲板结构，通常为 2 至 3 层甲板，为便于装卸，一般设 3 至 6 个货舱，各货舱的舱口尺寸较大）、集装箱船（可分为全集装箱船和半集装箱船，全集装箱船通常设置单层甲板，上甲板平直，货舱内设有格栅式导架，以利于货物的固定，根据船舶的大小，舱内可堆放 3 至 9 层集装箱，其甲板和货舱盖上设有固定的绑缚设备，上面可堆放 2 至 6 层集装箱；半集装箱船则在部分货舱装运集装箱，其他货舱装运杂货或散货）、散货船（专门用于装载粉末状、颗粒状和块状等非包装的散堆货物）、滚装船、载驳船和冷藏船等。

（2）液货船。液货船主要是专门用于运输液态货物的船舶，液货船的运量在现代商船中占很大的比例。液货船主要包括油轮、液化气船和液体化学品船等。

（3）驳船、推船与拖船。驳船是内河运输货物的主要运载工具，本身一般无推进动力装置，依靠推船或拖船等机动船带动形成船队运输。推船是用以顶推驳船或驳船队的机动船，有强大的功率和良好的操纵性能。拖船是专门用于拖拽其他船舶、船队、木排或浮动建筑物的工具，是一种多用途的工作船，与推船一样具有强大的功率和较高的操纵性。

4. 航空运输工具

飞机是航空器的一种，按照国际民航组织给出的定义，“航空器是指可以从空气的反作用（但不包括从空气对地球表面的反作用）中取得支撑力的机器”。

飞机有四个基本组成部分，即机体、动力装置、飞机系统和机载设备。

飞机可按其组成部分的结构、形状、数量及其相互之间的相对位置进行分类，如单翼机、双螺旋桨飞机、喷气式飞机、双发飞机、四发飞机等。可按其性能特点不同分类，如按最大飞行速度不同分为亚音速飞机和超音速飞机。亚音速飞机又可进一步分为低速飞机（飞行速度在400千米/小时以下）和高亚音速飞机，目前使用的喷气式客机大多数属于高亚音速飞机。按飞机的航程不同可分为短程飞机、中程飞机和远程飞机。远程飞机的航程为11000千米左右，足以完成中途不着陆的洲际跨洋飞行；中程飞机的航程在3000千米左右；短程飞机的航程一般在1000千米以内。大多数客机的客舱内只有一个旅客过道，称为窄体飞机，若客舱内有两个旅客过道，机身宽度大于4.72米，则称其为宽体（或双通道）客机。用于物流领域的航空运输设备主要有货机和客货机两类。客货机以运送旅客为主，运送货物为辅；货机专门用于运送各类货物。

飞机的舱位一般分为上舱和下舱，客货混合运输时，一般为上舱运客下舱运货。比较新的飞机下仓有空气调节，可承运活动物等，机型较陈旧的飞机下仓没有空气调节，只能承运普通货物。

任务三　了解物流运输节点

一、认知物流节点及其功能

物流节点又称物流结点，是物流网络中连接物流线路的结节之处，所以又称物流结节点。按物品流通位移运动的程度进行观察，物流过程是由许多运动过程和相对停顿过程组成的。通常情况下，两种不同形式运动过程或相同形式的两次运动过程中都要有暂时的停顿，而一次暂时停顿也往往连接两次不同的运动。因此，物流过程便是由多次的运动、停顿、再运动、再停顿，直至达到最终目的所组成。与之相呼应，物流网络结构是由两种基本元素所组成的——即执行运动使命的线路和执行停顿使命的结点，全部的物流活动也是在线路和结点上进行的。其中在线路上进行的活动主要是运输，如陆路、水路、航空等；在结点上完成物流功能的其他要素，事实上物流线路上的活动也是靠结点组织和联系的，如果离开了结点，物流线路上的运动将陷入瘫痪状态。

现代物流网络中的节点对优化整个物流网络起着重要作用，并且更多地执行指挥、调度和信息等中枢的职能，是整个物流网络的灵魂所在，因而更加受到人们的重视。物流结点主要功能有三项。

1. 物流结点具有衔接功能

物流结点将各个物流线路连接成一个系统，使各个线路通过结点变得更为贯通，它可以通过转换运输方式衔接不同的运输手段；可以通过简单加工、包装，衔接干线物流和配送物流；可以通过储存衔接不同时间的供应物流和需求物流；可以通过集装箱、托盘等集装处理衔接整个“门到门”运输。

2. 物流结点具有信息功能

物流结点是整个物流系统信息传递、收集、处理、发送的集中地。每个结点都是一个信息点，它与物流系统的信息中心结合起来，便成了指挥、管理和调度整个物流系统的信息网络。

3. 物流结点具有管理功能

物流系统的管理和指挥机构经常会集中设置于物流结点之中，因此物流结点成为集管理、指挥、调度、信息、衔接及货物处理为一体的物流综合设施。整个物流系统运转的有序化和正常化，整个物流系统的效率水平取决于物流结点的管理水平。

二、认知基本运输方式的节点

基本运输方式的节点是物流系统节点的一部分。在此介绍运输转运型节点，它是处于运输线路上的节点，是货物的集散地，是各种运输工具的衔接点，是办理运输业务和运输工具作业的场所，也是运输工具保养和维修的基地。运输节点主要有铁路车站，汽车站（场），港口，航空港和管道站等。

1. 铁路车站

铁路车站俗称火车站，是供铁路列车停靠的地方，用以搬运货物或运送乘客。早期的车站通常是客货两用。目前货运一般已集中在主要的车站，大部分的铁路车站都是在铁路的旁边，或者是路线的终点。部分铁路车站除了供乘客及货物上下外，亦有供机车及车辆维修或添加燃料的设施。

铁路车站根据规模大小和作业状况分为中间站、区段站、编组站和货运站。

（1）中间站。中间站是铁路车站中最普遍、数量最多的一类，它的主要作业是办理列车的接发、通过、会让；沿途摘挂列车的调车作业以及旅客上下，行李、包裹、货物的承运、交付、装卸和保管等。

（2）区段站。区段站是位于铁路牵引区段起讫点上的车站，它办理的客货运业务基本与中间站相同，但业务量较大。运输作业除办理列车接发等与中间站相同外，主要办理货物列车的无改编中转作业、区段货物列车和零摘列车的编组解体、向货场及专用线的取送车作业等。由于区段站位于牵引区段的起讫点，因此具备两大特征：一是办理货物列车更换机车和乘务组，机车的检查和整备作业以及列车的技术检查和车辆的检修；二是以办理无改编中转货物列车作业为主。

（3）编组站。编组站是铁路网上的主要车站，其主要任务是将重车与空车汇集后

编成发往各目的地的直达列车，此外还编组区段列车、摘挂列车、小运转列车等。编组站以改编车流作业为主，直通车流作业为辅。为适应大量解体与编组列车的需要，编组站上设有比区段站上更为完善的调车设备，如调车场、调车驼峰与调速设备。编组站具有作业量大、占地宽广、工程投资大、修建工期长等特点。

（4）货运站。货运站是指专门办理货物装卸作业、联运或换装的车站。货运站可分为综合性货运站和专业性货运站两种。综合性货运站办理多种不同种类货物的作业，专业性货运站则专门办理某一类货物的作业，如危险品、粮食、煤、建筑材料等。货运站除办理货物的承运、交付、保管等作业外，有的还办理货物的换装、车辆的清扫洗刷和保温车的加冰作业。在运转作业方面主要办理枢纽内编组站与需求站间小运转列车的接发和编解作业，以及向装卸地点的取送车作业等。货运站的主要服务设备有库场、站台、装卸设备、货运汽车道路与停车场，有的还设有轨道衡、加冰设备和牲畜饮水设备等。

2. 汽车站（场）

汽车站（场）是保证车辆正常运行的营业场所，主要有两种。

（1）停车场（库）。停车场（库）的主要功能是保管停放车辆。按其保管条件可分为暖式车库、冷式车库、车棚和露天停车场四类。按其空间利用程度可分为单层停车场和多层停车场，多层停车场通常需要配备供车辆发生垂直位移的斜道、旋转车道或升降机。停车场（库）内还要按照车辆回场后的工艺过程，设立清洗、例保、加油、检验等有关设备，以及必要的照明、卫生和消防设施。

（2）货运站。汽车货运站有时也称为汽车站或汽车场，其主要任务是安全、方便、及时地完成货物运输生产作业。它具有以下功能：货物运输组织管理功能、仓储与装卸功能、多式联运与运输代理功能、中转换装功能、辅助服务功能和通信信息功能。货运站的布局除了生产、生活用房外，主要是停车场的设置。大型汽车站还设有保养场、修理厂、加油站等，小型车站设有修车场和一、二级保养站。

3. 港口

港口是指位于海洋、江河、湖泊沿岸，具有一定使用面积的水域和陆域，提供一定的设备和条件，供船舶航行、停泊、维修、补给淡水和燃物料，以及货物的包装、搬运装卸，堆存转运、流通加工及旅客上下和办理其他业务活动的场所或基地。港口通常分为水域和陆域两大部分，水域是供船舶进出港以及在港内运转、锚泊和装卸作业使用的空间，因此要求它有足够的深度和面积，水面基本平静，流速和缓，以使船舶安全操作；陆域是供货物装卸、堆存和转运使用的空间，主要包括码头和泊位、仓库与堆场、铁道专用线和汽车线、装卸机械和辅助生产设施等部分，因此要求陆域要有适当的高程、岸线长度和纵深。

表征港口规模大小的主要指标是港口的通过能力，决定于港口水域面积、水深、码头泊位数、装卸效率、库场堆存能力和后方集疏能力。

港口按地理位置可分为海港、河港和湖港。

4. 航空港

航空港习惯称机场，具有执行客货运业务和保养维修飞机、起飞、降落或临时停机等用途。一般由飞行区、客货运输服务区和机务维修区三部分组成。机场的布局是以跑道为基础来安排的，并以此布置滑行道、停机坪、货坪、维修机坪以及其他飞机活动场所，我国最重要的航空港有北京首都机场、上海虹桥机场、广州白云机场等。

5. 管道站

管道站惯称输油（气）站，是对沿管道干线为输送油（气）品而建立的各种站（场）的统称，是给液流增加能量（压力），改变温度，提高液流流动性的场所。按其所处位置的不同可分为首站（起点站）、末站（终点站）和中间站，中间站按其设备不同又可分为中间泵站、加热站、热泵站、分（合）输站和减压站等。

（1）首站。首站是长输管道的起点，通常位于油（气）田、炼厂或港口附近。其任务主要是接受来自油（气）田的原油（天然气）或来自炼厂的成品油，经计量、加压（有时还加热）后输往下一站。此外还有发送清管器、油品化验、收集和处理污油等作业。有的首站还兼有油晶预处理任务，如原油的脱盐、脱水、脱机械杂质、加添加剂或热处理等。

（2）末站。末站位于管道的终点，往往是收油单位的油（气）库（例如炼厂的原油库）或转运油库，或两者兼而有之。接受管道来的油（气），将合格的油品经计量后输送给收油单位，或改换运输方式，如转换为铁路、道路或水路继续运输，以解决管道运输和其他运输方式之间运输量的不均衡问题。

（3）中间站。中间站位于管道沿线，中间站的设置一般是根据输油工艺中水力和热力计算，及沿线工程地质、建设规则等方面的要求来确定的。中间站的主要任务是给油（气）流提供能量（压力、热能），它可能是只给油（气）品加压的泵站，也可能是只给油（气）品加热的加热站，或者是两者兼而有之的热泵站。

6. 口岸

口岸是经国家批准，供人员、货物和交通工具进出国（关）境的港口、机场、车站等特定区域的总称，是一个国家的门户。口岸有港口口岸、航空口岸和陆域口岸之分，按开放程度分为一类口岸和二类口岸。

任务四　认知物流运输线路

物品位置在空间发生的位移称线路活动。无论直供物流网络还是中转物流网络，如果没有线路活动，网络结点将成为孤立的点，网络也就不存在，零售店或用户需要的物品也就无法得到。物流运输线路按运输方式可分为：铁路运输线、道路运输线、海运航线、航空线和管道线等。

1. 铁路运输线

我国铁路运输线按速度可分为高速铁路、城际客运铁路、普速铁路，按区域范围可分为内陆铁路和跨境铁路。中国铁路的路网型等级：传统时代国铁 I 级最高，高铁时代不同，高铁级超越一般 I 级（正如普通铁路上特快列车高于快列）。

2. 道路运输线

我国按照道路使用特点，可分为城市道路、公路、厂矿道路、林区道路和乡村道

路。除对公路和城市道路有准确的等级划分标准外，其他道路一般不再划分等级。

（1）根据道路在城市道路系统中的地位、作用、交通功能以及对沿线建筑物的服务功能，城市道路可分为快速路、主干路、次干路和支路。

（2）根据交通量、使用任务和功能可将公路分为高速公路、一级公路、二级公路、三级公路和四级公路五个等级。

（3）根据公路在政治、经济、国防上的意义和使用性质划分为国道、省道、县道、乡道和专用公路五个行政等级。

公路路线编号区间由一位公路管理等级代码和三位数字构成，国道按首都放射线、南北纵线和东西横线分别顺序编号。国道为 G101 至 199、G201 至 G299、G301 至 G399，第一类是以北京为中心的放射线国道，由一位标识码“1”和两位路线顺序号构成；第二类是南北走向国道，由一位标识码“2”和两位路线顺序号构成；第三类是东西走向国道，由一位标识码“3”和两位路线顺序号构成。

公路路线编号区间省道为 S101 至 S199、S201 至 S299、S301 至 S399，县、乡、专用公路及其他公路为 X××、Y××、Z××、Q××，省道的三位数字编号和国道类似原理进行编号。

3. 海运航线

海运航线是指船舶在两港间海上航行的路线。根据运力、运程和运量分为主干航线和分支航线，根据发船时间不同可分为定期航线和不定期航线，根据航行经过的水域可分为远洋航线、近洋航线、沿海航线和环球航线等。大洋航线主要有太平洋航线、大西洋航线和印度洋航线。

4. 航空线

飞行航线是航空运输的线路，是由空管部门设定飞机从一个机场飞抵另一个机场的通道。航线按起讫点的归属不同分为国际航线和国内航线。其中国内航线又可分为干线航线和支线航线。干线航线是指连接北京和各省会、直辖市或自治区首府或各省、自治区所属城市之间的航线，如北京—上海航线、上海—南京航线、青岛—深圳航线等。支线航线则是指一个省或自治区之内的各城市之间的航线。

民航运输所使用的航线是空军指定，报批国务院和中央军委通过的，是固定的。民航通常会使用航路，所谓航路指国家统一划定的具有一定宽度的空中通道。一般有较完善的通信、导航设备，宽度通常为 20 千米。划定航路的目的是维护空中交通秩序，提高空间利用率，保证飞行安全。在航路飞行中，试用“东单西双”的标准，使飞机处于不同高度上。例如，从兰州飞北京的飞机使用 8700 米，同一航线上从北京飞兰州的飞机，使用 9000 米。虽然在垂直上它们重叠了，但这是安全的。

5. 管道线

管道运输是用管道作为运输工具的一种长距离输送液体和气体物资的运输方式，是一种专门由生产地向市场输送石油、煤和化学产品的运输方式，是统一运输网中干线运输的特殊组成部分。有时候，气动管也可以做到类似工作，以压缩气体输送固体舱，而内里装着货物。管道运输石油产品比水运费用高，但仍然比铁路运输便宜。大部分管道都是被其所有者用来运输自有产品。

6. 认知“一带一路”以及“互联互通”

一带一路（英文：the Belt and Road，缩写 B&R，国际民间代号 1216），是指“丝绸之路经济带”和“21 世纪海上丝绸之路”，“一带一路”不是一个实体和机制，而是合作发展的理念和倡议，是充分依靠中国与有关国家既有的双多边机制，借助既有的、行之有效的区域合作平台，旨在借用古代“丝绸之路”的历史符号，高举和平发展的旗帜，积极主动地发展与沿线国家的经济合作伙伴关系，共同打造政治互信、经济融合、文化包容的利益共同体、命运共同体和责任共同体。2014 年博鳌亚洲论坛年会开幕大会上，中国全面阐述了亚洲合作政策，并特别强调要推进“一带一路”建设。“一带一路”规划被认为是“中国版马歇尔计划”的战略载体。第 71 届联合国大会决议欢迎“一带一路”等经济合作倡议，敦促各方通过“一带一路”倡议，呼吁国际社会为“一带一路”倡议建设提供安全保障环境。

■ 拓展知识

根据国务院《物流业调整和振兴规划》的布局方案，要构建全国性、区域性、地区性三个层次铁路物流节点网络，重点发展九大物流区域，建设十大物流通道和一批物流节点城市，优化物流业的区域布局。

九大区域物流系统分别是：以天津为主枢纽的华北物流区域；以大连、沈阳为主枢纽的东北物流区域；以青岛为主枢纽的山东半岛物流区域；以广州、深圳为主枢纽的珠江三角洲物流区域；以上海为主枢纽的长江三角洲物流区域；以厦门为主枢纽的东南沿海物流区域；以武汉、郑州为主枢纽的中部物流区域；以西安、兰州、乌鲁木齐为主枢纽的西北物流区域；以重庆、成都为主枢纽的西南物流区域。十大物流通道为：东北地区与关内地区物流通道，东部地区南北物流通道，中部地区南北物流通道，东部沿海与西北地区物流通道，东部沿海与西南地区物流通道，西北与西南地区物流通道，西南地区出海物流通道，长江与运河物流通道，煤炭物流通道，进出口物流通道。

物流节点城市分为全国性物流节点城市、区域性物流节点城市和地区性物流节点城市。全国性和区域性物流节点城市由国家确定，地区性物流节点城市由地方确定。全国性物流节点城市包括：北京、天津、沈阳、大连、青岛、济南、上海、南京、宁波、杭州、厦门、广州、深圳、郑州、武汉、重庆、成都、南宁、西安、兰州、乌鲁木齐共 21 个城市。区域性物流节点城市包括：哈尔滨、长春、包头、呼和浩特、石家庄、唐山、太原、合肥、福州、南昌、长沙、昆明、贵阳、海口、西宁、银川、拉萨共 17 个城市。物流节点城市要根据本地的产业特点、发展水平、设施状况、市场需求、功能定位等，完善城市物流设施，加强物流园区规划布局，有针对性地建设货运服务型、生产服务型、商业服务型、国际贸易服务型和综合服务型的物流园区，优化城市交通、生态环境，促进产业集聚，努力提高城市的物流服务水平，带动周边所辐射区域物流业的发展，形成全国性、区域性和地区性物流中心和三级物流节点城市网络，促进大中小城市物流业的协调发展。

■ 总结与回顾

本项目在介绍物流及运输概念的基础上，进一步介绍了物流与运输的关系，物流运输的地位和目标，接着简要介绍了各种运输方式的优缺点，各种运输方式的运输工具，物流运输节点的概念及功能，一带一路及互联互通等。

实训活动方案一　如何选择适宜的运输方式

1. 活动准备

（1）人员分工：按物流实训活动总体方案组建的公司，以公司为单位开展活动，分别扮演铁路运输、道路运输、海洋运输、长江航运和航空运输等基本运输方式的“公司”，并注意一个流程结束后，进行角色互换。

（2）资料准备：全国交通地图、货运单证等。

（3）案例放送：在南宁市货运北站广西运德物流公司召开的“物流”座谈会上，与会代表中有部分客户需要办理托运，按托运货物种类、数量、流向及相关要求整理如表1－2所示。

表1－2　客户托运货物简明记录表

序号	托运人	货物及数量	起点—终点	要　求
1	包头市东升食品有限责任公司	白糖1000吨	南宁—呼和浩特	最经济的办法、尽快送达
2	龙吉商贸公司	汽车零配件30箱（25千克/箱）	南宁—大化县	最经济的办法
3	南国书市	图书45件（20千克/件）	南宁—大化县	最经济的办法
4	南宁市大世界生物工程公司	变性淀粉5吨	南宁—广州	最经济的办法、尽快送达
5	合浦大地盐业公司	海盐6000吨	北海—上海	最经济的办法
6	武汉市迪瑞粮油贸易有限公司	大米100吨	武汉—上海	最经济的办法
7	新疆华龙医院	急救药品两箱	北京—乌鲁木齐	最紧急、第一时间送达

根据资料，假如你是广西运德物流公司的总经理，应如何选择适宜的货物运输方式?

2. 活动方案

（1）根据布置任务，每组（模拟公司）温习相关知识，按能力目标、知识目标，整理所收集的资料。

（2）熟悉几种基本运输方式的技术经济特征、优越性及其适用范围。

（3）在学院教室或实训室明确本活动的工作任务：指定扮演角色，阐述各自的优势和特长、适用范围，进行货运业务的竞争，根据每一票货物，确定最佳的运输方式。

课堂训练一

一、单项选择题

1. 下列运输方式中运输量大、连续性强的是（　　）。
A. 公路运输　B. 管道运输　C. 航空运输　D. 铁路运输
E. 水路运输
2. 在各种运输方式中承载能力最大的是（　　）。
A. 公路运输　B. 管道运输　C. 航空运输　D. 铁路运输
E. 水路运输
3. （　　）是将运输线路和运输工具合二为一的一种运输方式。
A. 公路运输　B. 管道运输　C. 航空运输　D. 铁路运输
E. 水路运输
4. 运输线路成本最低的是（　　）。
A. 公路运输　B. 管道运输　C. 航空运输　D. 铁路运输
E. 水路运输
5. 空间活动灵活性大，可以及时提供"门到门"的联合运输服务的是（　　）。
A. 公路运输　B. 管道运输　C. 航空运输　D. 铁路运输
E. 水路运输
6. 物品的转移是运输的主要功能之一，主要实现的是（　　）。
A. 空间效用　B. 时间效用　C. 价值效用　D. 成本效用
E. 以上都不是

二、多项选择题

1. 运输基础设施包括（　　）。
A. 运输线路　B. 运输工具　C. 运输设备　D. 运输场站
E. 运输组织
2. 水路运输的特征是（　　）。
A. 运输成本低　B. 劳动生产率低　C. 航道投资高　D. 运载能力大
E. 航行速度慢
3. 一般来讲，运输方式的选择受运输物品的（　　）影响。
A. 种类　B. 运输量　C. 运输距离　D. 运输时间
E. 运输早晚
4. 道路货运系统包括（　　）。
A. 运输线路　B. 运输工具　C. 运输节点　D. 运输人员

E. 运输组织

5. 现代物流具有系统化、网络化、（　　）等特征。

A. 一体化　　B. 信息化　　C. 标准化　　D. 社会化

E. 合理化

6. 物流节点是物流网络中连接物流线路的结节之处，其主要功能有（　　）。

A. 储存功能　　B. 信息功能　　C. 管理功能　　D. 衔接功能

E. 运输功能

三、判断题

1. 物流是供应链的一部分，是以满足客户需求为目的的。(　　)

2. 运输生产过程和消费过程是合二为一的，所以说运输生产具有非实体性。(　　)

3. 根据国务院《物流业调整和振兴规划》构建三个层次的铁路物流节点网络。(　　)

4. 运输不能给产品创造新的价值。(　　)

5. 每一种运输方式都存在着与其特性相适应的不同运输对象。(　　)

四、概念题

运输　一带一路

项目二　物流运输流程及单证管理

知识目标

1. 了解各种运输方式的特点及适用范围
2. 了解道路运输和铁路运输的业务流程
3. 熟悉班轮运输和租船运输的作业程序
4. 掌握水路运输的主要单证

技能目标

1. 能够掌握各种运输方式的优缺点及其适用范围
2. 能够绘制班轮运输和组成运输的作业程序
3. 能够正确填制水路运输的各种主要单证

不同运输方式的技术经济特征、技术性能、方便程度、管理水平、业务流程及单证各有不同，物流运输管理者必须了解各种运输方式的特点及其流程，才能在物流运输决策过程中做出正确的选择和评价。

任务一　熟悉铁路运输流程及单证管理

铁路运输在我国国内物流运输中起着重要的作用，据统计有30%左右的货物周转量由铁路运输完成。虽然近几年所占的份额有所下降，但随着国际竞争的激烈，原材料和原油价格的持续上涨等因素对道路、航空等运输方式的冲击，铁路运输的优越性会得到充分体现，铁路运输将进入一个新的发展时期。

一、认知铁路运输的特点

铁路是一种适宜于担负远距离的大宗客、货运输的重要运输方式。在我国这样一个幅员辽阔、人口众多、资源丰富的大国，铁路运输不论在目前甚至在可以预见的未来，都是综合交通运输网络中的骨干和中坚。

优点：巨大的运送能力；廉价的大宗运输；较少受气象、季节等自然条件的影响，能保证运行的经常性和持续性；计划性强，运输能力可靠，比较安全，一般情况下准时性强；收益随运输业务量的增加而增长。

缺点：始建投资大，建设时间长；受轨道线路限制，灵活性较差；直接“门到门”的运输量小，须有其他运输方式为其集散、接运客货；始发与终点作业时间长，不利于运距较短的运输业务；运输总成本中固定费用所占的比重大（一般占60%），大量资

金、物资用于建筑工程，如路基、站场等；一旦停止营运，不易转让或回收，损失较大。

二、认知铁路货物运输的种类

利用铁路把货物从一个地点运输到另一个地点，称为铁路货物运输。铁路货物运输按照运输条件的不同分为按普通运输条件办理的货物运输和按特殊运输条件办理的货物运输两种。属于后者的有铁路阔大货物、铁路危险货物、铁路灌装货物和铁路鲜活货物等的运输，其他各种货物运输均属于前者。

阔大货物包括超长货物、集重货物和超限货物，是一些长度长、重量重、体积大的货物。

危险货物是指在铁路运输中，凡具有爆炸、易燃、毒害、腐蚀、放射性等特性，在运输、装卸和储存保管过程中，容易造成人身伤亡和财产毁损而需要特别防护的货物。根据危险货物的主要理化性质及运输要求，并参照国际危险货物的分类标准，我国铁路将危险货物也分为九类。

灌装货物是指用铁路罐车运输的货物，一般主要是液体货物、气体货物和粉粒状货物等。

鲜活货物是指在铁路运输过程中需要采取制冷、加温、保温、通风、上水等特殊措施，以防止腐烂变质或病残死亡的货物，以及其他托运人认为须按鲜活货物运输条件办理的其他货物。鲜活货物分为易腐货物和活动物两大类。易腐货物主要包括肉、鱼、蛋、奶、鲜水果、鲜蔬菜、冰、鲜活植物等。活动物主要包括禽、畜、蜜蜂、活鱼、鱼苗等。

按照运输速度的不同分为按普通货物列车办理的货物运输、按快运货物列车办理的货物运输和按客运速度办理的货物运输三种。

铁路货物运输按照一批货物的重量、体积、性质、形状分为整车运输、零担运输和集装箱运输。

1. 整车运输

一批货物的重量、体积、性质或形状需要一辆或一辆以上铁路货车装运（用集装箱装运除外），即属于整车运输，简称为整车。

（1）整车运输的条件。

①货物的重量或体积。我国现有的货车以棚车、敞车、平车和罐车为主，标记载重量（简称为标重）大多为50吨、60吨及其以上，棚车的容积在100立方米以上。达到这个重量或容积条件的货物，应按整车运输。有一些专为运输某种货物的专用货车，如毒品车、散装水泥车、散装粮食车、长大货物车、家畜车等，按专用货车的标重、容积确定货物的重量与体积是否需要一辆货车装载。

②货物的性质或形状。有些货物，虽然重量、体积不够一车，但按其性质、形状需要单独使用一辆（阔大货物至少需要一辆）货车时，也应按整车运输。下列货物除按集装箱运输外，应按整车运输办理（即不得按零担运输的货物）：需要冷藏、保温或加温运输的货物，规定按整车运输的危险货物，易于污染其他货物的污秽品，蜜蜂、不易

计算件数的货物、未装容器的活动物等。

一件货物重量超过 2 吨、体积超过 3 立方米或长度超过 9 米的货物，经发站确认不影响中转站和到站装卸作业的除外。

（2）特殊整车运输。

①整车分卸。整车分卸的目的是为解决托运人运输的数量不足一车而又不能按零担办理货物的运输。这类货物又常是工农业生产中不可缺少的生产资料，为了方便货主，可按整车分卸运输。其条件为：运输的货物必须是不得按零担运输的货物，但蜜蜂、使用冷藏车装运需要制冷或保温的货物以及不易计算件数的货物不能按整车分卸办理；到达每个分卸站的货物数量不够一车；到站必须是同一路径上两个或三个到站；必须在站内卸车，在发站装车必须装在同一货车内作为一批运输。

按整车分卸办理的货物，除派有押运人外，托运人必须在每件货物上拴挂标记，分卸站卸车后，对车内货物必须整理，以防偏重或倒塌。

②准、米轨直通运输。由于轨距的不同，列车在不同轨距交接的地方必须使用一份票据，实行直通运输，按特殊整车办理。欧亚大陆桥铁路轨距可分为宽轨、标准轨和窄轨三种。标准轨轨距 1435 毫米，大于标准轨的为宽轨，其轨距大多为 1524 毫米和 1520 毫米，小于标准轨的为窄轨，其轨距多为 1067 毫米和 1000 毫米。轨距 1000 毫米的铁轨称为米轨，如昆明铁路局的部分轨距为 1000 毫米，台湾和海南的铁路轨距为 1067 毫米。将货物从发站直接运至到站。不办理直通运输的货物有鲜活货物及需要冷藏、保湿或加温运输的货物；罐装运输的货物；每件重量超过 5 吨（特别商定者除外）、长度超过 16 米或体积超过米轨装载限界的货物。

2. 零担运输

一批货物的重量、体积、性质或形状不需要一辆铁路货车装运（用集装箱装运除外），即属于零担运输，简称为零担。

（1）零担运输的条件。为了便于装卸、交接和保管，有利于提高作业效率和货物安全，除按整车办理的货物外，一件体积最小不得小于 0.02 立方米（一件重量在 10 千克以上的除外）、每批件数不超过 300 件的货物，均可按零担运输办理。

（2）零担货物的分类。根据零担货物性质和作业特点，零担货物分为：

①普通零担货物，简称普零货物或普零，即按零担办理的普通货物。

②危险零担货物，简称危零货物或危零，即按零担办理的危险货物。

③笨重零担货物，简称笨零货物或笨零，是指一件重量在 1 吨以上，体积在 2 立方米以上或长度在 5 米以上，需要以敞车装运的货物；货物的性质适宜敞车装运和吊装吊卸的货物。

④零担易腐货物，简称鲜零货物或鲜零，即按零担办理的鲜活易腐货物。

（3）整零车种类。装运零担货物的车辆称为零担货物车，简称为零担车。零担车的到站必须是两个（普零）或三个（危零或笨零）以内的零担车，称为整装零担车（简称为整零车）。整零车按车内所装货物是否需要中转，分为直达整零车和中转整零车两种；按其到站个数，分为一站整零车、两站整零车和三站整零车三种。由上述两种分法的组合，则有一站（两站或三站）直达整零车和一站（两站或三站）中转整零车

六种。

危零货物只能直接运至到站，不得经中转站中转。

（4）整零车组织条件。

①一站整零车。车内所装货物不得少于货车标重的 50% 或容积的 90% 。

②两站整零车。第一到站的货物不得少于货车标重的 20% 或容积的 30% ，第二到站的货物不得少于货车标重的 40% 或容积的 60% ；两个到站必须在同一径路上且距离不得超过 250 公里，但符合下列条件之一可不受距离限制：第二到站的货物重量达到货车标重的 50% 或容积的 70% ；两个到站为相邻中转站；第一到站为中转站，装至第二到站的货物符合第一到站的中转范围。三站整零车。

③危零、笨零货物不够条件组织一站或两站整零车时可以组织同一径路上三个到站的整零车，但第一到站与第三到站间的距离不得超过 500 千米。

表 2－1　铁路货物运输分类对比表

对比指标		零担货物		整车货物
		普通零担货物	笨重零担货物	
含义		凡一批货物重量不足 50 吨，容积不足 100 立方米的货物		凡一批货物的重量在 50 吨及以上的货物，容积在 100 立方米及以上的货物
单件	体积	0.02 立方米≤V <2 立方米	2 立方米 < V≤3 立方米	V >3 立方米
	长度	L≤5 米	5 米 < L≤9 米	L >9 米
	重量	W≤1 吨	1 吨 < W≤2 吨	W >2 吨
	件数	n≤300 件		300 件 < n≤2000 件

3. 集装箱运输

使用集装箱装运货物或运输空集装箱，称为集装箱运输（简称为集装箱）。集装箱适于运输精密、贵重、易损的货物。凡适合集装箱运输的货物，都应按集装箱运输。

■ 阅读资料

“一批”是铁路运输货物的计数单位，铁路承运货物和计算运输费用等均以批为单位。按一批托运的货物，其托运人、收货人、发站、到站和装卸地点必须相同（整车分卸货物除外）。

整车货物每车为一批，跨装、爬装及使用游车的货物，每一车组为一批。零担货物或使用集装箱运输的货物，以每张货物运单为一批。使用集装箱运输的货物，每批必须是同一箱型、同一箱主、同一箱态（空箱、重箱），至少一箱，最多不得超过铁路一辆货车所能装运的箱数，集装箱总重之和不得超过货车的最大容许载重量。

由于货物性质、运输的方法和要求不同，下列货物不能作为一批进行运输：易腐货物和非易腐货物；危险货物与非危险货物（另有规定者除外）；根据货物的性质不能混装运输的货物；投保运输险的货物与未投保运输险的货物；按保价运输的货物与不按保价运输的货物；运输条件不同的货物。

不能按一批运输的货物，在特殊情况下，如不致影响货物安全、运输组织工作和赔偿责任的确定等，经上级承认也可按一批运输。

三、认知铁路货运作业过程

铁路货物运输包括货物的托运、装卸、运输、中转、到达领取等作业环节。铁路货物托运是指托运人委托承运人运输货物，并按规定向承运人提交托运计划和运单的行为。

（一）货物托运

1. 货物运单

首先发货人在托运整车货物前，向铁路部门提出要车计划，填写月份计划和旬计划交车站审核，如表2－2和表2－3所示，审核批准后再填写货物运单和货票。

表2－2　铁路整车货物运输月份计划表

到达		发货单位	收货单位	货物名称	车种及车数						出口	附注	发送局	
局	车站				蓬	敞	平	罐	保温	其他			发送车站	货物品类
合计														

表2－3　铁路整车货物运输旬要车计划表

计划号码	货物		到达		车种车数						合计车数	日装车			直达列车			记事
	品类	品名	局名	站名	蓬	敞	平	罐	保温	其他					列数	车数	到站	
0001																		
0002																		
0003																		
0004																		
0005																		

（1）运单组成。货物运单由两部分组成，即货物运单和领货凭证。

（2）运单种类。

①现付运单：黑色印刷。

②到付或后付运单：红色印刷。

③快运货物运单，也为黑色印刷，仅将票据名称的“货物运单”改印为“快运货物运单”字样。

④剧毒品专用运单，样式与现付运单一样，只是用黄色印刷，所以又称为黄色运单，并有剧毒品的标志图形（骷髅图案）。

（3）领货凭证传递过程。

托运人+发站—托运人—收货人+到站。

（4）运单的填写。

①运单填写的基本要求。

运单的填写。在货物运单中“托运人填写”有关各栏由托运人填写，“承运人填写”和“领货凭证”有关各栏由承运人填写。承、托双方在填记时均应对运单所填记的内容负责。运单的填写要做到正确、完备、真实、详细、清楚、更改盖章。

正确。要求填记的内容和方法符合规定。

完备。要求填记的事项，必须填写齐全，不得遗漏。如危险货物不但填写货物的名称，而且要填写其编号。

真实。要求实事求是地填写，内容不得虚假隐瞒。如不能错报、匿报货物品名。

详细。要求填写品名应具体，有具体名称的不填概括名称，如双人床、沙发、立柜不能填写为家具。

清楚。填写字迹清晰，应使用钢笔、毛笔、圆珠笔或加盖戳记、打字机打印或印刷等方法填写，不能用红色墨水填写，文字规范，以免造成办理上的错误。

更改盖章。运单内填写各栏有更改时，在更改处，属于托运人填记事项，应由托运人盖章证明；属于承运人记载事项，应由车站加盖站名戳记。承运人对托运人填记事项一般不得更改。

铁路规定：严禁中介部门代理（代办）国内危险货物运输。因此，在办理国内危险货物运输时，托运人应直接向铁路办理托运手续。在办理托运手续时，须出具《资质证书》、经办人身份证和业务培训合格证书。

②运单填写具体要求。发站、到站（局）和到站所属省（市）自治区各栏。发站和到站应按《铁路货物运价里程表》中所载的名称填写，不得省略，不得简称。如郑州东，不得写成郑东。同时，还必须注意到站营业限制：剧毒品按《全路剧毒品办理站名表》确定；其他货物按《铁路货物运价里程表》上册“站名索引表”的第9栏“营业办理限制”确定。并仔细阅读背面的“托运人须知”和“收货人领货须知”。

到站所属省（市）、自治区，填写到站所在地的省（市）、自治区的名称。到站及到站所属铁路局、省（市）自治区，三者必须相符。如东海站在林密线上，属黑龙江省，而东海县在陇海线上，属江苏省。

托运人、收货人名称、地址及电话各栏。托运人、收货人名称，应填写托运单位、收货单位的完整名称；当为自然人时，应填写其姓名。对于危险货物，应是资质认定的企业法人。

托运人地址或收货人地址，应详细填写其所在省、市、自治区城镇街道、门牌号码

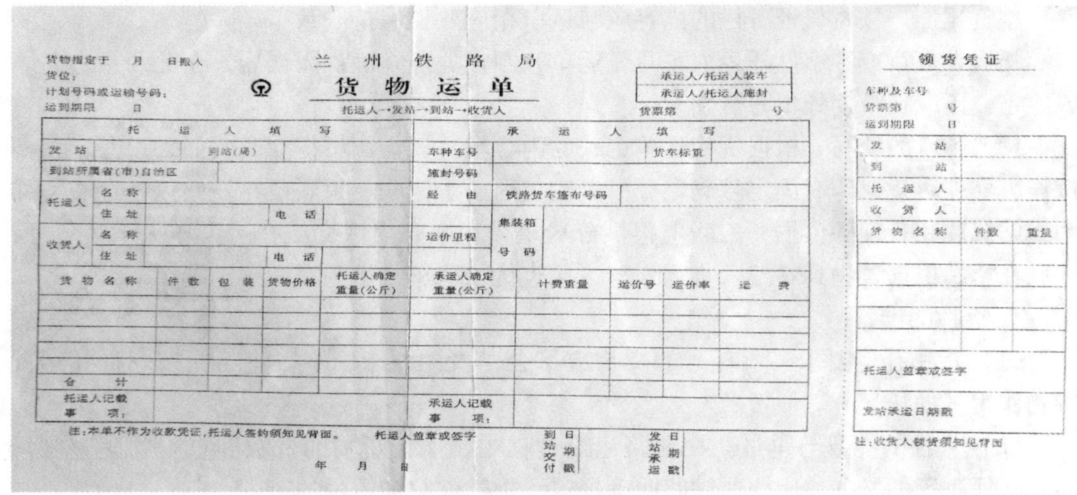

货物指定于　月　日搬入
货位：
计划号码或运输号码：
运到期限　日

兰州铁路局
货物运单
托运人→发站→到站→收货人

承运人/托运人装车
承运人/托运人施封
货票第　号

托运人填写						承运人填写			
发站		到站（局）				车种车号		货车标重	
到站所属省（市）自治区						施封号码			
托运人	名称					经由	铁路货车篷布号码		
	住址		电话				集装箱号码		
收货人	名称					运价里程			
	住址		电话						

货物名称	件数	包装	货物价格	托运人确定重量（公斤）	承运人确定重量（公斤）	计费重量	运价号	运价率	运费
合计									
托运人记载事项：					承运人记载事项：				

注：本单不作为收款凭证，托运人签约须知见背面。　托运人盖章或签字
年　月　日
到站交付日期戳　　发站承运日期戳

领货凭证

车种及车号
货票第　号
运到期限　日

发站		
到站		
托运人		
收货人		
货物名称	件数	重量
托运人盖章或签字		
发站承运日期戳		

注：收货人领货须知见背面

图 2－1　货物运单和领货凭证示意图

或乡、镇、村名称。电话号码也应填写，以便到货通知或联系。

货物名称栏。“货物名称”栏应填写《铁路货物运价规则》附件三“铁路货物运输品名检查表”内所列载的品名，危险货物应填写《铁路危险货物运输管理规则》附件一“铁路危险货物运输品名表”内所列载的品名并在品名之后用括号注明危险货物的编号。对于“铁路货物运输品名检查表”或“铁路危险货物运输品名表”未列载品名的货物，应填写生产或贸易上通用的具体名称。

包装栏。本栏填写包装种类，如“木箱”“纸箱”“麻袋”“铁桶”等，按件承运的无包装的货物填写“无”字。使用集装箱运输的货物填写箱型。只按重量承运的货物，本栏可不填写。

件数栏。“件数”栏，按货物名称与包装种类，分别填写件数。使用集装箱运输的货物填写箱数。只按重量承运的货物，本栏填写“散”“堆”“罐”等字样。

货物价格栏。按保价运输和（或）货物保险运输时，必须填写此栏。一票多种货物时，按货物的名称分别填写，也可填写一个总数。

托运人确定重量栏。按货物名称与包装种类，以公斤为单位，分别填写货物的重量，也可填写一个总数。

合计栏。“货物价格”“托运人确定重量”各栏填写其合计数。“件数”栏填写其合计数或“散”“堆”“罐”等字样。

经批准进行危险货物新产品试运时，应填写“危险货物新产品试运”。

自备罐车装运《铁路危险货物运输管理规则》附件未做规定的品名，经铁道部批准后进行试运时，应填写“自备罐车试运”。

经批准进行危险货物集装箱试运时，应填写“危险货物集装箱试运”。

托运爆炸品保险箱时，应填写保险箱的统一编号。

按普通货物条件运输的危险货物，应填写“×（名称），可按普通货物运输”。

润滑油罐车运输润滑油时，应注明“罐车卸后回送×站”。

领货凭证。领货凭证各栏的内容应与运单相应各栏保持一致。

托运人盖章或签字。托运人填写完运单和领货凭证并确认无误后，在此两栏内盖章或签字，还应在日期处填写日期。

货票各联的填写，根据货物运单记载的内容填写，金额不得涂改，如果填写错误要按作废处理。货票印有固定号码，分甲、乙、丙、丁四联，甲联留在发站以备存查，作为本站统计和管理的依据；乙联上报供分局审核记账；丙联交给托运人作为承运凭证；丁联在车站根据货物到站编入货物列车，形成货物列车编组顺序表。

2. 货物的准备

（1）货物托运要求。所托运的货物应符合一批的要求，不得将不能按一批托运的货物作为一批托运。

（2）货物的件数与重量。在铁路运输过程中，保证货物的件数和重量的完整是承运人必须履行的义务。因此，铁路明确规定了货物件数和重量的范围。

按整车运输的货物，原则上按件数和重量承运，但有些非成件货物或一批货物件数和规格过多，在承运、装卸、交接和交付时，点件费时费力，只能按重量承运，不再计算件数。只按重量承运、不计算件数的货物有散堆装货物以及以整车运输的规格相同（规格在3种以内视作规格相同）一批数量超过2000件、规格不同一批数量超过1600件的成件货物。

整车货物和集装箱货物，由托运人确定重量；零担货物除标准重量、标记重量或有过秤清单以及一件重量超过车站衡器最大称量的货物外，由承运人确定重量，并核收过秤费。

货物的重量，包括货物包装重量。对于托运人确定重量的整车货物、集装箱货物和零担货物，承运人应进行抽查，重量不符时应进行处理并向托运人或收货人核收过秤费。

（3）货物运输条件。托运的一批货物应符合运输条件。

（4）标打标志、标记。在储运过程中有特殊要求的货物，应在包装上标打包装储运图示标志。对于危险货物，还应在包装上按规定标打危险货物包装标志。对于零担货物，还应在包装上标打货物标记，货签上填写的内容必须与运单相应内容一致。

（5）货物的押运。托运铁路运输需要押运的货物，需派押运人押运。

3. 货物的保价运输与运输保险

（1）货物保价运输。托运人运输的货物，分为保价运输和不保价运输两种，由托运人选择。如果托运人要求按保价运输货物时，应在运单“托运人记载事项”栏内注明“保价运输”字样，并在“货物价格”栏内以元为单位填写货物的实际价格，全批货物的实际价格即为货物的保价金额。货物的实际价格以托运人提出的为准，包括税款、包装费用和已发生的运输费用。按保价运输的货物，铁路向托运人核收保价费。

保价运输货物变更到站后，保价运输继续有效。承运后发送前取消托运时，货物保价费应全部退还托运人。

承运人从承运货物时起，至将货物交付收货人时止，对保价货物发生的丢失、短少、变质、污染、损坏承担赔偿责任，但由于不可抗力、货物本身的自然属性或合理损耗以及托运人、收货人或押运人的过错造成的，承运人不承担赔偿责任。

保价运输的货物发生损失时，按照实际损失赔偿，但最高不超过保价金额。一部分损失时，按损失货物占全批货物的比例乘以保价金额赔偿。逾期未能赔付时，处理站应向赔偿要求人支付违约金。

（2）货物运输保险。铁路货物运输保险是我国保险事业的一个重要组成部分。办理铁路货物运输保险，可以使被保险货物在运输过程中因受自然灾害和意外事故所造成的经济损失得到补偿。凡托运人运输每件价值在700元以上的货物或每吨价值在500元以上的非成件货物，需投保货物运输险。不足上述限额的货物也可以投保货物运输险。

根据《铁路货物运输合同实施细则》中有关实行保险与负责运输相结合的补偿规定，对投保运输险的货物发生事故损失时，按以下规定赔偿：

①由于承运人的责任造成的货物损失。承运人对每件价值在700元以上的，按实际损失赔偿，但每件最多不超过700元；非成件货物每吨价值在500元以上的，按实际损失赔偿，但每吨最多不超过500元；超过承运人负责赔偿限额的部分，由保险公司在保险金额内给予补偿。每件价值不足700元的成件货物或每吨价值不足500元的非成件货物，由承运人按照货物实际损失赔偿。

②不属于承运人责任而属保险责任范围的损失，由保险公司按照实际损失，在保险金额内给予赔偿。

（3）货物保价运输与货物运输保险的区别。货物保价运输与货物运输保险，虽然都有补偿托运人或收货人经济损失的作用，但二者的性质不同，主要表现在：

①目的不同。保价的目的是解决铁路限额赔偿不足托运人损失而设立的一种特殊的运输保险制度，是运输责任的延续。保险的目的是解决因自然灾害、意外事故等而造成的经济损失的社会救济问题，是一种社会补偿方式。

②责任和赔偿的依据不同。保价责任和赔偿的依据是铁路运输法规，保险责任和赔偿的依据是保险法规。

③责任范围不同。保价责任范围是铁路责任造成的损失，非铁路责任造成的损失即使办理了保价运输也不负赔偿责任。保险责任范围主要是自然灾害、意外事故等非人为因素造成的损失。根据货物运输保险条款的规定，保险货物因铁路责任造成的损失，保险公司向投保人补偿后，有向铁路追赔的权力。

④货物安全管理不同。保价运输是货运合同的组成部分，铁路作为承运人是货运合同的一方，直接参与货物的运输工作，有责任对保价货物采取特殊的安全管理措施。货物运输保险，保险公司不参与运输管理。

（二）货物的装车作业

1. 装卸车责任的划分

（1）承运人装卸的范围。货物装车或卸车的组织工作，在车站公共装卸场所以内由承运人负责。有些货物虽在车站公共装卸场所内进行装卸作业，由于在装卸作业中需要特殊的技术或设备、工具，仍由托运人或收货人负责组织。

（2）托运人、收货人装卸的范围。除车站公共装卸场所以外进行的装卸作业，装车由托运人、卸车由收货人负责。此外，前述由于货物性质特殊，在车站公共场所装卸也由托运人、收货人负责。其负责的情况有：

①罐车运输的货物。

②冻结的易腐货物。

③装容器的活动物、蜜蜂、鱼苗等。

④一件重量超过1吨的放射性同位素。

⑤用人力装卸带有动力的机械和车辆。

其他货物由于性质特殊，经托运人或收货人要求，并经承运人同意，也可由托运人或收货人组织装车或卸车。例如，气体放射性物品、尖端保密物资、特别贵重的展览品、工艺品等。货物的装卸不论由谁负责，都应在保证安全的情况下，积极组织快装、快卸，昼夜不断地作业，以缩短货车停留时间，加速货物运输。

由托运人装车或收货人卸车的货车，车站应在货车调到前，将调到时间通知托运人或收货人。托运人或收货人在装卸作业完了，应将装车完了或卸车完了的时间通知车站。

托运人、收货人负责装卸的货物，超过规定的装卸车时间标准或规定的停留时间标准，承运人向托运人或收货人核收规定的货车使用费。

2. 装车作业要点

（1）装车的基本要求。

①货物重量应均匀分布在车地板上，不得超重、偏重和集重。

②装载应认真，做到轻拿轻放、大不压小、重不压轻，堆码稳妥、紧密、捆绑牢固，在运输中不发生移动、滚动、倒塌或坠落等情况。

③使用敞车装载怕湿货物时，应堆码成屋脊形，苫盖好篷布，并将绳索捆绑牢固。

④使用棚车装载货物时，装在车门口的货物，应与车门保持适当距离，以防挤住车门或湿损货物。

⑤使用罐车及敞、平装运货物时，应各按其规定办理。

所装货物需进行加固时，按《铁路货物装载加固规则》的规定办理。

（2）装车前的检查。为保证装车工作质量，使装车工作顺利进行，装车前应做好以下“三检”工作：

①检查运单，即检查运单的填记内容是否符合运输要求，有无漏填和错填。

②检查待装货物，即根据运单所填记的内容核对待装货物品名、件数、包装，检查标志、标签和货物状态是否符合要求。集装箱还需检查箱体、箱号和封印。

③检查货车，即检查货车的技术状态和卫生状态。其主要检查内容有：是否符合使用条件；货车状态是否良好；车体（包括透光检查）、车门、车窗、盖、阀是否完整良好；车内是否干净，是否被毒物污染；装载食品、药品、活动物和有押运人乘坐时，应检查车内有无恶臭异味；货车“定检”是否过期；有无扣修通知、色票、货车洗刷回送标签或通行限制。

（3）监装工作。装卸工作前货运员应向装卸工组详细说明货物的品名、性质，布置装卸作业安全注意事项和需要准备的消防器材及安全防护用品，装卸剧毒品应通知公安到场监护。装卸作业时要轻拿轻放，对码整齐牢固，防止倒塌。要严格按照规定的安全作业事项操作，严禁货物到房、卧装（特殊容器除外）包装破损的货物不准装车。卸完后应关闭好车门、车窗、盖、阀，整理好货车装备物品和加固材料。

装车后需要施封、苫盖篷布的货车由装车单位进行施封与苫盖篷布。卸完后应关闭好车门、车窗、盖、阀，整理好货车装备物品和加固材料。

（4）装车后检查。为保证正确运送货物和行车安全，装车后还需要检查下列内容：

①检查车辆装载。主要检查有无超重、偏重、超限现象，装载是否稳妥，捆绑是否牢固，施封是否符合要求，表示牌插挂是否正确。对装载货物的敞车，要检查车门插销、底开门搭扣和篷布苫盖、捆绑情况。

②检查运单。检查运单有无误填和漏填，车种、车号和运单记载是否相符。

③检查货位。检查货位有无误装或漏装的情况。

（三）货物的途中作业

1. 货运合同的变更和解除

（1）货运合同变更。

①变更到站。货物已经装车挂运，托运人或收货人可按批向货物所在的中途站或到站提出变更到站。如邯郸运往渭南的货物在洛阳东站要求变更到宝鸡。为保证液化气体运输安全，液化气体罐车不允许进行运输变更或重新起票办理新到站，如遇特殊情况需要变更或重新起票办理新到站时，需经铁路局批准。

②变更收货人。货物已经装车挂运，托运人或收货人可按批向中途站或到站提出变更收货人。

（2）货运合同变更的限制。铁路是按计划运输货物的，货运合同变更必然会给铁路运输工作的正常秩序带来一定的影响。所以，对于下列情况承运人不受理货运合同的变更：违反国家法律、行政法规；违反物资流向；违反运输限制；变更到站后的货物运到期限大于允许运输期限；变更一批货物中的一部分；第二次变更到站的货物。

（3）货物合同变更的处理。托运人或收货人要求变更的，应提供领货凭证和货物运输变更要求书，不能出具领货凭证时应提供其他有效的证明文件，并在货物运输变更要求书内注明。提供领货凭证的目的是为了防止托运人要求铁路办理变更而原收货人又持领货凭证向铁路要求交付货物的矛盾。

（4）货运合同的解除。整车货物和大型集装箱在承运后挂运前，零担和其他型集装箱货物在承运后装车前，托运人可向发站提出取消托运，经承运人同意，货运合同即告解除。

解除合同，发站退还全部运费与押运人乘车费，但特种车使用费和冷藏车回送费不退。此外，还应按规定支付变更手续费、保管费等费用。

2. 运输阻碍的处理

因不可抗力原因致使行车中断，货物运输发生阻碍时，铁路局对已承运的货物，可指示绕路运输，或者在必要时先将货物卸下妥善保管，待恢复运输时再行装车继续运输。因货物性质特殊（如危险货物发生燃烧、爆炸或动物死亡、易腐货物腐烂等）绕路运输或卸下再装，可能造成货物损失时，车站应联系托运人或收货人请其在要求的时间内提出处理办法。超过要求时间未接到答复或因等候答复将使货物造成损失时，比照无法交付货物处理，所得剩余价款（缴纳装卸、保管、洗刷除污等费用后）通知托运人领取。

（四）货物的到达领取

1. 自卸货车的交接

为了实现专用线、专用铁路管理的基本要求，路厂（矿）应签订专用线、专用铁路运输协议。协议的内容包括专用线、专用铁路调车组织方法、装卸作业组织、日班计划的编制和执行、铁路货车在专用线或专用铁路内停留时间标准以及货车、货物和货运用具的交接地点、凭证与方法等。

交接凭证使用“货车调送单”，交接方法：施封的货车、集装箱，凭封印交接；不施封的货车、集装箱凭门窗关闭状态，敞车、砂石车等按货物装载状态和规定标记交接。交接地点，专用线在装卸地点，专用铁路在双方约定的车辆交接线。

2. 卸车工作

（1）卸车前检查。为使卸车作业顺利进行，防止误卸和确认货物在运输过程中的完整状态，便于划分责任，在卸车前应认真做好三方面的检查工作：

①检查货位，主要检查货位能否容纳下待卸的货物，货位的清洁状态，相邻货位上的货物与卸下货物性质有无抵触。

②检查运输票据，主要检查运输票据记载到站与货物实际到站是否相符，了解待卸货物的情况。

③检查现车，主要检查车辆状态是否良好；货物装载状态有无异状；施封是否有效；车内货物与运输票据是否相符；可能影响货物安全和车辆异状的因素等。

（2）卸车后的检查。

①检查运输票据，主要检查票据上记载的货位与实际堆放货位是否相符。

②检查货物，主要检查货物件数与运单记载是否相符，堆码是否符合要求；卸后货物安全距离是否符合规定。

③检查卸后空车，主要检查车内货物是否卸完和是否清扫干净；门、窗、端侧板是否关闭严密；标示牌是否撤除。

3. 货物的领取

（1）货物的暂存。对到达的货物，收货人有义务及时将货物搬出，铁路也有义务提供一定的免费保管期限，以便收货人安排搬运车辆，办理仓储手续。免费保管时间规定为：由承运人组织卸车的货物，收货人应于承运人发出催领通知的次日（不能实行催领通知或会同收货人卸车的货物为卸车的次日）起算，2 天（除铁路局规定外）内将货物搬出，不收取保管费。超过此期限未将货物搬出，对其超过的时间核收货物暂存费。

（2）票据交付。收货人持领货凭证和规定的证件到货运室办理货物领取手续，在支付费用和在货票丁联盖章（或签字）后，留下领货凭证，在运单和货票上加盖到站交付日期戳，然后将运单交给收货人，凭此领取货物。如收货人在办理货物领取手续时领货凭证未到或丢失时，机关、企业、团体应提出本单位的证明文件，个人应提供本人居民身份证、工作证（或户口簿）或服务所在单位（或居住单位）出具的证明文件。

货物在运输途中发生的费用（如包装整修费、托运人责任的整理或换装费、货物变更手续等）和到站发生的杂费，在到站时应由收货人支付。

（3）现货交付。现货交付即承运人向收货人点交货物。收货人持货运室交回的运单到货物存放地点领取货物，货运员向收货人点交货物完毕后，在运单上加盖“货物交讫”戳记，并记明交付完毕的时间，然后将运单交还给收货人，凭此将货物搬出货场。

在货物承运前保管的车站，货物交付完毕后，如收货人不能在当日将货物全批搬出车站时，对其剩余部分，按件数和重量承运的货物，可按件数点交车站负责保管；只按重量承运的货物，可向车站声明。

收货人持加盖“货物交讫”的运单将货物搬出货场，门卫对搬出的货物应认真检查品名、件数、交付日期与运单记载是否相符，经确认无误后放行。

■ 拓展知识

公元前139年，张骞出使西域，开辟了从中国通往西域的“丝绸之路”，2000多年来，这条路历经了历史的嬗变，见证着一个民族生生不息的变迁，不禁令世人感叹。西行之路，是探索之路，是变革之路，是发展之路。2013年，党和国家领导人提出了“一带一路”倡议，标志着古老而神秘的丝绸之路又将焕发新的勃勃生机。

近些年，铁路部门积极响应国家“一带一路”号召，实施兰渝铁路规划、深化中欧班列发展。而今，这条西行“大家庭”又将迎来一位新成员。2017年7月9日，徐州到兰州客运专线最西端的宝兰高铁（宝鸡至兰州）——我国“四纵四横”高铁网最长“一横”的最后一段已正式开通运营。

西成高速铁路，简称“西成高铁”，又称“西成客专”，是国家八纵八横高铁网络规划中“京昆通道”的重要组成部分。高铁自西安北站引出，自北向南穿越关中平原、秦岭山脉、汉中平原、巴山山脉进入四川盆地，与成绵乐城际铁路相连，接入成都东站。西成高铁全线于2017年12月6日开通运营，西安至成都的运行时间由普快11个小时缩短为4小时。

高速铁路网。在原规划“四纵四横”主骨架基础上，增加客流支撑、标准适宜、发展需要的高速铁路，同时充分利用既有铁路，形成以“八纵八横”主通道为骨架，区域连接线衔接，城际铁路补充的高速铁路网。

高速铁路主通道规划新增项目原则采用时速250千米及以上标准（地形地质及气候条件复杂困难地区可以适当降低），其中沿线人口城镇稠密、经济比较发达、贯通特大城市的铁路可采用时速350千米标准。区域铁路连接线原则采用时速250千米及以下标准。城际铁路原则采用时速200千米及以下标准。

具体规划方案：一是构建“八纵八横”高速铁路主通道。“八纵”通道为：沿海通道、京沪通道、京港（台）通道、京哈－京港澳通道、呼南通道、京昆通道、包（银）海通道、兰（西）广通道；“八横”通道为：绥满通道、京兰通道、青银通道、陆桥通道、沿江通道、沪昆通道、福银通道、厦渝通道、广昆通道。二是拓展区域铁路连接线。在“八纵八横”主通道的基础上，规划布局高速铁路区域连接线，目的是进一步完善路网，扩大高速铁路覆盖。三是发展城际客运铁路。在优先利用高速铁路、普速铁路开行城际列车服务城际功能的同时，规划建设支撑和引领新型城镇化发展、有效连接大中城市与中心城镇、服务通勤功能的城市群城际客运铁路。

实训活动方案二（1） 如何组织铁路货物运输

1. 活动准备

（1）人员分工：按物流实训活动总体方案组建的公司，以公司为单位开展活动，公司内部进行人员具体分工，并注意一个流程结束后，进行角色互换。①企业组：物流经理1人、物流员1人、经办人1人；②铁路车站组：计划员1人、核对运单1人、检查货物包装1人、验货司磅1人；③财务组：出纳1人、会计1人；④仓管组：扣、贴货物标签、标志1人，货物入库1人；⑤配货装车组：车辆调度1人、装车员1人；⑥到站卸货组：卸货1人、验收入库1人、交货1人；⑦仓储交付组：仓管员1人；⑧收货人1人。

（2）资料准备：月份（旬）要车计划表、铁路物品清单表、铁路货物运输的货票、货物运输变更要求书、铁路部门普通记录表、铁路货物运输品类与代码表、铁路货物运价率表、全国铁路主要站间货运里程表、铁路电气化区段表、铁路货运运杂费费率表、铁路货运单证等。

（3）案例放送：某物流企业接受从山西煤矿运输50万吨燃煤到广州的运输任务，运输部门经理将此项任务交给了物流园小李来组织完成。小李接到任务后，根据运输任务量、运输地点和运输距离等，选择了铁路运输并且制定了详细的运输方案，得到审批后执行，顺利完成了任务。

2. 活动方案

（1）根据上次布置任务，每组（模拟公司）温习相关知识，按能力目标、知识目标，整理收集资料。

（2）熟悉铁路货物运输的作业流程和主要单证及其流转。

（3）在学院教室或实训室明确本活动的工作任务：指定扮演角色，完成作业流程及单证的流转。

任务二 熟悉道路货物运输流程

道路运输是综合运输中重要的运输方式之一，具有点多、线长、方便、快捷、能够实现门到门运输服务等特点，近年来，随着国民经济和道路建设的迅速发展，道路运输也呈现出快速增长的局面，在五种运输方式中所占的比例逐渐增大，在我国综合运输体系中越来越发挥着举足轻重的作用。因此，深入研究道路运输的特点和变化规律，掌握道路运输的管理要求，对提高运输服务质量和运输效益，促进我国经济的发展具有极其重要的意义。

一、认知道路货物运输的功能

总体来说，运输的功能有两个：一个是货物的移动，另一个是货物的储存，移动功能是主要功能，储存功能只是移动过程中的辅助功能。针对汽车运输而言，运输功能具体包括以下几种形式。

1. 主要担负中短途运输

短途运输通常运距为50千米以内（配送功能），中长途运输指运距为50千米～200千米左右。

2. 衔接其他运输方式的集散运输

与其他运输方式组成多式联运，或者在其他运输方式担任主要运输时，由汽车运输担负起点和终点处的货物集散运输。

3. 独立担负长途运输

当汽车运输的运距超过它的经济距离（一般为200千米～300千米）时，由于国家或者地区的政治经济建设等方面的需要，或者在某地区没有其他运输方式时，由汽车运输担负长途运输。

二、认知道路货物运输流程

道路汽车货物运输基本流程包括货物托运、派车送货、货物运送与运达交货、运输统计与结算等环节。

1. 货物托运

货物托运，指货主（单位）委托运输企业为其运送货物，并为此办理相关手续的统称。具体包括托运、承运及验货等工作环节。

道路货物运单是道路货物运输及运输代理的合格凭证，是运输经营者接收货物并在运输期间负责保管和据以交付的凭证，也是记录车辆运行和行业统计的原始凭证。

办理托运一般采用书面方式，先由货主填写托运单。托运单是货主与承运方之间就货物运输所签订的契约，它由托运方填写约定事项，再由运输单位审核承诺。经运输单位审核并由双方签订后的托运单，具有法律效力。托运单确定了承运方与托运方在货物运输中的权利与义务。

2. 派车装货

首先由运输单位的调度人员根据承运货物情况和运输车辆情况编制车辆日运行作业计划，全面平衡运力运量及优化车辆组织运行。据此再填发“行车路单”具体派车去装货地点装货。货物装车时，驾驶员要负责点件交接，保证货物完好无损和计量准确。

车辆装货后，业务人员应根据货物托运单及发货单位的发货清单填制运输货票。运输货票是承运的主要凭证，是一种具有财务性质的票据。它在起票站点是向托运人核收运费、缴纳税款的依据；在运达站点则是与收货人办理货物交付的凭证；而在运输单位内部又是清算运输费用、统计有关运输指标的依据。起票后，驾驶员按调度人员签发的行车路单运送货物。

3. 货物运送与运达交货

车辆在运送货物过程中，一方面调度人员应做好线路车辆运行管理工作，掌握各运输车辆工作进度，及时处理车辆运输过程中临时出现的各类问题，保证车辆日运行作业计划的充分实施；另一方面驾驶员应及时做好运货途中的行车检查，既要保持货物完好

无损、无漏失，又要保持车辆技术状况完好。

货物运达收货地点，应正确办理交付手续并交付货物。整车货物运达时，收货人应及时组织卸车，驾驶员应同时对所卸货物计点清楚，货物交接卸车完毕，收货人应在运输货票上签收，再由驾驶员带回交调度室或业务室。

在货物起运前后如遇特殊原因，托运方或承运方需要变更运输时，应及时由承运和托运双方协商处理，为此所发生的变更费用，需按有关规定处理。

4. 运输统计与结算

运输统计，指对已完成的运输任务依据行车路单及运输货票进行有关运输工作指标统计，生成有关统计报表，供运输管理与决策使用。

运输结算，对运输单位内部，指对驾驶员完成运输任务所应得的工资（包括基本工资与附加工资）进行定期结算。对运输单位外部，指对货主（托运人）进行运杂费结算。

运杂费，包括运费与杂费两项费用。运费指按单位运输量的运输价格（即收费标准）及所完成运输任务数量（运输量）计算的运输费用。

5. 货运事故处理

货物在承运责任期内，因装卸、运送、保管、交付等作业过程中所发生的货物损坏、变质、误期及数量差错而造成经济损失，称为货运事故。货运事故发生后应努力做好以下工作：

（1）查明原因、落实责任，事故损失由责任方按有关规定计价赔偿。

（2）承托双方都应积极采取补救措施，力争减少损失和防止损失继续扩大并做好货运事故记录。

（3）若对事故处理有争议，应及时提请交通运输主管部门或运输经济合同管理机关调解处理。

6. 运输变更

货物托运人向汽车货物运输经营者托运货物后，由于各种事前未能预料的原因，托运方需要改变拟运货物的名称、数量、起运地点和运达地点、运输时间、发货人和收货人等事项或承运方拟改变承运车型、路线、时间、方案内容的，可以向对方提出运输变更或解除。提出的方式是填写运输变更申请书或提出信函、电报等书面形式。承托双方在一般情况下，应尽量满足对方的要求，给予变更、解除，但提出方要因此赔偿对方的损失。

一般情况下，发生下列情况之一者，允许变更和解除：

（1）由于不可抗力使运输合同无法履行；

（2）由于合同当事人一方的原因，在合同约定的期限内确实无法履行运输合同；

（3）合同当事人违约，使合同的履行成为不可能或不必要；

（4）经合同当事人双方协商同意解除或变更，但承运人提出解除运输合同的，应退还已收的运费。

道路汽车货运作业基本程序如图 2－2 所示。

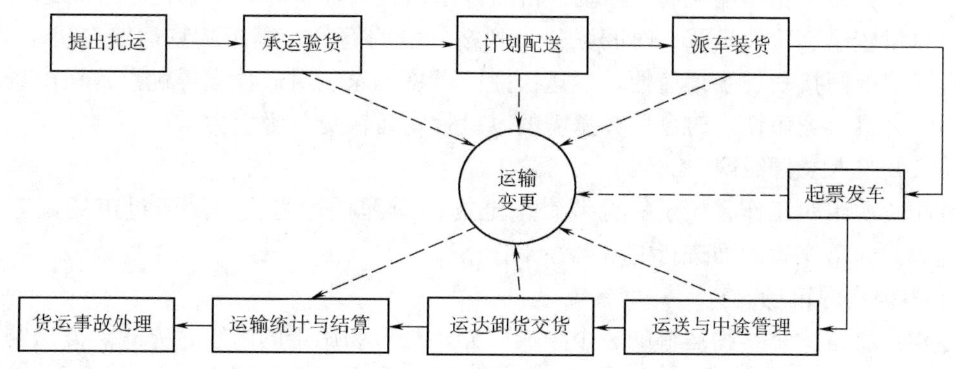

图2－2 道路货运作业基本程序图

三、认知零担货物运输

（一）零担货物运输的概念

零担货物运输是指以定线定站式货运班车或客运班车捎带货物挂车的形式将沿线零担货物集中起来进行运输的货运形式。零担货物是指同一托运人一次托运货物计费重量不足3吨的货物。按件托运的货物，单件体积一般不小于0.01立方米（单件重量超过10千克的除外），不得大于1.5立方米；单件重量不得超过200千克；货物长度、宽度、高度分别不得超过3.5米、1.5米和1.3米，不符合这些要求的，不能按零担货物托运、承运。各类危险货物、易破损、易污染和鲜活货物，一般不能作为零担货物托运。

通过专用汽车运输零担货物的过程称为零担货物运输。零担货物运输是汽车货物运输中相对独立的一个部分，相对于其他类型的汽车货物运输，零担货物运输有以下自身的特点。

1. 零担货源的不确定性

零担货物具有运量零星、批数较多、流向分散等特点，决定了零担货物运输的货物流量、货物流向具有不稳定性和无规律性，导致零担货物货源在一定区域内的一定时期内难以预测。

2. 组织工作的复杂性

零担货物的品类、性质比较繁杂，包装条件及运输的时间、地点等要求也各不相同，因此，零担货物的组织工作比整车货物在仓储、保管、理货、配载、装卸、中转、运送、交付等运输环节和作业工艺上要细致和复杂得多。

3. 运输成本昂贵性

为了满足零担货物运输的要求，经营者要配备一定的仓库、货棚、站台，以及相应的装卸、搬运、堆置的机具和专用厢式车辆，其初期投入较大。此外，零担货物运输单位货物的运距较长，加之周转环节多，更易于出现货损、货差，赔偿费用相对较高，导致了零担货物运输成本和风险较高。尽管如此，零担货物运输亦有别的运输无法取代的

优势所在，使得零担运输能够在市场经济条件下快速发展。零担货物运输非常适合品种繁多、批量较小、价值贵重、时间紧迫、到站分散的商品；零担货物运输有机动灵活、就地托运、上门接货、手续简便、运送快捷、送货到家、时效性强等优点，在市场经济条件下，对具有竞争性、时令性和急需的零星货物运输更具吸引力。

（二）零担货源组织

零担货源组织工作，始于货源调查，至货物受理托运为止，是通过市场调查等手段，为寻找、落实货源而进行的基础性工作。

1. 零担货源市场调查

零担货物运输是货物运输的一个组成部分，其市场调查的内容、方式、方法与货物运输基本相同，对零担货物运输而言，重点是进行货流起讫点调查。

货流起讫点调查是对货物发生及到达地点分布，货物流向与流量的调查，通常称为OD调查，OD调查的主要内容有：

①货物种类、数量及流量；

②货流起讫点及地理位置；

③货流按时间及空间分布；

④货物托运、装卸保管的地点及分布。

通过OD调查，其目的是了解零担货物运输需求情况，为合理分配货运站及营业网点，组织零担货物运输服务提供决策依据。

2. 零担货源的组织方法

（1）实行合同运输。对经常性、货源比较稳定的零担运输，为简化运输手续，提高服务质量，宜采用合同的方式将其固定下来。

（2）设立零担货运站（点）。根据零担货运市场的分布情况，零担运输企业可以在货源比较集中、货运量较大、交通较便利的区域自行设置货运站、点，直接承接社会货源。

（3）委托代理零担货运业务。零担货运企业可以委托社会相关企业，如货物联运公司、日杂公司、邮局等单位代理零担货运受理业务，利用这些单位的既有设施和社会关系网络，取得相对稳定的货源。这些单位在代理零担货运业务时一般向托运人收取一定的业务手续费或向零担货运企业收取劳务费。

（4）聘请货运信息联络员，建立货源情报网络。从零担货源比较稳定的物资单位、生产单位聘请货运信息联络员，以便随时掌握货源信息，主动服务，承揽货源。

（5）设立电话受理业务。设立固定、统一的电话号码，作为在某一区域内受理零担货运的服务电话，货主通过电话初步登记后，企业内部再调度，指派最近的货运站、点在最快的时间内上门服务。

（6）设立网上接单业务。设立专门的零担运输企业网站，公布零担运输线路、运输价格、运输时间、服务承诺和网上运输业务登记办法，供货主选择。

（三）零担货物运输的组织形式

零担运输按照零担货运车辆发送时间的不同，可分为固定式和非固定式两种组织形式。

1. 固定式零担运输

固定式零担运输就是指班车运输，它是以营业范围内零担货物流量、流向，以及货主的实际要求为基础组织运行的。运输车辆主要以厢式专车为主，实行定车、定期、定线、定时运行。又可分为以下几种运行方式：

①直达式。直达式零担班车运输是指在起运站将各个发货人托运的同一到站，且性质适宜配载的零担货物，同车装运后直接送达目的地的一种货运班车运输。这种形式货物送达速度快，在途时间短，无中转作业，费用节省，深受货主的欢迎。

②中转式。中转式零担班车运输是指在起运站将各个发货人托运的同一线路、不同到达站且性质允许配装的各种零担货物，同车装运至规定中转站，卸后再配装，组成新的零担班车运至目的地的一种运输形式。这种形式对运量零散、流向分散的零担货物很适用。

③沿途式。沿途式零担班车运输是指在起运站将各个发货人托运的同一线但不同到达站且性质允许配装的各种零担货物，同车装载后，在沿途各停靠站卸下或装上零担货物再继续前进，直到终点站的一种货运班车运输。这种形式在组织上较为复杂，车辆在途时间也较长，但它能满足沿途货主的运输要求。

2. 非固定式零担运输

非固定式零担运输是指按照货流的具体情况和货主的特别要求而临时组织的零担运输，通常在新辟零担货运线路或季节性零担货物线路上使用较多。

（四）零担货运业务流程

零担货物运输业务是根据零担货运工作的特点，按照流水作业构成的一种作业程序，可简单用图 2－3 表示。

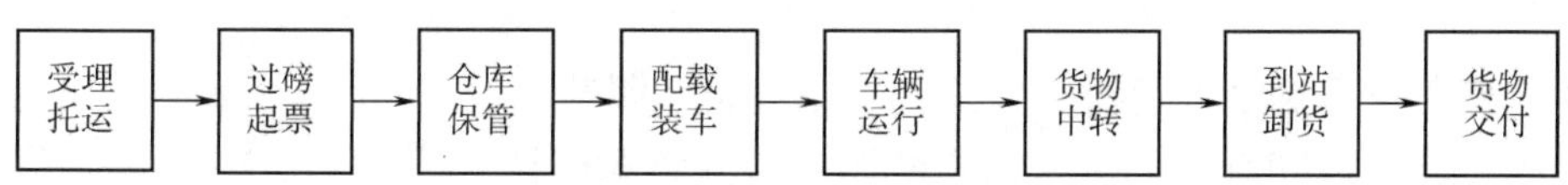

图 2－3　零担货运业务流程

1. 受理托运

受理托运是指零担货物承运人根据营业范围内的线路、站点、距离、中转车站、各车站的装卸能力、货物的性质及受运限制等业务规则和有关规定接受托运零担货物，办理托运手续。受理托运时，必须由托运人认真填写托运单，承运人审核无误后方可承运。受理托运时，可根据受理零担货物数量、运距以及车站作业能力采取不同的受理制度。

（1）随时受理制。即在营业时间内，货运站随时受理货主的托运。

（2）预先审批制。即发货人先向货运站提出运输意向和要求，货运站再根据发货方向、类别、运量，结合运输能力和作业能力，平衡安排，确定运输车辆和运输日期，提供运输服务。

（3）日历承运制。日历承运制是指货运站根据零担货物流量和流向规律，编写并

发布承运日期表，发货人则按规定日期来站办理托运手续。采用日历承运制可以有计划地组织零担货物运输。

2. 过磅起票

零担货物受理人员在收到托运单后，应及时过磅验货，认真点件交接，做好记录，按托运单编号填写标签及有关标志，填写零担运输验货票，收取运杂费。

3. 仓库保管

零担货物仓库应严格划分货位，一般可分为待运货位、急运货位、到达待交货位。零担仓库的货位配置应有利于搬运装卸。零担货物仓库应具备良好的通风防潮能力、防火防盗能力，应有灯光照明设备，以保证货物的完好和适合各项作业的要求。货物进出仓库要照单入库或出货，做到以票对货，票票不漏，货票相符。

4. 配载装车

（1）零担货物的配载原则。

①中转先运、急件先运、先托先运、合同先运；

②尽量采用直达式方式，必须中转的货物，则应合理安排流向；

③充分利用车辆载货量和容积；

④严格执行货物混装限制规定；

⑤加强预报中途各站的待运运量，并尽可能使同站装卸的货物在质量及体积上相适应。

（2）装车工作。

①合理配载，填制单证。按车辆容载量和货物的形状、性质进行合理配载，填制配装单和货物交接单，对不同到达站和中转的货物要分单填制；

②按货物先远后近、先重后轻、先大后小的顺序配装货物，注意贵重物品的防压、防撞；

③装车完毕后要复查货物、货位，以免错装、漏装；

④驾驶员（或随车理货员）清点随车单证并签章确认；

⑤检查车辆关锁及遮盖情况。

5. 车辆运行

零担货运班车必须严格按期发车，按规定线路行驶，在中转站要由值班人员在行车路单上签证。

6. 货物中转

对于需要中转的货物需以中转零担班车或沿途零担班车的形式运到规定的中转站进行中转。中转作业是将来自不同线路和方向尚未到达目的地的货物，在中转站再行配装使其继续运行的过程。中转作业除正常的理货、堆码、整理等工作环节外，最复杂、最重要的是倒载。零担货物中转作业一般有以下三种常用方法：

（1）全部货物落地法。将到达车辆上的全部零担货物卸下入库，再按方向或到达站在货位上重新集结，重新配装。这种方法简便易行，车辆载货利用较好，但装卸作业量大，作业速度慢，仓库和场地的占用面积也较大。

（2）核心货物坐车法。即将到达车辆上运往前面同一到站，且中转数量较多或卸车困难的那部分核心货物留在车上，将其余货物卸下后再加装同一到地其他货物。

（3）中转货物过车法。当几辆零担车同时到站进行中转作业时，将车内部分中转货物由一辆车直接换装到另一辆车上而不必落地。组织过车时可以向空车上过，也可以向留有核心货物的重车上过。与核心货物坐车法一样，这种方法减少了零担货物的装卸作业量，提高了作业效率，加快了中转速度。

7. 到站卸货

零担运输车到站后，由仓库人员检查货物情况，如无异常在交接单上签字加盖业务章。如有异常情况发生则采取相应措施：

①有单无货，双方签注情况后，在交接单上注明，原单返回；

②有货无单，确认货物到站，收货由仓管员签发收货清单双方盖章，清单寄回起运站；

③货物到站错误，将货物原车运抵起运站；

④货物短缺、破损、受潮、污染、腐坏时，应双方共同签字确认，填写事故清单。

8. 货物交付

货物入库后通知收货人凭提货单提货，或者按指定地点送货上门，并做好交货记录。若在运输过程中，发生了货运事故，则按“分清责任，各自承担”的原则进行处理。

四、认知特种货物运输

特种货物是在运输车辆、仓储保管、搬运装卸、配载运送过程中有特殊要求的货物。随着国民经济的深入发展，市场上特种货物的用量越来越大，对特种货物的运输需求也越来越大，因此，研究学习特种货物的运输要求和规律，满足国民经济发展对特种货物运输的需要，对发展运输经济、提高运输效益和运输服务水平都具有现实的意义。

（一）超限货物运输

1. 超限货物运输的含义

超限货物运输，指使用非常规的超重型汽车列车载运外形尺寸和重量超过常规车辆装载规定的大型物件道路运输。大件货物是指长度在 14 米以上或宽度在 3.5 米以上或高度在 3 米以上的货物；或重量在 20 吨以上的单体货物（或不可解体的成组成捆货物）。大件货物是以货物的外型尺寸和重量来界定的，上述条件只要满足任何一条，即为大件货物。

为便于运输和管理，通常将大型物件按其外形尺寸和重量（含包装和支承架）分成四级：即一级、二级、三级、四级。

大型物件的级别，按其长、宽、高及重量四个条件中级别最高的确定。

■ 阅读资料

一级大型物件是指达到下列标准之一者：1. 长度大于 14 米（含）小于 20 米；2. 宽度大于 3.5 米（含）小于 4.5 米；3. 高度大于 3 米（含）小于 3.8 米；4. 重量大

于20吨（含）小于100吨。

二级大型物件是指达到下列标准之一者：1. 长度大于20米（含）小于30米；2. 宽度大于4.5米（含）小于5.5米；3. 高度大于3.8米（含）小于4.4米；4. 重量大于100吨（含）小于200吨。

三级大型物件是指达到下列标准之一者：1. 长度大于30米（含）小于40米；2. 宽度大于5.5米（含）小于6米；3. 高度大于4.4米（含）小于5米；4. 重量大于200吨（含）小于300吨。

四级大型物件是指达到下列标准之一者：1. 长度在40米及以上；2. 宽度在6米及以上；3. 高度在5米及以上；4. 重量在300吨及以上。

2. 超限货物运输的特性

与普通道路货物运输相比较，超限运输有以下特性：

（1）运输工具特殊。超限货物运输过程中，需用超重型挂车作载体，用超重型牵引车牵引和顶推，运输工具是非常规的特种车组。

（2）运输条件特殊。运载超限货物的超重型车组要求通行的道路有足够的宽度和净空、良好的道路线形，桥涵要有足够的承载能力，有时还要分段封闭交通，让超重型车组单独通过。往往在运输过程中，需要得到道路管理、公安交通、电信电力、林木环境等主管部门的支持和配合，才能顺利实施。

（3）运输要求特殊。超限货物运输要求严、责任重，所运货物价值高、运输难度大，涉及面广，因此要求运输必须保证安全，万无一失。

3. 超限货物运输程序

依据道路超限货物运输的特性，其运输环节主要包括托运办理、货物勘察、道路验明、方案制定、合同签订、运输实施，以及运输统计与结算等项。

（1）托运办理。即由大型物件托运人（单位）向已取得大型物件运输经营资格的运输业户或其代理人办理托运，托运人必须在（托）运单上如实填写大型物件的名称、规格、件数、件重、起运日期、收发货人详细地址及运输过程中的注意事项。凡未按上述要求办理托运或运单填写不明确，由此发生运输事故的，由托运人承担全部责任。

（2）货物勘察。货物勘察是指承运人了解货物的基本物理属性和存放位置，并取得可靠数据资料的工作过程。通过货物勘察，可为确定超限货物级别、运输形式、查验道路以及制定运输方案提供依据。

货物勘察的主要内容包括：调查大型物件的几何形状、重量、重心位置和质量分布情况，查明货物承载位置，查看货物的有关技术经济资料，完成书面形式的勘察报告。

（3）道路验明。道路验明即承运人查验货物运输所经道路的基本技术状况和运输现场条件的过程。其工作的主要内容包括：查验运输沿线全部道路的路面、路基、各类坡度、通道宽度、弯道半径，查验沿线桥梁涵洞的承载能力及通行能力、高空障碍，查看装卸货现场，了解沿线地理环境及气候情况。根据上述查验结果预测作业时间、编制运行路线图，完成验道报告。

（4）方案制定。在充分研究、分析货物勘察报告及道路查验报告基础上，制定安全、可靠、可行的运输方案。其主要内容包括：车辆配置、货物装卸、运输安全、车辆运行、事故处理和组织领导等。

（5）合同签订。根据托运方填写的委托运输文件和承运方制定的运输方案，承托双方签订书面形式的运输合同，其主要内容包括：双方的责任和权力、货物的名称、起讫地点、运输时间、运输距离、运输方式、事故处理、违约责任及运费结算方式等。

（6）运输实施。按照运输方案和运输合同的要求，坚持安全第一、质量第一，在运输过程中，严格遵守安全规程和技术要求，行车、机务、安全、后勤、材料供应等工作小组和驾驶员、操作员、装卸工、技术员及安全员等各司其职，认真工作，协调一致，相互配合，保证超限运输工作全面、顺利地完成。

（7）运输统计与结算。运输统计指完成道路超限运输工作各项技术经济指标统计，运输结算即完成运输工作后按运输合同有关规定结算运费及其他费用。

表 2－4　道路货物运输分类比较表

对比指标		零担货物	整车货物	超限货物
含义		同一托运人一次托运货物计费重量不足 3 吨的货物	同一托运人一次托运货物计费重量 3 吨及以上的货物	使用非常规的超重型汽车列车载运外形尺寸和重量超过常规车辆装载规定的大型物件
单件	体积	$0.01m^3 \leq V < 1.5m^3$	$V > 1.5m^3$	
	长度	$L \leq 3.5m$	$3.5m < L \leq 14m$	$L > 14m$
	宽度	$b \leq 1.5m$	$1.5m < b \leq 3.5m$	$b > 3.5m$
	高度	$h \leq 1.3m$	$1.3m < h \leq 3.0m$	$h > 3.0m$
	重量	$W \leq 0.2T$	$0.2T < W \leq 20T$	$W > 20T$

注：同一托运人一次托运货物计费重量虽然不足 3 吨，但按其性质、形状需要单独一辆车运输的货物，也按整车办理。

（二）危险货物运输

1. 危险货物运输的定义

凡具有爆炸、易燃、毒害、腐蚀、放射性等性质，在运输、装卸和储存保管过程中，容易造成人身伤亡和财产损失而需要特别防护的货物，均属危险货物。其中“具有爆炸、易燃、毒害、腐蚀、放射性等性质”是危险货物造成火灾、中毒、灼伤、辐射伤害与污染等方面事故的先决条件。“容易造成人身伤亡和财产损失”是指危险货物在受到外因作用的情况下，不仅是货物本身遭到损失，而且危及人身安全和破坏环境。“需要特别防护”主要指必须针对各类危险货物本身的特性所采取的特别防护措施，这是危险货物运输的先决条件。

2. 危险货物运输分类

根据《汽车危险货物运输规则》的规定，危险货物分为 8 类。即：爆炸品；压缩和液化气体；易燃液体；易燃固体、自燃物品和遇湿易燃物品；氧化剂和有机过氧化物；毒害品和感染性物品；放射性物品；腐蚀品。

3. 危险货物的确认

确认某一货物是否为危险货物，是危险货物运输管理的前提，也是保证客运和货物运输安全的前提。

仅凭危险品的定义和危险品的分类标准来确认某一货物是否为危险货物，在具体操作上常有困难，承托双方也不可能对众多的危险品到需运输时再作技术鉴定判断，而且有时还会引起承托各方的矛盾。所以，各种运输方式在确认危险货物时，都采取了列举原则。为此国家发布了国家标准 GB 12268—2012《危险货物品名表》，列举了危险货物的具体品名表。据此，各运输方式结合自身的特殊性，也相继发布了《危险货物品名表》。因此，危险货物必须是本运输方式《危险货物品名表》所列明的，方予确认运输。

4. 危险货物运输的管理规定

（1）危险货物运输资质管理。

①从事汽车危险货物运输的基本条件。必须具备以下条件的运输企业或单位，并经过道路运政管理机关批准，方能从事危险货物运输。拥有与所从事危险货物运输范围相适应的停车场站、仓储设施等，并符合国家《消防条例》的规定；运输危险货物的车辆、装卸机械和工具等，必须符合《汽车危险货物运输规则》规定的技术条件和要求；从业人员必须掌握危险货物基础知识，熟悉汽车危险货物运输技术业务和有关安全管理规章，政治思想、技术业务素质符合岗位规范要求，对直接从事危险货物运输、装卸、理货等作业人员，须经过培训、考核并取得道路运政管理机关颁发的有效“操作证”，才能凭证上岗作业；从事汽车危险货物运输的单位必须有健全的安全生产规程、岗位责任制度、车辆设备维修制度、安全管理制度和监督保障体系，并配备有能适应汽车危险货物运输生产和组织管理需要，懂业务、有技术、会管理的管理人员。

②汽车危险货物运输的资质凭证。汽车危险货物运输的资质凭证，是证明汽车危险货物运输者、作业者的基本条件符合规定要求，并经过办理申报批准手续，有资格从事汽车危险货物运输、作业的凭证。汽车危险货物运输车辆标志，按国家规定是印有黑色“危险品”字样的三角形小黄旗；有的地方法规规定是印有黑色“危险品”字样的黄色三角灯。汽车危险货物运输车辆标志的功能是在装运危险货物车辆运行和存放时，向人们示警，以利于加强安全警戒和安全避让，这对保障安全生产具有重要作用。

汽车运输危险货物作业证，是从事危险货物装卸、保管、理货和业务人员上岗作业的凭证。按职业规范要求，凡汽车危险货物作业人员，必须经过规定内容的技术业务培训，方准上岗作业。

汽车危险货物运输业户的安全工作合格文件，是指公安、消防部门按国家消防法规的规定，对汽车危险货物运输车辆的安全技术状况、运输设施的安全措施、生产安全制度、作业人员素质、消防设施和措施等进行审验合格后，颁发的凭证文件。

（2）危险货物运输业务管理。

①托运。托运人必须向已取得道路危险货物运输经营资格的运输单位办理抵运；托运单上要填写危险货物品名、规格、件重、件数、包装方法、起运日期、收发货人详细地址及运输过程中的注意事项；对于货物性质或灭火方法相抵触的危险货物，必须分别

托运；对有特殊要求或凭证运输的危险货物，必须附有相关单证，并在托运单备注栏内注明；托运未列入《汽车运输危险货物品名表》的危险货物新品种，必须提交《危险货物鉴定表》，并根据运送货物的性质和运输需要，提供必要的防护用品和急救用品。凡未按以上规定办理危险货物运输托运，由此发生运输事故，由托运人承担全部责任。

②承运。危险货物承运人在受理托运和承运时必须做到：根据托运人填写的托运单和提供的有关资料，予以查对核实，必要时应组织承托双方到货物现场和运输线路进行实地勘察。承运爆炸品、剧毒品、放射性物品及需控温的有机过氧化物、使用受压容器罐（槽）运输烈性危险品，以及危险货物月运量超过100吨，均应于起运前十天，向当地道路运政管理机关报送危险货物运输计划，包括货物品名、数量、运输线路、运输日期等，凡未按以上规定受理托运和承运，由此发生运输事故，由承运人承担全部责任。

③装卸及车辆要求。装卸危险货物应由专业技术人员现场指挥或由懂得危险品基本常识、会操作装卸机械的人员来完成。在装运危险货物时，要按《汽车危险货物运输规则》规定的包装要求，进行严格检查。凡不符合规定要求，不得装运。车辆要求。车辆技术状况良好，机动车辆排气管必须装有有效的隔热和熄灭装置，电路系统应有切断总电源和隔离电火花的装置；必须配备必要的劳动防护用品和现场急救用品。未经道路运政管理机关检验合格的常压容器，不得装运危险货物。

④运送。运输危险货物时必须严格遵守交通、消防、治安等法规。车辆运行应控制车速，保持与前车的距离，严禁违章超车，确保行车安全。对在夏季高温期间限运的危险货物，应按各地公安部门规定进行运输。装载危险货物的车辆不得在居民聚居点、行人稠密地段、政府机关、名胜古迹、风景游览区停车。如必须在上述地区进行装卸作业或临时停车，应采取安全措施并征得当地公安部门同意。运输爆炸品、放射性物品及有毒压缩气体、液化气体，禁止通过大中城市的市区和风景游览区。如需进入上述地区应事先报经当地县、市公安部门批准，按照指定的路线、时间行驶。运输危险货物必须配备随车人员。运输爆炸品和需要特殊防护的烈性危险货物，托运人须派熟悉货物性质的人员指导操作、交接和随车押运。

⑤交接。货物交接双方，必须点收点交，签证手续完备。收货人在收货时如发现差错、破损，应协助承运人采取有效的安全措施，及时处理，并在运输单证上批注清楚。危险货物运达卸货地点后，因故不能及时卸货，在待卸期间行车和随车人员应负责看管车辆和所装危险货物，同时承运人应及时与托运人联系妥善处理。危及安全时，承运人应立即报请当地交通运输主管部门，并由当地交通运输主管部门会同公安、物资主管部门处理。

⑥事故处理。在运输危险货物的过程中，发生燃烧、爆炸、污染、中毒等事故，承运人及驾乘人必须根据承运危险货物的性质，按规定要求，采取相应的救急措施，防止事态扩大。并应及时向当地道路运政机关和有关部门报告，共同采取措施，消除危害。发生重大危险货物运输事故时，当地道路运政管理机关应及时赶赴现场，协助有关部门组织抢救，并做好现场记录，按有关规定进行处理。危险货物一旦对人体造成灼伤、中毒等危害，应立即进行现场急救，必要时迅速送医院治疗。凡发生人身伤亡或重大经济损失的危险货物运输事故，当地道路运政管理机关应在三天内将事故情况报告上级机

关，并在三十天内提出处理意见，报告上级交通主管部门，通知车籍所在地道路运政管理机关。

（三）鲜活与贵重货物运输管理

1. 鲜活货物运输

（1）鲜活易腐货物运输含义。鲜活易腐货物运输是指在运输过程中需要采取一定措施，以防止死亡和腐坏变质的货物运输的方式，汽车运输的鲜活货物主要有：鲜鱼虾、鲜肉、瓜果、蔬菜、牲畜、观赏野生动物、花木秧苗、蜜蜂等。

（2）鲜活货物运输的特点。

①时效性强。鲜活货物极易变质，要求以最短的时间最快的速度及时运到。

②运输过程需要特殊照顾。如牲畜、家禽、蜜蜂、花木秧苗等的运输需配备专用车辆和设备，并有专人沿途进行饲养、浇水、降温、通风等。

③运量变化大。特别是南北方的季节性水果、蔬菜等。

（3）鲜活货物运输组织。

①托运。托运鲜活货物前，应根据货物不同特性作好相应的包装。托运时须向具备运输资格的承运方提出货物最长的运到期限，每一种货物运输的具体温度及特殊要求，提交卫生检疫等有关证明并在托运单上注明。

②承运。承运鲜活货物时，应对托运货物的质量、包装和温度进行认真的检查，要求质量新鲜，包装达到要求，温度符合规定。对已有腐烂变质特征的货物，应加以适当处理，对不符合规定质量的货物不予承运。

③装车。鲜活货物装车前，必须认真检查车辆的状态，车辆及设备完好方能使用，车厢如果不清洁，应进行清洗和消毒，适当风干后，才能装车。装车时应根据不同货物的特点，确定其装载方法。如冷冻货物需保持货物内部蓄积的冷量，可紧密堆码；水果、蔬菜等需要通风散热的货物，必须在货物之间保留一定的空隙；怕压的货物必须在车内加搁板，分层装载。

④运送。根据货物的种类、运送季节、运送距离和运送方向，按要求及时起运、双班运输，按时运达。炎热天气运送时，应尽量利用早晚行驶。

2. 贵重货物

（1）贵重货物的概念。贵重货物是指价格昂贵，运输责任重大的货物。贵重货物可分为货币、证券、贵重金属及稀有金属、珍贵艺术品、贵重药材和药品、贵重毛皮、珍贵食品、高级精密机械及仪表、高级光学仪器设备及高档日用品等。

（2）贵重货物的运输。装车前应进行严格清查，检查包装是否完整，货物的品名、质量、件数和货运单是否相等，装卸时怕震的贵重货物要轻拿轻放，不要挤压。运送贵重物品需派责任心强的驾驶员运送，要有托运方委派专门押运人员跟车。交付贵重货物要做到交接手续齐全、责任明确。

（四）禁运与限运货物运输管理

1. 禁运和限运货物运输的含义

禁运货物是根据国家有关法律和规定，须经指定的主管机关批准并出具证明方可运输的货物。如武器弹药、剧毒药品、历史文物、毒品等。

限运货物是指只能在限定的数量和区域内运输的货物。一般有长期限运货物和临时限运货物两类，其目的是在一定时期，一定范围内保持某些物资的供销平衡，满足生产和消费的基本要求。

实行货物禁运与限运制度是国家和政府对社会经济某些需要控制的环节采用的行政和法律手段，其中禁运与限运货物的种类会有变动。尤其是限运货物变动较为频繁，应根据有关管理部门编制的禁运与限运货物品种类别表执行。

2. 禁运与限运货物的运输组织

（1）托运。托运人须持有省（自治区、直辖市）以上人民政府或其授权机关的批准文件及相关证明，按所批准的货物品名、规格、数量、线路、起讫点进行托运。并根据托运货物的特点，提供相应的包装、护送等安全运输条件。

（2）承运。承运人必须按照有关证明受理禁运与限运货物。受理时必须核定货物品名、规格、数量、线路、起讫点是否与批准文件及托运单一致。并根据承运货物的特点选用适宜的车辆、设备、工具等进行运输。

■ 拓展知识

目前，在我国现有道路网中，有路面者占90%以上，它们构成了以北京为中心，连接各省、市、自治区，各大、中城市及工业中心、能源基地、港口枢纽、国防要塞，并直接伸向广大农牧区的道路运输网。道路建设的布局更趋于合理，在东南沿海和中部地带，道路主要是作为铁路和水路的辅助线路，担负短途运输，集散物资；在广阔的西部地带，道路运输则要担负相当份额的干线运输任务。

我国现有道路干线80余条，主要有以北京为中心的国道、南北向国道和东西向国道。总规模约3.5万千米的“五纵七横”国道主干线于2007年年底基本贯通。这12条主干线全部是二级以上的高等级公路，其中高速公路约占总里程的76%，一级道路约占总里程的4.5%，二级公路占总里程的19.5%。它们连接了首都、各省省会、直辖市、经济特区、主要交通枢纽和重要对外开放口岸，覆盖了全国所有人口在100万以上的特大城市和93%的人口在50万以上的大城市，是具有全国性政治、经济、国防意义的重要干线道路。

在《“五纵七横”国道主干线系统规划》的基础上，为进一步适应国民经济快速发展和满足人民群众安全便捷出行的需求，交通部编制了《国家高速公路网规划》，国家高速公路网简称为“7918”网，共34条路线，包含了“五纵七横”国道主干线的全部12条路线，总规模为8.5万千米，服务对象进一步扩展到所有人口在20万人以上的城市、国家4A级及以上旅游景区城市等，规划技术等级全部为高速公路。

实训活动方案二（2） 如何组织道路零担货物运输

1. 活动准备

（1）人员分工：按物流实训活动总体方案组建的公司，以公司为单位开展活动，公司内部进行人员具体分工，并注意一个流程结束后，进行角色互换。①托运人1人；②受理托运组2人，核对运单1人、检查货物包装1人；③验货司磅1人；④吊签入库组2人，扣、贴货物标签、标志1人，货物入库1人；⑤配货装车组2人，计划调度1人、装车配载1人；⑥到站卸货和货物交付组2人，1人卸货、1人交付；⑦收货人1人。

（2）资料准备：全国道路交通地图、《道路交通标志和标线（GB 5768—2017）》、中国交通地图、客户托运货物简明记录表、道路汽车零担货物托运单、汽车货物运输清单、道路汽车零担货物运输货票、调度命令登记簿、零担（整车）运费参考价目表、道路普通货物运价分等表、道路特种货物分类表、道路汽车零担货物交接及运费结算清单等。

（3）案例放送：下表是甘肃兰州市某物流公司道路汽车零担货物托运单。

甘肃兰州市佳吉物流公司道路汽车零担货物托运单

托运日期：20　年　月　日　　　发站：兰州　　到站：合作　　运单编号：18－G066－30

<table>
<tr><td colspan="3">收货单位（人）：幸××</td><td colspan="2">电话：18988999888</td><td colspan="3">详细地址：甘南州合作市幸福路222号</td></tr>
<tr><td colspan="5" rowspan="2">重要声明：若货物不保险，出险后我公司将按背书条款赔偿。
本票货物：已保价（√），未保价（）。</td><td>重量（千克）</td><td>货物价值（元）</td><td>体积（立方米）</td></tr>
<tr><td>750</td><td>25000.00</td><td></td></tr>
<tr><td>货物名称</td><td>包装</td><td>件数</td><td>运费</td><td></td><td>代付款（元）</td><td>保价费（3‰）</td><td>合计金额（元）</td></tr>
<tr><td>汽车零配件</td><td>木箱</td><td>30</td><td>580</td><td></td><td></td><td>75</td><td>655.00</td></tr>
<tr><td></td><td></td><td></td><td></td><td></td><td></td><td></td><td></td></tr>
</table>

付款方式：现付（√）到付（　）签回单付（　）月结（　）合计金额大写：零万零仟陆佰伍拾伍元整

<table>
<tr><td>发货人签字</td><td>公司</td><td>发货人电话</td><td>马－－
13366667788</td><td>收货人签字</td><td></td><td>承运经办人</td><td>陈××</td><td>承运单位盖章</td></tr>
<tr><td colspan="9">重要提示：请发货人及收货人认真阅读本托运单背面托运协议条款，特别是免除或限制承运人责任条款，如有异议，请要求承运人说明。您在本协议上签字或盖章，即表示您理解并同意本协议所记载的全部内容。</td></tr>
<tr><td colspan="9">本公司地址：兰州市七里河区大滩村680号　　业务电话：0931—258000　　传真：0931—258001</td></tr>
</table>

注：托运单一式四份。第一联：承运人存根；第二联：托运人留存；第三联：财务统计；第四联：随货同行。

2. 活动方案

（1）根据上次布置任务，每组（模拟公司）温习相关知识，按能力目标、知识目标，整理收集的资料。

（2）熟悉道路零担货物运输的作业流程和主要单证及其流转。

（3）在学院教室或实训室明确本活动的工作任务：指定扮演角色，完成作业流程及单证的流转。

任务三　熟悉水路货物运输流程及单证

水路运输是指使用船舶及其他航运工具，在沿海、江河、湖泊、海洋等通航水域载运货物的一种运输方式。按利用的水域的不同，一般将水路运输分为内河运输、沿海运输和远洋运输。

我国水路运输有内河、沿海和远洋航运三类。内河主要指“三江两河”水系，即长江、珠江、黑龙江、京杭运河、淮河水运；沿海航运分别以广州、上海和大连为中心，形成南、北方航区，连通和辐射沿海主要港口；远洋运输以沿海港口为起点，分为东西南北4个方向，东行可达北美、南美和拉丁美洲诸国，西行可至西亚和地中海，南行可通东南亚、澳洲等国，北行可到日本、朝鲜和俄罗斯东部港口，构成了四通八达的独特水路运输网路。

水路运输是我国综合运输体系的重要组成部分，从技术性能上看，水路运输具有运输能力大、通过能力强、运输通用性好的优点，从经济角度看，具有建设投资省、运输成本低、平均运距长、劳动生产率高的特点，但也存在运送速度慢、运输受季节和自然条件影响大的缺点。因此，水路运输比较适合于运距长、运量大、时间性不太强的各种大宗货物运输。

一、认知水路运输货物的分类

水路运输货物的种类可以从不同的角度加以区分，运输部门则主要按形态和性质对货物进行分类。

（1）按形态分类，水运货物可分为件杂货物和散装货物，件杂货物包括包装货物、裸装货物、成组成捆货物和集装箱货物，散装货物包括干质散装货和液体散装货。

（2）按货物的性质分类，可分为普通货物和特殊货物。普通货物包括清洁货物（清洁干燥的货物）、液体货物、粗劣货物（具有油污、水湿、扬尘、异味等特性的货物），特殊货物包括危险货物、易腐性冷藏货物、贵重货物、活的动植物、大宗笨重货物和邮件货物。

（3）按载运的批量分类，可分为大宗货物和零星货物。

二、认知水路运输的营运方式

水路运输的营运方式分为班轮运输和租船运输两种。

（一）班轮运输

班轮运输亦称定期船运输，是指船舶在特定的航线上按照船期表和挂港从事有规律的水上货物运输形式。班轮运输又分为定期班轮和不定期班轮两种。定期班轮严格按照预先公布的船期表运行，船舶到、离港的时间及计划停靠的港口固定不变，是班轮运输的主要形式，不定期班轮根据预先公布的船期表运行，但船舶到港、离港的时间有一定的伸缩性，有固定的始发港、目的港，中途停靠港则视货源情况可能有所变化，即定线不定期的班轮运输。

班轮运输的主要特点是四固定，即固定航线、固定停靠港口、固定船期和相对固定的运价。这四固定，也形成了班轮运输的优点：

①班轮运输船期表和航线、途经港口预先公布，有利于货主组织安排货源，从容准备。

②手续简便，承托双方无需签订合同，仅凭提货单即可明确双方的权利义务，处理运输过程中的有关问题。

③通常承运人在港口指定的码头仓库接受货物，在目的港的码头或仓库交货。

④单位运价明确，便于货主核算成本，选择运输方式。

（二）租船运输

租船运输是指船舶出租人（船东）向承租人提供船舶的全部或部分舱位装运约定的货物，从某一港运至另一港，或承租人将船舶租用某一段时间，承租人为此支付租金的船舶营运方式。由于这种经营方式需要在市场上寻求机会，没有固定的航线和挂靠港口，没有船期表和运价表，船舶经营人和需要船舶运力的租船人是通过洽谈运输条件，签订租船合同来安排运输的，故称之为租船运输。

租船运输是按照承租人的运输要求而安排的一种营运方式，根据承租人的不同需要，可以划分为多种租船方式：

（1）船次租船。指船舶经营人提供船舶在指定的港口之间进行一个航次或数个航次承运指定货物的租船。

（2）定期租船。是指船舶经营人将船舶出租给承租人供其使用一段时间的租船。租期的长短取决于承租人所需使用船舶的时间，在租期内，船舶由承租人负责调度和经营管理。

（3）包运租船。是指船舶经营人向承租人提供一定的运力，在确定的港口之间，以事先约定的时间、航次周期和一定的货运量完成合同规定的总运量的租船方式。

（4）光船租船。是指船舶经营人只提供船舶，不提供船员，由承租人自己配备船员在租期内经营管理的租船方式。光船租船合同纯粹是一种财产租赁合同，它并不具有运输合同的性质。

三、认知远洋货物运输

远洋货物运输是指利用海路及远洋船舶将进出口货物运送至目的港的一种运输方式。远洋运输主要针对对外出口和国内进口货物的运输，因此，在运输设备、运输要求和运输组织等方面与内河货运有较大的区别。对远洋运输来讲，最常见也是最重要的运输营运形式是班轮运输和租船运输。

（一）班轮运输业务

1. 班轮运输流程

班轮运输流程是远洋班轮运输从组货到运货直至交货的一系列有顺序的基本工作环节，包括订舱、备货交接、装船换单、海上运输、卸船交货五个部分。

2. 远洋运输单据种类和作用

远洋运输中，从办理货物托运、装船、卸货，到交付货物的整个运输过程中，需要填制多种单证。这些单证因所处的环节不同，其作用也各不一样。一般在国际海运中广泛采用的主要单证有：

（1）托运单（booking note）。托运单又称订舱单，是托运人根据贸易合同和信用证条款的内容填制的向承运人（或其代理人）办理托运货物的书面凭证。

（2）装货联单（shipping Order，S/O）。装货联单一般一式三联，第一联为托运单留底。第二联为装货单，是托运人填制交船公司审核并签章后，据以要求船长将货物装船承运的凭证，经常称为“关单”。第三联为收货单，是指某一票货物装上船后，由船上大副签署给托运人的作为证明船方已收到该票货物并已装上船的凭证 。收货单亦称大副收据，是船舶收到货物的收据及货物已装船的凭证。

（3）提单（Bill of Lading，B/L）。托运人取得收货单后，即可凭单要求船公司签发提单，它是用以证明海上货物运输合同和货物已经由承运人接收或者装船，以及承运人保证据以交付货物的单证。提单具有货物收据、物权凭证和运输合同证明的功能。

（4）装货清单（loading list）。装货清单是根据装货联单中的托运单留底联，将装船待运货物按目的港和货物性质归类，依航次靠港顺序排列编制的装货单的汇总单。内容包括船名、装货单编号、件数、包装、货名、毛重和估计体积等，是大副编制货物积载计划的主要依据。

（5）载货清单（manifest，M/F）。载货清单亦称“舱单”，是货物装船完毕后，根据大副收据或提单编制的一份按卸货港顺序逐票列明全船实际载运货物的汇总清单。其内容包括船名及国籍，开航日期，装货港及卸货港，同时逐票列明所载货物的详细情况。在我国，载货清单还是出口企业在办理货物出口后申请退税，海关据以办理出口退税手续的单证之一。

（6）提货单（delivery order，D/O）。提货单是收货人凭正本提单（或副本随同有效的担保）向承运人或其代理人换取的，可向港口、码头仓库提取货物的凭证。其内容包括船名、货名、件数、包装式样、标志、提单号、收货人名称等。

此外，还有货物积载图、危险货物清单、货物溢短单、货物残损单等，不再细述。

（二）租船运输业务

租船运输业务一般在航运交易市场进行，航运交易市场通常设在世界经贸和运输比较发达的地方，如英国的伦敦、美国的纽约、日本的东京、中国的香港、上海等地。船舶所有人是市场上的供给方，租船人则是市场上的需求方 ，市场上供需双方的租船业务，几乎都是通过租船经纪人来进行的。租船经纪人熟悉租船市场行情和租船业务，具有较丰富的租船知识和经验，在整个租船过程中起桥梁和中介作用，对顺利开展租船业务至关重要。租船业务按时间顺序分询盘、报盘、还盘、接受和签订租船合同五个环节进行，租船人和船东按此程序，通过租船经纪人互通情况，讨价还价，最后达成一致，签订合同，实现租船运输。

四、认知内河货物运输

内河货物运输是指利用船舶和江河、湖泊等通航水域进行货物运输的形式。内河货

物运输流程是按时间顺序排列的运输过程，包括：签订运输合同、托运货物、运送货物和交付货物四个环节。

■ 拓展知识

1. 海洋、运河及海峡

海洋通道：太平洋沿岸拥有世界1/6的港口，货运量居世界第二位。大西洋沿岸拥有世界3/4的港口，海运量一直居各大洋的首位，约占世界海运量的2/3。印度洋拥有世界近1/10的港口和1/6的货物吞吐量（以石油为主）。北冰洋因气候严寒，仅有极少部分通行的条件，其航运意义不大。

运河通道：苏伊士运河，位于埃及东北部，居欧亚非三洲交通要冲，它沟通地中海和红海，连接了大西洋和印度洋，是一条具有重要战略意义和经济意义的水道。巴拉马运河，斜贯巴拉马中部，沟通大西洋和太平洋。基尔运河，位于德国北部，横贯日德兰半岛，沟通波罗的海和北海。

2. 海峡通道

马六甲海峡，位于马来半岛和苏门答腊岛之间，是沟通太平洋和印度洋的海上交通要道（包括新加坡海峡）。英吉利海峡，位于英法两国之间狭窄处，连同多佛尔海峡，是连接北欧和北美的主要航线。霍尔木慈海峡，位于阿曼半岛和伊朗之间，西接波斯湾，东连阿曼湾，是世界上著名的石油海峡。此外，较重要的海峡还有地中海通往大西洋的唯一通道——直布罗陀海峡，沟通印度洋、亚丁湾和红海的重要水道——曼德海峡，黑海与地中海之间的唯一通道——黑海海峡等。

3. 海运航线

（1）太平洋航线。该航线细分为远东—北美西海岸航线，远东—加勒比海航线，北美东海岸航线，远东—南美西海岸航线。远东—东南亚航线，远东—澳大利亚、新西兰航线和澳大利亚、新西兰—北美东西海岸航线。

（2）大西洋航线，该航线可分为西北欧—北美东海岸航线，西北欧、北美东海岸—加勒比海航线，西北欧、北美东海岸—地中海—远东航线，南美东海岸—好望角—远东航线，西北欧、地中海—南美东海岸—远东航线。

（3）印度洋航线。该航线可分为波斯湾—好望角—西欧、北美航线，波斯湾—东南亚—日本航线，波斯湾—苏伊士运河—地中海—西欧、北美航线。

实训活动方案二（3） 如何组织内河货物运输

1. 活动准备

（1）人员分工：按物流实训活动总体方案组建的公司，以公司为单位开展活动，公司内部进行人员具体分工，一个流程结束后，进行角色互换。①托运人1人；②受理托运组2人，核对运单1人、检查货物包装1人；③合同经办1人；④验货组3人，验货1人、办理保险1人、财务1人；⑤装船组2人，装卸员1人、配载1人；⑥船方组

2人，大副1人、船长1人、船员若干人；⑦卸船组2人，卸货员1人、办理货物交付1人；⑧收货人1人。

（2）资料准备：中国交通地图、水路汽车货物托运单、水路运输合同、班轮船期表、水路货物运输货票、水路货物交接及运费结算清单等。

（3）案例放送：中国长江航运（集团）总公司（简称中国长航），是我国内河最大的骨干航运企业集团。中国长航以江海联运为核心能力，是我国航运企业中唯一能实现远洋、沿海、长江、运河全程物流服务的航运企业，也是国家首批57家试点企业集团和计划单列企业集团之一。

中国长航水上运输主业拥有和控制各类运输及辅助船舶2460余艘，载货700余万吨，主要提供煤炭、矿石、建材、非金属矿、钢铁等干散货、石油、集装箱运输，液化气、滚装、散装水泥及沥青等特种运输服务。航线覆盖长江干线及主要支流，辐射沿海、近洋、远洋，已开辟了远洋石油环球运输及干散货远洋运输航线。

2. 活动方案

（1）根据上次布置任务，每组（模拟公司）温习相关知识，按能力目标、知识目标，整理收集的资料。

（2）熟悉基本运输方式的作业流程和主要单证及其流转，指定扮演角色完成作业流程及单证的流转。

任务四　熟悉航空运输流程及单证

一、认知航空运输设备与设施

1. 飞机

目前，纯粹经营货物运输的飞机比较少，只有像美国的UPS、联邦快递等少数几家经营包裹快递业务的物流公司，其余的物流运输基本都是搭载客运飞机的。

2. 机场

机场又称航空站（航空港），是供飞机起飞、着陆、停驻、维护、补充给养及组织飞行保障活动所用的场所，包括相应的空域及相关的建筑物、设施与装置。它是民航运输网络中的节点，是航空运输的起点、终点和经停点。它一方面要面向空中，送走起飞的飞机，迎来着陆的飞机；另一方面要面向陆地，供客、货和邮件进出。民用运输机场的基本功能是为飞机的运行服务，为客、货、邮件的运输以及其他方面服务。

机场主要由三部分构成，即飞行区、航站区及进出机场的地面交通系统。飞行区是机场内用于飞机起飞、着陆和滑行的区域，通常还包括用于飞机起降和盘旋的空域在内。飞行区由跑道系统、滑行道系统和机场净空区构成。航站区是飞行区与机场其他部分的交接部。航站区包括旅客航站楼、站坪、车道边、站前停车设施等。进出机场的地面交通系统通常是道路，也包括铁路、地铁（或轻轨）和水运码头，把机场和附近城市连接起来，将旅客和货邮及时运进或运出航站楼。机场的设施包括目视助

航设施、通信导航设施、空中交通管制设施以及航空气象设施、紧急救援和消防设施、动力与电信系统、环保设施、旅客服务设施、安检设施、保安设施、货运区及航空公司区等。

根据机场跑道的长度、宽度、灯光设备和目视助航设备等情况、飞机航程的远近、能起降飞机的重量等条件，可以将机场分为四个等级：

（1）一级机场，供国内和国际远程航线使用，能起降160吨以上（起飞全重）的飞机。机场跑道通常为三类或二类精密进境跑道，4E或4D级跑道。

（2）二级机场，供国内和国际中程航线使用，能起降70吨~160吨（起飞全重）的飞机。机场跑道通常为二类或一类精密进境跑道。

（3）三级机场，供近程航线使用，能起降20吨~70吨（起飞全重）的飞机。机场跑道通常为一类精密进境跑道。

（4）四级机场，供短途航线和地方航线使用，能起降20吨以下（起飞全重）的飞机。机场跑道通常设有相当的仪表进境着陆设备或简易目视助航设备。

跑道是一个机场的重要组成部分，它决定了机场的等级标准，跑道及其相关设施的修建、标识等是有严格规定的。跑道的性能及相应的设施决定了什么等级的飞机可以使用这个机场，机场按这种能力分类，称为飞行区等级。机场的等级一般用飞行区等级来表示。飞行区等级用两个部分组成的编码来表示，第一部分是数字，表示飞机性能所相应的跑道性能和障碍物的限制。第二部分是字母，表示飞机的尺寸所要求的跑道和滑行道的宽度，因而对于跑道来说飞行区等级的第一个数字表示所需要的飞行场地长度，第二位的字母表示相应飞机的最大翼展和最大轮距宽度，它们的相应数据见表2－5。

表2－5　机场参数表

第一位　数字		第二位　字母		
数字	飞行场地长度	字母	翼展	轮距
1	小于800米	A	小于5米	小于4.5米
2	800米至1200米	B	5米至24米	4.5米至6米
3	1200米至1800米	C	24米至36米	6米至9米
4	1800米以上	D	36米至52米	9米至14米
		E	52米至60米	9米至14米

我国现有运输航班使用机场、飞行区等级和可起降机型如下：北京首都国际机场4E B747、天津滨海国际机场4D B767、太原武宿机场4D B767、呼和浩特白塔机场4D B767、海拉尔东山机场4C B737、沈阳桃仙国际机场4E B747、大连周水子国际机场4E B747、哈尔滨阎家岗国际机场4D B767、佳木斯东郊机场3C AN24、齐齐哈尔三家子机场4C MD82、长春大房身机场4D B707、上海虹桥国际机场4E B747、南京禄口国际机场4E B747、杭州笕桥机场4D B767、合肥骆岗机场4D B767、厦门高崎国际机场4D B767、福州长乐国际机场4E B747、济南遥强机场4D B767、青岛流亭国际机场4D B767、广州白云国际机场4E B747、深圳黄田国际机场4E B747、武汉天河机场4E

B747、长沙黄花机场4D B767、南宁吴墟机场4D B767、桂林两江国际机场4D B767、三亚凤凰国际机场4E B747、重庆江北国际机场4E B747、成都双流国际机场4D B767、西昌青山机场4D B747、昆明巫家坝国际机场4E B747、贵阳龙洞堡机场4D B767、拉萨贡嘎机场4E B747、西安咸阳国际机场4E B747、兰州中川机场4D B757、乌鲁木齐地窝堡机场4D B767、喀什机场4D TU5、和田机场4D TU5。

世界上比较大型的主要航空货运机场有：美国的芝加哥机场、德国的法兰克福机场、荷兰阿姆斯特丹的希普霍尔机场、法国的戴高乐机场、英国的希思罗机场、日本的成田机场、中国香港的启德机场等，我国国内比较大型的货运机场有北京的首都机场和上海的虹桥机场等。

3. 通信与导航设备

通信设备包括高频通信系统、甚高频通信系统、选择呼叫系统。高频通信系统一般采用两种制式工作，即调幅制和单边带制，以提供飞机在航路上长距离的空与地或空对空的通信；甚高频通信系统一般采用调幅方式工作，主要提供飞机与地面塔台、飞机与飞机之间近距离视线范围的话音通信；选择呼叫系统指地面塔台通过高频或甚高频通信系统对指定飞机或一组飞机进行联系。

导航设备包括甚高频全向信标系统、无方向性信标系统、仪表着陆系统。甚高频全向信标系统是一种近程无线电导航系统，ICAO（国际民用航空组织）确定为国际标准的无线电导航设备，它由地面发射台和机载设备组成。无方向性信标系统，即导航台，是用来为机上无线电罗盘提供测向信号的发射设备。发射天线长70米，是架在两个高30米铁塔上的T形天线。ICAO确定仪表着陆系统为飞机标准进近和着陆设备。它能在气象恶劣和能见度差的条件下，给驾驶员提供引导信息，保证飞机安全进近和着陆。

目前空中交通主要的监视设备是雷达。它利用无线电波发现目标，并测定其位置。监视雷达系统一般分为两种类型：一次雷达和二次雷达。一次监视雷达的工作方式是依靠目标对雷达天线所辐射的射频脉冲能量的反射而探测目标的。二次雷达是由地面询问机与机载应答机配合，采用问答方式工作的。地面二次雷达发射机产生询问脉冲信号，并由其天线发射，机载应答器在接受到询问信号后发射相应的应答信号，地面二次雷达接受这一应答信号。在进行一系列处理后，获得所需的飞机代码等信息。二次雷达可以获得的信息主要是：飞机的距离与方位信息、目标的识别信息（即飞机的代码）、飞机的气压高度信息和一些紧急警告信息（如飞机发生紧急故障、无线电通信失效或飞机被劫持等）。

在同时装备一、二次雷达的空中交通管制系统中，通常二次雷达的天线安装在一次雷达天线的上方，二者同步扫掠，协同工作。

二、认知航空公司和航空货运公司

1. 航空公司

航空公司是以自身拥有的飞机为主要生产设备的从事航空运输生产活动的经济组织，具有运输企业基本的特征。国内航空公司及其代码见表2－6。

世界上知名的航空公司有很多，如：美国航空公司US、美国联合航空公司UA、英国

航空公司 BA、法国航空公司 AF、德国汉莎航空公司 LH 等。和我国航空公司有业务往来的主要有美国航空公司 WN、法国航空公司 AC、德国汉莎航空公司 LH、瑞典航空公司 LF、新加坡航空公司 ML、日本航空公司 JL 等。部分国外航空公司及代码见表 2-7。

表 2-6　国内航空公司代码表

航空公司名称	代码		航空公司名称	代号	
	三字	二字		三字	二字
中国国际航空公司	CCA	CA	中国东方航空公司	CES	MU
中国新华航空公司	CXH	X2	厦门航空有限公司	CXA	MF
中国西北航空公司	CNW	WH	新疆航空公司	CXJ	XO
中国南方航空公司	CSN	CZ	云南航空公司	CYH	3Q
中国西南航空公司	CXN	SZ	四川航空公司	CSC	3U
中国北方航空公司	CBJ	CJ	上海航空公司	CSH	FM
浙江航空公司	CAG	F6	长城航空公司	CGW	G8
中原航空公司	CYN	Z2	武汉航空公司	CWU	WU
海南航空公司	CHH	H4	贵州航空公司	CGH	G4
长安航空公司	CGN	2Z	深圳航空公司	CSZ	4G
南京航空公司	CNJ	3W	福建航空公司	CFJ	IV
山东航空公司	CDG	SC			

表 2-7　部分国家和地区航空公司代号

代码		航空公司名称	代码		航空公司名称	代码		航空公司名称
三字	两字		三字	两字		三字	两字	
AAL	AA	美国航空公司	ABB	AJ	比利时航空公司	AAA	AN	澳大利亚安塞特航空公司
AFR	AF	法国航空公司	ACA	AC	加拿大航空公司	AZA	AZ	意大利航空公司
BAW	BA	英国航空公司	CAL	CI	中国中华航空公司	CDN	CP	加拿大国际航空公司
EAL	EA	美国东方航空公司	EIA	EZ	美国常青国际航空公司	GIA	GA	印度尼西亚鹰航空公司
LIN	LF	瑞典航空公司	AHK	LD	中国香港航空公司	JAL	JL	日本航空公司
KCA	JS	朝鲜航空公司	SWE	JG	瑞典航空公司	KAC	KU	科威特航空公司
KAL	KE	大韩航空	KLM	KL	荷兰皇家航空公司	MXA	MX	以色列航空公司
NCA	KZ	日本货运航空公司	HDA	KA	中国港龙航空公司	ANA	NH	全日空航空公司
MAS	MH	马来西亚航空公司	MPH	MP	荷兰马丁航空公司	AUA	OS	奥地利航空公司
NWT	NW	美国西北航空公司	AMU	NX	中国澳门航空公司	PAL	PR	菲律宾航空公司
PAA	PA	美国泛美航空公司	PIA	PK	巴基斯坦国际航空公司	VRG	RG	巴西航空公司
QFA	QF	澳大利亚快达航空公司	RNA	RA	尼泊尔航空公司	SIA	SQ	新加坡航空公司
SAA	SA	南非航空公司	SAS	SK	斯堪的纳维亚航空公司	UBA	UB	缅甸航空公司
SUA	SU	瑞士航空公司	UAL	UA	美国联合航空公司	SWA	WN	美国西南航空公司
UKA	UK	英国航空公司	USA	US	美国航空公司	TWA	TW	美国环球航空公司
TAC	TH	泰国航空公司	THY	TK	土耳其航空公司			

2. 航空货运公司

航空货运公司是航空运输代理公司，受航空公司委托，专门从事航空货物的揽货、定舱、接货、交付、报关或送货上门等服务的独立企业。

最初航空货运公司实际上是航空公司的营销部门，航空公司为了专注于空中运输生产活动而将货运市场的营销活动从其他业务中分化出来，逐渐发展成为专门的代理公司。这样更加有利于航空公司发展其核心业务，也方便货主办理托运、查询、跟踪货物、索赔等事项。

航空货运公司具有中介性质，在航空货物运输中既是航空公司的代理又是货主的代理。它可以代表航空公司接收货主的货物并出具航空货物分运单；当货物在航空公司责任范围内丢失、损毁时，它可以代表货主向航空公司索赔。货主在办理航空货物运输时主要是与航空货运公司发生关系，而一般不直接到航空公司办理订舱业务。

航空货运公司分为一类代理公司（经营国际或我国香港、我国澳门、我国台湾航线的代理业务）与二类代理公司（经营除我国香港、我国台湾、我国澳门以外的国内航线的代理业务）。

三、认知航线、航班

1. 飞行航线

飞行航线是航空运输的线路，是由空管部门设定飞机从一个机场飞抵另一个机场的通道。航线上要设置必要的助航设施，以提供通信、气象和飞航情报，协助航空器能依一定的航线飞行，否则将因无目标而迷失方向。

2. 航班

根据班机时间表在规定的航线上使用规定的机型，按照规定的日期、时刻进行飞行称为航班。从基地站出发的飞行叫去程航班，返回基地站的飞行为回程航班。航班有定期航班和不定期航班之分。定期航班公布运价和班期，按照双边协定经营，向公众提供运输服务，对公众承担义务。不定期航班包括加班飞行和包机飞行两种，个别申请、个别经营，不对公众承担义务。

航班通常用航班号来标识具体的飞行班次。我国的民航飞行航班号一般是由两个字母的航空公司代码加 4 位数字组成。第 1 个数字表示执行飞行的航空公司所在地区代号（1 表示北京，5 表示上海）；第 2 个数字表示该航班终点站所属的航空公司的地区代号；最后两位数字表示具体航班号，单数表示去程航班方向，双数表示回程航班方向。

四、认知航空货运营运方式

航空运输营运方式主要有班机运输和包机运输两种。

1. 班机运输

班机运输是指根据班期时刻表，按照规定的航线，定机型、定日期、定时刻的客、货、邮航空运输。班机运输业务按照业务对象不同，可分为客运航班和货运航班。一般的航空公司通常都使用客货混合型飞机，在保证客运的前提下搭载小批量的货物，只有一些货源充足、规模较大的航空公司在一些航线上采用货运航班。

由于航班定期、定站的特点，收货人能确切掌握起运、到达的时间，特别是对运送市场上急需的商品、鲜活易腐货物及贵重货物是非常有利的，因此颇受托运人和收货人的喜爱。

2. 包机运输

包机运输是指包用民航飞机，在民航固定航线上或者非固定航线上飞行，用以载运旅客、货物或客货兼载的航空运输。包机运输按照租用舱位多少可以分为整架包机和部分包机。

整架包机指航空公司或包机代理公司，按照与租机人事先约定的条件和费率，将整架飞机租给租机人，从一个或几个航空站装运货物至指定目的地的运输方式。

部分包机指由几家航空货运代理公司（或发货人）联合包租一架飞机，或者是由航空公司把一架飞机的舱位分别卖给几家航空货运代理公司，装载货物的运输方式。

包机运输的费用是一次一议，随着市场的供求情况而变化。我国民航包机运费是按照每一飞行公里固定费率核收，并对空驶里程按每一飞行公里运价的 80% 收取空驶费。

包机运输的程序：包机人申请包机—签订包机合同—填制航空货运单—押运人办理乘机手续。包机运输必须符合国家法律法规，如果是国际航运，由包机人自行办理有关手续，包机人可以充分利用飞机吨位但不得超载。

五、认知航空货运组织方法

航空货物运输采用集中托运、航空快件运输、邮件运输、联合运输等方法组织货物运输。

1. 集中托运

集中托运是指航空货运代理公司（也称集中托运商）将若干批单独发运到同一方向的货物，组成一整批，填写一份主运单，发到同一目的站，由航空货运代理公司委托目的站当地的代理人（也称分拨代理商）负责收货、报关并交付给每个实际收货人。航空货运代理公司对每一发货人另发一份代理公司签发的分运单，以便发货人转给收货人凭此提取货物或收取货物价款。

集中托运在国际航空运输界开展比较普遍，是航空货运代理公司的主要业务之一。近年来，我国在与美国、日本、西欧的航线上开展了集中托运业务，但贵重物品、危险物品、活动物、文物等货物不能办理集中托运。由于航空公司有按不同重量等级公布的多种运费，一次托运的每批货物越多或越重，则按每公斤或每磅收取的费用越低。这就使航空货运代理公司可以从不同的发货人那里收集批量货物，集中起来以后，作为一整票货物，使用航空公司的较低廉的运价办理空运。对航空公司来说，若干批货物集中托运，可减少许多手续；对货主来说，可免于自行办理托运之繁，且可节省费用（因为航空货运代理公司公布的集中托运运价一般都低于航空协会的运价）；对货运代理人来说，可争取业务，收取手续费，又可从运费差价中获得利益。

2. 航空快件运输

航空快件运输也叫国际快递服务，一般是指航空快递公司与航空公司合作，以最快的速度在发货人与收货人之间传递物品，也有航空快递公司自己拥有货运航空公司，如全球最大的包裹运送服务公司——UPS。航空快运的业务性质和运输方式与普通航空货物运输基本上是一样的，可以视为航空货物运输的延续，其业务形式大致有门到门、门到机场、专人运送三种。

3. 邮件运输

邮件运输是邮政部门与航空公司以运输合同（或协议）方式合作组织的信件、包裹等小件物品的航空运输，在全部航空货运中占有10%左右的比例。

4. 多式联运

由于航线不能延伸到货主所需要的每一处所，就出现了与其他运输方式的联运，尤其是与陆路运输的联运。这里指的联合运输方式主要是指陆空联运，即指包括空运在内的两种以上的运输方式的紧密结合的运输。主要有以下三种类型：

（1）火车—飞机—卡车的联合运输方式，简称TAT。

（2）火车—飞机的联合运输方式，简称TA。

（3）卡车—飞机的联合运输方式，简称TA。

我国空运出口货物经常采用陆空联运方式。我国幅员辽阔，而可开辟国际航线的航空港（即口岸）却较少，主要有北京、上海、广州等。虽然省会城市和一些主要城市每天都有班机飞往北京、上海、广州，但班机所带货量有限，费用比较高。如果采用国内包机运送，费用昂贵，手续联系也比较复杂。因此，在货量较大的情况下，内地空运出口货物一般都采用联合运输方式。即先采用陆运至国际航空口岸，再与国际航班衔接。我国南方各省份出口的普通货物，常利用中国香港机场航班多、普通货物运价便宜等优点，先用铁路将货物运至深圳北，卸载后装汽车运至香港，再从香港机场用班机运至目的地或中转站。鉴于陆空联运的需要，不少国家和地区在新建和扩建大型机场时，除修建对外联系的道路外，还修建了机场铁路，如我国的香港就已建成了机场铁路。此外，一些大型航空公司与道路或铁路结盟，开展联运，如美国盐湖城、波兰特机场与机场铁路及道路合作。并且由于汽车具有机动灵活的特点，在运送时间上更可掌握主动性，因此国际贸易中的出口货物一般都采用陆空联运的方式组织出运。

另外，也有海空联运的联运方式，海空联运又叫空桥运输，这种运输的优越性是运输时间比全程海运少，运输费用比全程空运便宜。这种运输方式比较适合对运费比较敏感而又要求快速运达的一般货物。但是这种联运方式要求换装；要求机场位于海岸，设有机场码头，并开通海上航线。

六、认知航空运输业务

1. 航运条件

（1）适航条件。安全是运输之本，航空器在运输及其他航空作业时，必须适应各种气象、地形、距离、飞行高度、空中交通规则等各方面的要求并采取适合的运输组织，才能安全、及时和经济地运送旅客、货邮和完成其他运输任务。适航条件管理包括初始适航管理和持续适航管理。

初始适航管理是对航空器设计、制造阶段所赋予的适航性实施的控制，即在航空器

交付使用之前，依据有关适航标准和规范对航空器所进行的审定、批准和监督工作，包括型号合格审定和生产许可审定及其相应的监督工作。我国初始适航标准有：运输类飞机适航标准（CCAR—25），运输类旋翼航空器适航标准（CCAR—29），航空发动机适航标准（CCAR—33）等。

持续适航管理是对航空器在使用、维护阶段所保持的适航性实施的控制，即在航空器通过初始适航审定，并获得适航证投入运行之后，为保证航空器保持其设计、制造所赋予的安全性和物理完整性所进行的各项审定、批准和监督工作，包括维修单位的合格审定、维修人员的资格评审和航空器适航性的监督三个方面。

（2）航空运输条件。首先必须具有一份航空货运单，其次托运人必须正确填写航空货运单和各种必需资料。

2. 航空货物运输基本业务

航空货物运输基本业务包括货物发送作业、途中作业和到达作业，其业务程序为：计划安排—货物收集—货物进港生产组织与管理—货物运送—货物到港生产组织与管理—交货工作。

航空公司必须根据市场调查进行分析，根据企业的发展目标，制订市场计划，然后根据市场计划和旅客货物运量等信息，科学安排运力，合理制订运输计划，充分利用飞机运载能力，落实到每一航班。

根据航班的座位管理和吨位控制情况、销售情况，确定承运的货物，做好货物运输的计划安排。

货物收集工作主要由航空货运公司来完成，可以是货主送货也可以是航空货运公司到指定地点接收货物，这主要由航空货运公司和货主之间所签订合同的服务范围来决定。

我国的航空运输体系主要由机场、航空公司和管理局组成。货物进、出港生产组织与管理由机场地面服务按照一定的作业程序来完成。

货物运送由航空公司完成，航空公司在运输途中应该保管好货物，如果需要中转，则航空公司应按照运输合同将货物转交下一承运人或代理人。如果是直达运输，货物运到后，除了另有约定外，承运人应立即以信函或电话上的形式通知收货人。收货人凭到货通知、航空运单和相关证件提取货物。承运人自发出到货通知的次日起免费保管三天，超期收货人应交保管费。收货人对货物状态或重量无异议，并在货运单上签收，承运人即解除运输责任。如发现货物灭失、短少、损坏时应会同承运人查明情况，并填写货运事故记录。因承运人过失或者故意造成托运人或收货人损失的，托运人或收货人有权要求赔偿。

3. 运输变更

运输变更分为托运人引起的运输变更和承运人引起的运输变更两种情况。

（1）航空货物自承运人接受运输后，货物托运人或收货人由于某种原因要求变更原定的运输，但此种变更应具备以下几个条件：

货物承运后，货物托运人可提出变更到达站，变更收货人，运回原出发站，运输前取消托运。无论哪一种变更，仅以一次为限。提出运输变更应出具书面要求，并出示第三联航空货运单正本。要求变更运输的货物，应当是一张货运单上填写的全部货物。收货人拒绝接受航空货运单或货物，或者是承运人无法与收货人联系，变更运输违反政府法令或运输限制的，承运人则不予办理。一旦承运人同意变更，则应及时处理变更，更改或重新开具货运单，并重新核收运费。对运输前取消托运的货物，则应核收退运手续费。

(2）由于承运人执行特殊任务或天气等自然原因，造成不能正常运输时，承运人应及时通知托运人或收货人，且其运输费用处理如下：

在出发站退运货物，则退还全部运费；在中途变更到达站，则返还未完成航程的运费；在中途站将货物全部运回原出发站，则退还全部运费；在中途站改用其他运输工具将货物运至到达站，运费少于未使用航段的运费时，应将差额退还，超过部分则由承运人负担。

七、认知航空货物托运程序

(1）填写托运书。托运书是指托运人办理货物托运时填写的书面文件，是据以填开航空货运单的凭据。

(2）填写航空货运单。航空货运单由托运人填写，若承运人依据托运人提供的托运书填写货运单并经托运人签字，则该货运单应当视为托运人填写，托运人应当对货运单上所填写的关于货物说明或声明的正确性负责。

我国国际航空货运单由一式十二联组成，包括三联正本、六联副本和三联额外副本。货运单的三联正本具有同等的法律效力，一联交托运人，一联交承运人，一联交收货人，分别由托运人签字或盖章，由承运人接收货物后签字或盖章。

(3）按规定进行货物包装。货物的包装应符合航空货物运输要求，托运人应当在每件货物的外包装上标打货物的发站、到站，收、发货人的单位、姓名、地址等运输标记，按规定粘贴或拴挂承运人的货物运输标签和航空运输指示标签。

(4）投保货物运输险。国家规定必须投保的货物，托运人应在托运时投保货物运输险。

(5）缴费。托运人托运货物，应按照民航主管机关规定的费率交付运费和其他费用。除托运人和承运人另有协议外，运费及其他费用一律于承运人开具运单时一次付清。

(6）航班跟踪。航班跟踪是指托运人将单证交给航空公司后，航空公司会由于种种原因，如航班取消、延误、故障、改机型和错运等，未能将货物按照预订的时间运出，所以应从单证交给航空公司开始就要对航班、货物进行跟踪了解，掌握信息。

(7）信息传递。托运人应及时将货运信息传递给收货人，向其提供航班号、运单号和出运日期等，并随时提供物资运输过程中的准确信息。与此同时将有关单据寄送收货人。

■ 拓展知识

作为一种现代化的运输方式，航空运输在我国起步较晚。1929 年我国第一家航空公司“中国航空公司”诞生，但由于政治经济各方面的原因，航空运输的发展一直非常缓慢。至 1950 年全国民航仅有国内航线 12 条，年载运旅客 1 万人次，年货运周转量 0.02 亿吨千米，到 1978 年发展到国际国内航线 162 条，年载运旅客 231 万人次，年货运周转量 1 亿吨千米。从绝对数上看，新中国成立后，我国航空运输发展很快，但在整个运输结构中所占比重仍然很小。

《中国民用航空发展第十三个五年规划》（下称《规划》）明确了“十三五”时期民航发展的五大任务，即确保航空持续安全、构建国家综合机场体系、全面提升航空服务能力、提升空管保障服务水平、改革创新推动转型发展。

《规划》提出，“十三五”民航发展的主要目标：一是安全水平保持领先，运输航空每百万小时重大及以上事故率低于 0.15。二是战略作用持续增强，民航对国民经济贡献不断提高，航空运输在综合交通中的比重进一步提升，旅客周转量比重达到 28%；运输总周转量达到 1420 亿吨公里，旅客运输量 7.2 亿人次，货邮运输量 850 万吨，年均分别增长 10.8%、10.4% 和 6.2%。三是保障能力全面提升，运输机场数量达到 260 个左右，基本建成布局合理、功能完善、安全高效的机场网络；空域不足的瓶颈制约得到改善，空管保障能力稳步提高，年起降架次保障能力达到 1300 万。四是服务品质明显改善，全面提升运行质量，航班正常率力争达到 80%，全面提升服务水平，打造民航“真情服务”品牌，增进旅客对民航真情服务的获得感。五是通用航空蓬勃发展，基础设施大幅增加，标准体系基本建立，运营环境持续改善，服务领域不断扩展。通用机场达到 500 个以上，通用航空器达到 5000 架以上，飞行总量达到 200 万小时。六是绿色发展深入推进，建成绿色民航标准体系，资源节约、环境保护和应对气候变化取得明显成效，吨公里能耗和二氧化碳排放量五年平均比“十二五”下降 4% 以上。

■ 总结与回顾

本项目简要介绍了各种运输方式的优缺点，并总结了各自的适用范围，阐述了各种运输方式的业务流程，并介绍了水路运输中涉及的主要单证。

实训活动方案二（4） 如何组织航空货物运输

1. 活动准备

（1）人员分工：按物流实训活动总体方案组建的公司，以公司为单位开展活动，公司内部进行人员具体分工，并注意一个流程结束后，进行角色互换。①托运人 1 人；②搬运员 1 人；③营业员 2 人，核对运单、证明文件、制单 1 人，检查货物、填制货物标签、随货单交付货主 1 人；④仓储员 3 人，检查货物包装、审核司磅 1 人，货物入库

1 人，负责清仓 1 人；⑤配载员 1 人、监卸员 1 人、查询员 1 人。

（2）资料准备：航空货物托运书、中国民航货运单、国际航空货物运价表、进出港作业流程、航空运输合同等。货物若干、磅秤、卷尺等。

（3）案例放送：航空货运站。

2. 活动方案

（1）根据上次布置任务，每组（模拟公司）温习相关知识，按能力目标、知识目标，整理所收集的资料。

（2）熟悉航空货运作业流程和主要单证及其流转。

（3）在学院教室或实训室明确本活动的工作任务：指定扮演角色，完成作业流程及单证的流转。

课堂训练二

一、单项选择题

1. 封闭式车厢的主要优点是（　　）。
A. 美观　　B. 方便　　C. 安全　　D. 经济
E. 实惠
2. 公路零担货物是指凡一个托运人一次托运的货物重量不足（　　）。
A. 2 吨　　B. 3 吨　　C. 4 吨　　D. 5 吨
E. 50 吨
3. 按件托运时，下列属于按公路零担货物办理的是（　　）。
A. 单件重量不超过 100 千克　　B. 单件重量不超过 200 千克
C. 单件重量不超过 300 千克　　D. 单件重量不超过 400 千克
E. 单件重量不超过 500 千克
4. 公路货物运输，一般运输距离在（　　）及以上的称为长途运输。
A. 50 千米　　B. 100 千米　　C. 200 千米　　D. 500 千米
E. 1000 千米
5. 下列哪种货物一般不适合使用公路快速运输（　　）。
A. 零担货物　　B. 大件货物　　C. 时令商品　　D. 贵重货物
E. 鲜活货物
6. （　　）是由汽车轮渡发展起来的一种专业船舶。
A. 全集装箱船　　B. 滚装船　　C. 载驳船　　D. 拖船
E. 推船
7. 下列船舶中一般不是单层甲板结构的是（　　）。
A. 杂货船　　B. 集装箱船　　C. 载驳船　　D. 油船
E. 散装船
8. 苏伊士运河沟通了（　　）。
A. 太平洋与大西洋　　B. 印度洋与大西洋　　C. 印度洋与太平洋
D. 地中海与波罗的海
9. 下列不属于港口主要设施的是（　　）。
A. 基础性设施　　B. 交通配套设施　　C. 经营管理设施　　D. 通信设施
10. 下列不属于水路运输合同的是（　　）。
A. 船次租船　　B. 包运租船　　C. 长期租船　　D. 定期租船
11. 班轮运输的船舶类型不包括（　　）。
A. 散货船　　B. 集装箱船　　C. 杂货船　　D. 滚装船

12. 航空公司的（　　）要及时交给报关行，以便及时报关，方便货物及早通关运输。

A. 托运单　　B. 副本运单（分运单）

C. 主运单　　D. 理货单

二、多项选择题

1. 小型箱式汽车多用于运输（　　）。

A. 贵重货物　　B. 邮件包裹　　C. 商品配送　　D. 工厂配送

E. 大件货物

2. 公路汽车挂车的种类有（　　）。

A. 半挂车　　B. 全挂车　　C. 箱式挂车　　D. 载重车

E. 自卸车

3. 公路货运站可分为（　　）。

A. 集运站　　B. 分装站　　C. 中继站　　D. 汽车站

E. 配送中心

4. 公路运输货物可分为（　　）。

A. 普通货物　　B. 贵重货物　　C. 危险货物　　D. 鲜活货物

E. 笨重货物

5. 根据货运站的业务性质和专业分工，公路货运站也可分为（　　）。

A. 零担　　B. 整车　　C. 集装箱　　D. 中转

E. 联运

6. 公路整车货物发送工作主要包括（　　）等环节。

A. 受理托运　　B. 组织装车　　C. 核算票据　　D. 运输保管

E. 货物交付

7. 零担货物受理托运的机制有（　　）。

A. 随时受理制　　B. 委托受理制　　C. 预先审批制　　D. 日历承运制

E. 联合审批制

8. 在定期租船中，由船东承担的费用有（　　）。

A. 港口使用费　　B. 船舶燃料费　　C. 船舶保养费　　D. 船舶保险费

9. 定期租船的合同内容主要包括（　　）。

A. 租期　　B. 租金　　C. 装卸时间　　D. 还船时间

10. 按特殊运输条件办理的铁路货物运输包括（　　）。

A. 阔大货物　　B. 危险货物　　C. 灌装货物　　D. 鲜活货物

11. 托运人或收货人在铁路货运途中要求变更时，在符合规定的条件下应提交（　　）。

A. 订单　　B. 运单

C. 领货凭证　　D. 货物运输变更要求书

12. 航空进口货物运输清关流程主要有（　　）和放行。

A. 初审　　B. 审单　　C. 查验　　D. 征税

13. 一件货物重量超过（　　）吨、体积超过（　　）立方米或长度超过（　　）米的货物，应按铁路整车运输办理。

A. 2；3；9　　B. 1；2；5　　C. 0.2；0.02；1.5　　D. 3；100；9

14. 飞行区由（　　）构成。

A. 跑道系统　　B. 滑行道系统　　C. 航站区　　D. 机场净空区

三、判断题

1. 挂车可以单独作为一个完整的运输工具进行运输。(　　)

2. 铁路货物运单由两部分组成，即货物运单和领货凭证。(　　)

3. 一般来讲，特殊单件货物不能作为零担货物受理。(　　)

4. 特殊货物一般分为四大类，即危险货物、大宗笨重货物、贵重货物和鲜活货物。(　　)

5. 长度在9米以上的货物需按整车运输办理。(　　)

6. 按一批托运的货物必须是同一托运人、同一收货人、同一发到站和装卸地点。(　　)

7. 凡一批货物的重量、体积、形状和性质需要一辆及以上货运车辆的，均应按整车办理。(　　)

8. 港口的海岸线越长港口越大。(　　)

9. 光船租船合同纯粹是一种财产租赁合同，它并不具有运输合同的性质。(　　)

10. 在定期租船的情况下，承租人不能把租来的船舶转租给第三方。(　　)

11. 在定期租船的租期内，承租人可以把租来的船舶加入到班轮运输中。(　　)

12. 中国民航是中国航空运输的管理部门。(　　)

13. 航空运输比较复杂，托运人不可自行选择报关行，只能委托航空货运公司进行报关。(　　)

四、概念题

超限货物运输　　禁运货物　　光船租船

模块二 现代物流运输形式

项目三　集装箱与托盘运输管理

知识目标

1. 了解集装箱的定义、标准、种类、规格
2. 掌握集装箱运输的概念和特点
3. 熟悉集装箱货物种类及其拼装方法
4. 理解集装箱货物装载的要求
5. 理解集装箱运输的条件
6. 掌握集装箱出、进口货运程序
7. 掌握托盘的概念及托盘运输的注意事项
8. 理解我国托盘使用中存在的问题

技能目标

1. 能够根据集装箱的代号标志判别集装箱
2. 能够正确区别集装箱货物种类
3. 能够正确办理集装箱运输进出口货运程序

随着运输的发展和物流对运输要求的提高，运输形式变得日趋多样化。20 世纪 60 年代末，道路运输中首先出现了集装箱运输。集装箱运输的发展大大提高了物流运输的效率，也带动了航运相关产业的发展。同样作为集装单元的托盘在物流领域中的使用也日益普及，托盘运输也成为一种重要的运输形式。

任务一　了解集装箱

19 世纪初，英国的安德森博士提出了集装箱的设想。在英国工业革命期间，出现了因人力装卸与先进的运输工具不相适应的矛盾，为了解决这一矛盾，1830 年在英国

铁路上，首先出现了一种装煤的容器及装运杂货的大容器。这可以说是世界上最早出现的集装箱。20世纪初，由于世界经济的发展，集装箱在欧洲首先得到推广。

一、认知集装箱的定义

集装箱在我国台湾、香港也称为“货柜”。一般来说，集装箱是指能装载包装货或非包装货进行运输，并便于使用机械设备进行装卸搬运的一组工具。

关于集装箱的定义，历年来国内外专家学者存在一定分歧。现以国际标准化组织（ISO）对集装箱的定义作以下介绍，国际标准化组织ISO对集装箱下的定义为“集装箱是一种运输设备，应满足以下要求：

（1）具有耐久性，其坚固强度足以反复使用。

（2）便于商品运送而专门设计的，在一种或多种运输方式中运输，无需中途换装。

（3）设有便于装卸和搬运的装置，特别是便于从一种运输方式转移到另一种运输方式。

（4）设计时应注意到便于货物装满或卸空。

（5）内容积为1立方米或1立方米以上。

集装箱一词不包括车辆或传统包装。”

目前，中国、日本、美国、法国等有关国家，都全面引进了国际标准化组织的定义。除ISO的定义外，还有《集装箱海关公约》（CCC）、《国际集装箱安全公约》（CSC）、英国国家标准和北美太平洋班轮公会等对集装箱下的定义，内容基本上大同小异。我国国家标准《集装箱名称术语》（GB 1992—85）中，引用了国际标准化组织的定义。

二、认知集装箱的类型

目前国内外使用的集装箱种类很多，常用的分类方法如下。

1. 按使用材料分类

集装箱的材质要有足够的刚度和强度，应尽量采用质量轻、强度高、使用年限长、维修费用低、价格便宜的材料为宜。

现有的国际标准集装箱按使用材料分为四类：钢质集装箱、铝合金集装箱、玻璃钢集装箱和不锈钢集装箱。

（1）钢质集装箱。该类集装箱的最大优点是强度大、结构稳、焊接性和水密性均好，且价格低廉。其缺点是自重大，易腐蚀、生锈，故维修次数多，维修费用高，使用年限较短，一般为11～12年。

（2）铝合金集装箱。一般都是采用铝镁合金，该类集装箱的最大优点是自重轻，比钢质集装箱轻20%～25%，且不生锈，外表美观，铝镁合金还在大气中自然形成氧化膜，可防止腐蚀；同时它的弹性好，变形后易恢复；加工方便，加工费用低；维修费用也比钢质箱低；使用年限长，一般为15～16年。该种集装箱的最大缺点是造价高、焊接性能差，其价格约比钢质箱贵30%。

（3）玻璃钢集装箱。该种集装箱是在钢制的集装箱框架上镶装上玻璃钢复合板构成的。玻璃钢复合板主要用于制作侧壁、端壁、箱顶板和箱底板。该种集装箱的特点是强度大、刚性好。内容积增加7%～10%。玻璃钢的隔热性、防腐性、耐化学性都比较好，能防止箱内产生结露现象，有利于保护箱内货物不遭受湿损。玻璃钢板可以整块制造，防水性能好，且容易清洗，最适合作兽皮集装箱和动物集装箱用。此外，玻璃钢集装箱还具有不生锈、容易着色的优点，故外表美观，且维修简便，维修费用也低廉。

由于玻璃钢具有上述一系列优点，可用于生产杂货集装箱、冷藏集装箱、罐式集装箱、通风集装箱、兽皮集装箱、散货集装箱、动物集装箱、航空集装箱等。

该类集装箱主要缺点是自重较大，与普通钢质集装箱相比，比相同规格的钢质集装箱贵44%～50%。

（4）不锈钢集装箱。不锈钢是一种新型集装箱材料，其优点为：强度大，不生锈，外表美观；在整个使用期限内，无需进行维修保养，故使用率高；耐腐蚀性能好。其缺点为：价格高，初始投资很大；材料少，要大量制造有一定困难。目前一般都用其制造罐式集装箱。

2. 按结构分类

集装箱按结构可分为整体式、台架式、罐体式、折叠式和软式。

（1）整体式集装箱。整体式集装箱为整体的刚性结构，一般具有完整的箱壁、箱顶和箱底，如通用集装箱、封闭式通风集装箱、保温集装箱、干散货集装箱、冷藏集装箱等。

（2）台架式集装箱。台架式集装箱一般呈框架结构，没有壁板和顶板，如全骨架台架式集装箱、敞侧台架式集装箱，有完整固定端壁或固定角柱的台架式集装箱，有时甚至没有底板，如汽车集装箱。台架式集装箱主要特点是：为了保持其纵向强度，箱底较厚。箱底的强度比普通集装箱大，而其内部高度则比一般集装箱低。在下侧梁和角柱上设有系环，可把装载的货物系紧。台架集装箱不防水，无水密性，对怕湿损的货物不宜装运，它适合装载形状不一的货物。

（3）罐体式集装箱。罐体式集装箱外部为刚性框架，以便堆放，内有罐体，适于装运液体、气体和粉状固体货物。罐体顶部设有入孔，用于货物装卸，装卸口的盖子水密性好，罐底设有排出阀。罐的结构便于拆卸和容易清扫。另外，罐上还设有安全阀和梯子，罐顶有脚踏板，便于人员在顶上操作。

（4）折叠式集装箱。折叠式集装箱，其主要部件（指侧壁、端壁和箱顶）能够折叠或分解。在回空和保管时能缩小集装箱的体积。但由于其主要部件是铰接的，故其强度受到一定的影响。

（5）软式集装箱。软式集装箱是指用橡胶或其他复合材料制成的有弹性的集装箱。其优点是结构简单，空状态时体积不大，自重系数小。

3. 按用途分类

按货物品类与运载工具不同，集装箱可分为普通货物集装箱、特种货物集装箱和航空集装箱。

（1）普通货物集装箱。普通货物集装箱是指除特种货物集装箱及航空集装箱以外的各类集装箱的总称。又可分为通用集装箱和专用集装箱。

①通用集装箱也称干货集装箱或杂货集装箱，除液体、需要调节温度的货物及特种货物外，适于装运大多数普通货物，如文化用品、日用百货、医药、纺织品、工艺品、化工制品、五金家电、电子机械、仪器及机器零件等。这种集装箱使用范围极广，常用的有 20 英尺和 40 英尺两种，其结构特点常为封闭式，一般在一端或侧面设有箱门。

②专用集装箱。专用集装箱是指为便于大件、易碎货物装运，或为通风等特殊用途而设有独特结构的普通货物集装箱，包括通风集装箱、敞顶集装箱、台架式集装箱和平台集装箱。

通风集装箱的外表与杂货集装箱相同，一般在侧壁或端壁上设有 4 ~ 6 个通风孔，适于装载不需要冷冻而需要通风、防止潮湿的货物，如食品等。

敞顶集装箱，没有刚性箱顶的集装箱，但有可折叠式顶梁支撑的帆布或涂塑布制作的顶篷。敞顶集装箱适于装载大型货物和需吊装的重货，如钢铁、木材、易碎品等。

平台式集装箱是仅有底板而无上部结构的一种集装箱。该集装箱装卸作业方便，适于装载长、重大件货物。

（2）特种货物集装箱。特种货物集装箱是指用于装运需控温货物、液体和气体货物、散货、汽车和活动物等特种货物的集装箱。需要控制温度的货物（如冻鱼、冻肉、鲜奶、鲜蛋、水果、蔬菜等）装运的是冷藏集装箱、保温集装箱；专门用于装运各类酒类、油类、液体食品、化学药品等液体货物的罐式集装箱；用于装运无包装的固体颗粒状或粉状货物的干散货集装箱和按货物命名的集装箱，如汽车集装箱、动物集装箱、兽皮集装箱、服装集装箱等。

动物集装箱是一种装运鸡、鸭、鹅等活家禽和牛、马、羊、猪等活家畜用的集装箱。为了遮蔽太阳，箱顶采用胶合板覆盖，侧面和端面都有用铝丝网制的窗，以求有良好的通风。侧壁下方设有清扫口和排水口，并配有上下移动的拉门，可将垃圾清扫出去。

（3）航空集装箱。航空集装箱是指与航空运输有关的集装箱，目前航空运输中使用的集装箱大部分是 10 英尺和 20 英尺两种类型，包括空运集装箱、空陆集装箱和空陆水联运集装箱。

4. 按总重分类

集装箱按总重可分为大型集装箱（总重≥20 吨）、中型集装箱（5 吨≤总重 <20 吨）和小型集装箱（总重 <5 吨）。有时也可直接根据集装箱的总重量来称呼集装箱，如 1 吨箱、5 吨箱、10 吨箱等。

三、认知国家标准集装箱

为了有效地开展国际集装箱多式联运，必须强化集装箱标准化，应进一步做好集装箱标准化工作。集装箱标准按使用范围分，有国际标准、国家标准、地区标准和公司标准四种。

1. 国际标准集装箱

国际标准集装箱是指根据国际标准化组织（ISO）第 104 技术委员会制定的国际标准来建造和使用的国际通用的标准集装箱。集装箱标准化历经了一个发展过程。国际标准化组织 ISO/TC104 技术委员会自 1961 年成立以来，对集装箱国际标准作过多次补充、增减和修改，现行的国际标准为第 1 系列，共 13 种规格，其宽度均一样（2438 毫米），长度有四种（12192 毫米、9125 毫米、6058 毫米、2991 毫米），高度有四种（2896 毫米、2591 毫米、2438 毫米、<2438 毫米）。

国际标准集装箱长度关系。1A 型 40 英尺（12192 毫米）；1B 型 30 英尺（9125 毫米）；1C 型 20 英尺（6058 毫米）；1D 型 10 英尺（2991 毫米）；间距 i 为 3 英寸（76 毫米）；1A = 1B + i + 1D = 9125 + 76 + 2991 = 12192 毫米；1B = 1D + i + 1D + i + 1D = 3 × 2991 + 2 × 76 = 9125 毫米；1C = 1D + i + 1D = 2 × 2991 + 76 = 6058 毫米。

2. 国家标准集装箱

各国政府参照国际标准并考虑本国的具体情况而制定本国的集装箱标准。我国现行国家标准《集装箱外部尺寸和额定质量》（GB 1413—2008）中规定集装箱各种型号的外部尺寸、极限偏差及额定质量。

3. 地区标准集装箱

此类集装箱标准是由地区组织根据该地区的特殊情况制定的，此类集装箱仅适用于该地区。如根据欧洲国际铁路联盟（VIC）所制定的集装箱标准而建造的集装箱。

4. 公司标准集装箱

某些大型集装箱船公司根据本公司的具体情况和条件而制定的集装箱船公司标准，这类集装箱主要在该公司运输范围内使用。如美国海陆公司的 35 英尺集装箱。

此外，目前世界上还有不少非标准集装箱。如非标准长度集装箱有美国海陆公司的 35 英尺集装箱、总统轮船公司的 45 英尺及 48 英尺集装箱；非标准高度集装箱，主要有 9 英尺和 9. 5 英尺两种高度集装箱；非标准宽度集装箱有 8. 2 英尺宽度集装箱等。由于经济效益的驱动，目前世界上 20 英尺集装箱总重达 24 英尺集装箱的越来越多，而且普遍受到欢迎。

四、国家标准集装箱标记

集装箱在国际贸易中，为了便于文件编制、业务管理和信息传输，国际标准化组织于 1968 年对集装箱的标记制定了标准。1969 年 10 月，在 TC104 第 6 次大会上通过后正式使用。该标准在 1973 年和 1981 年进行了两次修订。

国际标准化组织规定的集装箱标记有必备标记和自选标记两类。每一类标记中又分识别标记和作业标记两种。

1. 必备标记

（1）识别标记。它包括：箱主代号，即集装箱所属公司的代号；顺序号，又称箱号；数字核对。

（2）作业标记。它包括：额定重量和自重标记；空陆水联运集装箱标记；登箱顶触电警告标记。

2. 自选标记

（1）识别标记。它包括：国家代号、尺寸和类型代号。

（2）作业标记。它包括：超高标记；国际铁路联盟标记。

标记的字体尺寸除总重和自重字体高度不小于 50 毫米（2 英寸）外，其余都不应小于 100 毫米（4 英寸）。所有字体的宽度和笔画粗细，应有适当的比例。字迹应当鲜明、耐久，并用不同于集装箱本身的颜色。

3. 箱主代号、顺序号、核对号

国际标准中规定，集装箱箱主代号由四个大写的拉丁字母表示，前三位由箱主自己规定。为了使集装箱与其他设备相区别，第四个字母应用 U 表示。如中国远洋运输（集团）公司的箱主代码为 COSU。

集装箱顺序号又称箱号，它由六位阿拉伯数字组成，如有效数字不足六位时，则在有效数字前用“0”补足六位。

核对号是箱主代号和顺序号中的每一个数字，通过一定方式换算而得。

4. 国家代号：尺寸和类型代号

（1）国家和地区代号。所使用的国家和地区代号应按 ISO 3166 所确定的两字母代号表示，如表 3－1 所示。

（2）尺寸和类型代号。集装箱的尺寸和类型代号，由四个阿拉伯数字组成，前两位表示尺寸，后两位数字表示类型。

（3）额定重量和自重。额定重量实际应为额定质量，自重应为空箱质量，由于目前商业上使用习惯，现仍然称为重量。

额定重量是集装箱的最大工作总重量，简称总重。自重是集装箱空箱时的重量。集装箱的额定重量和自重应按 ISO 668 的规定标志，并要求以千克（kg）和磅同时表示，

例如：“CN22G1”，其中 CN 为集装箱登记所在国的代号（中国），“22G1”为集装箱尺寸与类型代号，“22”表示箱长为 20 英尺（6068 毫米），箱宽为 8 英尺（2438 毫米），箱高为 8 英尺 6 英寸（2591 毫米）；“G1”表示上方有透气罩的通用集装箱。

表 3－1　部分国家和地区代码表

国家和地区	三字母	二字母	国家和地区	三字母	二字母
澳大利亚	AUS	AU	印度	IND	IN
奥地利	AXX	AT	印度尼西亚	RIX	ID
比利时	BXX	BE	伊朗	IRX	IR
巴西	BBX	BR	意大利	IXX	IT
加拿大	CDN	CA	爱尔兰	IRL	IE
智利	RCH	CL	以色列	ILX	IL
中国内地	PRC	CN	日本	JXX	JP
塞浦路斯	CYX	CY	韩国	ROX	KR
丹麦	DKX	DK	黎巴嫩	RLX	LB
芬兰	SFK	FI	墨西哥	MEX	MX
法国	FXX	FR	荷兰	NLX	NL
加纳	CHX	GH	新西兰	NZX	NZ
希腊	CRX	GR	尼日利亚	WAN	NG

续表

国家和地区	三字母	二字母	国家和地区	三字母	二字母
中国香港	HKX	HK	挪　威	NXX	NO
匈牙利	HXX	HU	巴基斯坦	PAK	PK
秘　鲁	PEX	PE	巴拉圭	PYX	PY
菲律宾	PIX	PH	瑞　士	OHX	CH
波　兰	PLX	PL	中国台湾	RCX	TW
葡萄牙	PXX	PT	土耳其	TRX	TR
新加坡	SGP	SG	越　南	VNX	VN
西班牙	EXX	ES	赞比亚	RNR	ZM
南非共和国	ZAX	ZA	英　国	GBX	GB
斯里兰卡	SLA	LK	美　国	USA	US
瑞　典	SXX	SE			

5. 标记的位置

集装箱制造厂名及出厂日期的标记位置，在箱门的右下角，在制造厂名及出厂日期的下面，应留有标出负责大修的厂名和日期的位置。

6. 集装箱的技术参数

随着世界各国集装箱运输的发展，ISO/TC 104 自 1962 年以来制定了集装箱外形尺寸和额定重量，几经增减，目前有 13 种（表 3－2）。

表 3－2　国际标准集装箱外部尺寸和额定重量

箱型号	外部尺寸						额定质量	
	英制（英尺）			公制（毫米）				
	长	宽	高	长	宽	高	kg（千克）	lb（磅）
IAA	40	8	8.5	12192	2438	2591	30480	67200
1A	40	8	8	12192	2438	2438	30480	67200
1AX	40	8	<8	12192	2438	<2438	30480	67200
1BB	29.94	8	8.5	9125	2438	2591	25400	56000
1B	29.94	8	8	9125	2438	2438	25400	56000
1BX	29.94	8	<8	9125	2438	<2438	25400	56000
1CC	19.88	8	8.5	6058	2438	2591	24000	52920
1C	19.88	8	8	6058	2438	2438	24000	52920
1CX	19.88	8	<8	6058	2438	<2438	24000	52920
1D	9.81	8	8	2991	2438	2438	10160	22400
1DX	9.81	8	<8	2991	2438	<2438	10160	22400
1AAA	40	8	9.5	12192	2438	2896	30480	67200
1BBB	29.94	8	9.5	9125	2438	2896	25400	56000

在我国，1978 年制定了货物集装箱的国家标准。在我国的国家标准中，集装箱重量采用 5 吨、10 吨、20 吨和 30 吨四种，相应的型号为 5D、10D、ICC、IAA。国家标准中规定 5D 和 10D 集装箱主要用于国内运输，ICC 和 IAA 集装箱主要用于国际运输。国家标准中的 ICC 和 IAA 集装箱与国际标准一致，其具体标准见表 3－3。

表 3－3　国家标准集装箱的外部尺寸、公差和重量

型号	外部尺寸						总重（千克）
	高		宽		长		
	尺寸	公差	尺寸	公差	尺寸	公差	
IAA	2 591		2438		12 192	0—10	30480
1CC	2 591	0	2 438	0	9 125	0—6	24 400
10D	2438	—5	2438	—5	4 012	0—5	10000
5D	2438		2438		1 968	0—5	5 000

集装箱的规格较多，为便于统计和计算，国际上以 20 英尺的集装箱作为计算单位（TEU），例如，一只 40 英尺的集装箱为 2 个 TEU（标准集装箱），因此，20 英尺的集装箱称为标准箱。在国际运输中，集装箱船舶的载运量，码头、堆场的通过能力和装搬、搬运机械的生产效率等都是以标准箱来计算的。

任务二　熟悉集装箱运输

一、认知世界集装箱运输发展简况

1900 年，英国铁路首先出现了较为简单的集装箱运输。后来相继传到美国、德国、法国及其他欧美国家，这一时期集装箱仅限于陆路运输，发展缓慢。到 20 世纪 50 年代中叶，美国人提出集装箱运输应该实行“路海联运”，集装箱运输的优势才显露出来。代表性的事件是：1956 年 4 月，泛大西洋轮船公司在一艘未经改装的 T－2 型油船“马科斯顿号”的甲板上装载了 60 个大型集装箱，在纽约—休斯顿航线上首先进行海陆集装箱联运试运。从此，集装箱运输得到了迅猛的发展，出现了集装箱运输的船舶、码头泊位、集装箱装卸机械、集散的道路桥梁等硬件设施及集装箱运输的经营管理、业务管理的方法和手段等软件设施越来越现代化。具体而言：单船载箱量大型化；在运输组织上，国际集装箱多式联运得到迅速发展，尤其以欧亚、北美大陆桥运输最为典型；在运输管理方面，广泛采用了电子信息交换（EID）系统，实现了集装箱动态跟踪管理，加速了集装箱的周转，降低了用箱成本。

我国大陆的集装箱运输起步于 1973 年，是从港口接卸集装箱开始的。自 1980 年以来，我国经济对外开放，对外贸易往来日益发展，进出口货物的运输量增加并开始采用国际多式联运方式。经过多年的建设与发展，目前集装箱国际多式联运硬件条件已基本形成并趋向成熟。我国集装箱国际多式联运的软环境，如管理体制、市场培育和规范、

运营组织、信息与进出口单证处理、政策法规等方面，也有明显改善。人力资源方面，已形成相当规模、具有较丰富经验、能够开展国际贸易、处理进出口货运业务的专业队伍。目前我国集装箱运输主要是以港到港的海运方式为主。要发挥集装箱运输的最大优势，最重要的是要大力发展多式联运，包括海－铁、海－河、海陆空联运方式，为客户提供门到门的现代物流供应链一站式服务。

我国外贸适箱货已达 80% ~90%，出口适箱货比重更高。但是我国大部分外贸出口货物都是以散货的形式集运到港区拼装后出运，大部分进口货物到港拆箱后再运送到内地，再加上报关报验等繁杂的手续，运输效率仍然较低。

中国已初步建成环渤海、长江三角洲、东南沿海、珠江三角洲和西南沿海 5 个规模化、集约化、现代化的港口群体，将进一步促进中国港口集装箱运输的发展，深圳港、青岛港、宁波－舟山港、广州港、天津港、厦门港等都保持着快速发展的势头。

二、认知集装箱运输的定义

集装箱运输是指将一定数量的单件货物装入特制的标准规格集装箱内，以集装箱作为运输单元进行货物运输的一种运输方式，它是国际贸易中最重要的一种运输方式。随着现代社会经济的发展，集装箱运输在现代物流组织中发挥着越来越重要的作用。

三、认知集装箱运输的特点

集装箱运输是一种现代化的运输方式，是一种机械化、自动化的运输生产，使货物流通过程中各环节发生重大变革，被称为“运输革命”。现代集装箱运输与传统货物运输相比较具有以下特点。

1. 集装箱运输的高效率

（1）运达速度快，车船周转率高。标准化的货物单元使装卸搬运变得简单和有规律，在作业过程中充分发挥装卸搬运机械设备的能力，实现作业过程的自动控制。机械化和自动化大大缩短了车船在港站的停留时间，加快了货物的送达速度。另外，集装箱运输方式可以减少运输中转环节和收发货的交接手续，方便货主，提高了运输服务质量，加快了货物周转运送。在海运方面，实行集装箱化以后，到货期限可缩短 50% 左右，如美国用普通货船运到欧洲的货物，通常需要 3 个星期左右，使用集装箱装货后，只有 10 ~12 昼夜。铁路方面，据德国资料统计，推行集装箱化后，货车的周转时间从原来的 84 小时降到 44 小时。

（2）装载效率高。集装箱运输能提高装载效率，减轻劳动强度。各种运输工具在港站停留等待时间大大缩短，其每一环节的装载时间一般仅需 3 分钟，每小时装卸货物可达 400 吨，是普通货船装卸效率的 10 倍。例如，在我国港口普通码头上装卸单件杂货船舶，其装卸效率一般为 35 吨/小时，并且需要配备装卸工人约 17 人，而在国外集装箱专用码头上装卸集装箱，其效率可达 50TEU（标准集装箱）/小时，按每箱载货 10 吨计算，生产效率已达 400 ~500 吨/小时，而配备工人数至多只有 4 名，工效提高了几十倍。据铁路部门测算，用人工装车，平均一个车皮需要 2h，而采用铁路专用集装箱运输方式，用机械作业，一般只需 20min。此外，集装箱运输还能提高船舶运营率，它不受气候影响，能减少非生产性停泊，大大减少劳动强度。

（3）节省运输包装费用，简化理货工作，降低运杂费。根据集装箱自身的材质要求和集装箱运输的优点，货物使用集装箱运输时，可以简化运输包装，节省包装费用；在集装箱运输过程中，可以减少运输途中由于换装引起的理货、装卸和办理海关手续的次数；各港口、车站对装卸费和中转费大都采用优惠价格，因而集装箱运输可以减少运杂费用。例如，日本用集装箱运输药品、电缆、合成树脂、家具等，可节约80%的包装费用。此外，使用集装箱以前，在卸货时必须按货物外包装上的标志加以分类，逐件检查，而使用集装箱以后，可按箱进行检查，大大加快了检查速度，降低了验收费用。

（4）营运费用低。由于采用统一的货物单元，使换装环节设施的效能大大提高，从而降低了装卸成本。同时，采用集装箱运输方式，货物运输的安全性明显提高，使保险费用有所下降。由此，使用集装箱能有效降低运输成本，例如，铁路运输实行集装箱化后，据西欧一些国家统计，运费要降低40%左右，美国使用集装箱运输后，运费则为普通列车的60%。

（5）库场使用率高。由于集装箱的强度远远大于货物运输包装的强度，集装箱货物在库场中堆码时，最多可达四层，因而减少了货物堆码占用的面积，提高库场利用率。

2. 集装箱运输的高质量

（1）完好率高。集装箱运输是以箱为运输单元的，在运输过程中，货物装在箱内且箱子有较高强度和较好的封闭性，其装卸、换装、运输、暂存过程中也是以箱为单位整体进行的。因此，使用集装箱运输货物，可以减少全程运输过程中由于各种原因引起的货损、货差、被盗、丢失的可能性。

（2）速度快。集装箱运输是以箱为运输单元的，在运输过程中，其装卸、换装、运输、暂存过程中也是以箱为单位整体进行的，集装箱运输能提高装载效率，运输工具在港站停留等待时间大大缩短。

（3）效率高。为了保证集装箱运输的高效率，货物运输全过程所涉及的各环节（托运、装卸等）都简化了手续，大大方便和简化了货主办理单据和各种财务及行政手续的流程。

3. 集装箱运输的高标准

集装箱运输的标准化主要体现在：箱型的标准化及货物装在箱内运输带来的货物重量和外形尺度的标准化；各种运输方式中运输工具的专业化和标准化；各类港、站设施的专业化和结构、布局及设计的标准化；各类装卸、搬运机械设备的标准化；运输管理组织、运输装卸技术工艺的标准化；运输法规、运输单据的统一化、标准化。

四、认知集装箱运输涉及的关系方

集装箱运输的发展，产生了与运输相关的关系人及适合集装箱运输特点的运输体系。

1. 集装箱运输的关系方

集装箱运输是一个复杂的系统工程，是一个多环节、多活动、多部门的组合活动，涉及的关系方很多，具体如下：

（1）基本关系方包括发货人、收货人、内陆运输承运人、海上运输承运人、港口、货运站。由集装箱运输的基本关系方可完成集装箱运输的基本环节。

（2）代理方。由于集装箱运输业务处理是个非常复杂繁琐的工作，因此，集装箱运输的基本关系方往往委托代理人来处理有关业务，由此出现了各类代理人，包括：船代（负责订舱、接受托运申请、船期通知等与船公司有关的一切业务）；货代（代理货主办理一切业务，往往自身也承担一些运输活动和货运站业务）。

（3）中立方。指本身并没有具体参与某项集装箱的业务往来，只是作为政府机构行使职能或为各集装箱运输关系人提供公众服务。包括：海关、检验检疫、银行、海事局、边防检查、港务局、引航站等。

2. 集装箱运输体系

集装箱运输是一种以集装箱为货物运送单元的现代化运输方式。集装箱运输业务的不断发展和趋于成熟，有别于传统运输方式的管理方法和工作机构也相应地发展起来，形成了一个适合集装箱运输特点的运输体系。

（1）经营集装箱运输的实际承运人。经营集装箱运输的实际承运人是掌握各种运输工具，并实际参与集装箱运输的承运人。无运输工具，但实际参与集装箱运输的承运人。

（2）无船承运人。在集装箱运输中，经营集装箱货运的揽货、装箱、拆箱、内陆运输及经营中转站或内陆站业务，但不经营船舶的经营者。

（3）集装箱出租公司。专门经营集装箱的出租业务。目前，集装箱的来源除了实际承运人的箱子、无船承运人的一部分箱子及货主自备箱外，其余为集装箱出租公司的箱子。

（4）集装箱装卸作业区。办理集装箱重箱或空箱装卸、存储、保管、交接的场所，包括码头车站前方堆场和后方堆场。

（5）集装箱货运站。接受船公司的委托，在内陆交通比较便利的大中城市设立的提供集装箱交接、中转，尤指对拼箱货物提供服务的专门场所。

五、认知集装箱货物及交接方式

1. 集装箱货物种类

由于集装箱类型的多样性带来了适箱货的多样性，通用集装箱和专用集装箱都有其各自的适箱货，所以货物分类的方法与普通货运相比有所不同，主要有以下几种：

（1）按货物性质分类。

①普通货物。一般统称为百杂货，是指在货物性质上不需要特殊方法进行装卸和保管，可以按件计算的货物，其特点是货物批量不大，但其货价较高，具有较强的运费负担能力。普通杂货按其包装形式和货物的性质又可分为两小类：清洁货。清洁货又称细货或精良货，是指清洁而干燥，在积载和保管时货物本身无特殊要求，如与其他货物混载不会损坏或污染其他货物的货物；污货。污货又称粗货，是指按货物本身的性质和状态，容易发潮、发热、风化、发臭，或者可能渗出液汁、飞扬货粉、产生害虫而使其他

货物遭受严重损失的货物。

②特殊货物。特殊货物是指货物在性质、质量、价值或货物形态上具有特殊性，运输时需要用特殊集装箱装载的货物，如冷藏货、活的动植物、重货、高价货、易腐货和散货等。

（2）按适箱程度分类。社会生活、生产中货物品类繁多，形态各异，价值差异很大。尽管集装箱运输发展很快，但并不是所有的货物都适合集装箱运输，根据适合装箱的程度，把货物分为：

①最适合装箱货物。最适合装箱的货物系指货价高，运费也较高的商品。这些商品按其属性可有效进行集装箱运输。所谓货物属性是指商品的大小、体积和质量。这一类货物有针织品、酒、医药品、打字机、各种小型电器、光学仪器、电视机、收录机、小五金类等。

②适合装箱货物。适合装箱的货物指货价、运费较适合集装箱运输的货物，该类商品有纸浆、天花板、电线、电缆、面粉、生皮、碳精、皮革、金属制品等。

③边际装箱货物。又称临界装箱货物、边缘装箱货物。这种货物可用集装箱来装载，但其货价很低，用集装箱来运输，在经济上不合算。这类货物的大小、质量、包装也难以集装化，如钢锭、生铁、原木、砖瓦等。

④不适合装箱货。这类货物是指那些从技术上看装箱很困难，但货流量大时要用专用运输工具（包括专用车、专用的船）运输以提高装卸效率，降低成本的货物。例如，原油、矿砂、砂糖等均有专门的油船、砂糖船及其他散货船装运。

（3）按照货主托运货物的批量是否能够装满一个集装箱分类。

①整箱货。这是指一个货主托运的足以装满一个集装箱的货物。整箱货物可由发货人自行装箱，向海关办理货物出口报关手续，经海关检验后，由海关对集装箱进行施封。一般整箱货只有一个发货人和一个收货人。

②拼箱货。这是指一个货主托运的不能装满一个集装箱，须由集装箱货运站或货运代理人将分属于不同货主的同一目的地的货物合并装箱的货物。拼箱货物经海关检验后，由海关对集装箱进行施封。一般拼箱货涉及几个发货人或几个收货人。

在集装箱货物运输中，为了船、车及货、箱的安全，必须根据货物的种类、性质、重量、体积、形状等选择适当的集装箱，如表 3－4 所示。

表 3－4　集装箱货物适用集装箱表

货物分类	可选用的集装箱
清洁货物	杂货集装箱、通风集装箱、敞顶集装箱、冷藏集装箱
污秽货物	杂货集装箱、通风集装箱、敞顶集装箱、冷藏集装箱
易碎货物	杂货集装箱
易腐货物	冷藏集装箱、通风集装箱、隔热集装箱
冷藏货物	冷藏集装箱、通风集装箱、隔热集装箱
动物与植物	动物集装箱、通风集装箱

续表

货物分类	可选用的集装箱
笨重货物	敞顶集装箱、平台集装箱、框架集装箱
危险货物	杂货集装箱、框架集装箱、冷藏集装箱
散　　货	散货集装箱、罐装集装箱
贵重货物	杂货集装箱

2. 货物的交接形式

集装箱运输中，根据整箱货、拼箱货的不同，交接地点可以是装运地发货人的工厂或仓库和交货地收货人的工厂或仓库（door），装运地和交货地的集装箱的堆场（CY），装运地和卸货地的集装箱货运站（CFS）。因此，集装箱货物的交接方式就可能有以下九种：

（1）门到门交接（door/door）。门到门交接形式习惯上只有一个发货人、一个收货人，由承运人负责内陆运输，也就是说承运人在发货人工厂或仓库接收货箱后，负责将货箱运至收货人的工厂或仓库。门到门交接的货物系整箱货，通常是采取多式联运时使用的一种交接方式。

（2）门到场交接（door/CY）。门到场交接形式是在发货人的工厂或仓库接收货箱后，由承运人负责运至卸货港集装箱码头堆场交货，目的地的内陆运输则由收货人自己负责安排。门到场交接的货物也为整箱货。

（3）门到站交接（door/CFS）。门到站交接形式是在发货人的工厂或仓库接收货箱后，由承运人负责运至目的地集装箱货运站交货，即整箱货接收、拼箱货交付。

（4）场到门交接（CY/door）。场到门交接系指在装货港集装箱码头堆场接收货箱，由承运人负责运至收货人工厂或仓库交货的交接方式，即整箱接收、整箱交付。

（5）场到场交接（CY/CY）。这是一种在装货港集装箱码头堆场接收货箱，将其运至卸货港集装箱码头堆场的交接方式。

（6）场到站交接（CY/CFS）。这是一种在装货港集装箱码头堆场接收货箱，将其运至目的地集装箱货运站的交接方式。

（7）站到门交接（CFS/door）。这是一种在起运地集装箱货运站接收货物后，将其运至收货人工厂或仓库的交接方式。

（8）站到场交接（CFS/CY）。这是一种在起运地集装箱货运站接收货物后，将其运至卸货港集装箱码头堆场的交接方式。

（9）站到站交接（CFS/CFS）。这是一种在起运地集装箱货运站接收货物，并将其运至目的地集装箱货运站交付的方式。

实训活动方案三（1）　认识集装箱与集装箱运输

1. 活动准备

（1）人员分工：按物流实训活动总体方案组建的公司，以公司为单位开展活动，

公司内部进行人员具体分工，并注意一个流程结束后，进行角色互换。①托运人；②集装箱公司；③收货人；④内陆运输承运人、海上运输承运人；⑤船公司、港口、货运站等。

（2）资料准备：货运单证、货物标签、装配单和交接单等。

2. 活动方案

（1）根据案例放送资料，每组（模拟公司）温习相关知识，按能力目标、知识目标，整理所收集的资料。

（2）熟悉集装箱的定义、类型、技术参数等，掌握集装箱的交接及其集装箱运输的概念。

（3）在学院教室或实训室明确本活动的工作任务，正确认识集装箱以及集装箱的交接等。

任务三　熟悉集装箱运输方式

集装箱运输的方式有道路运输、铁路运输、水路运输及航空运输方式，也有不同组合的集装箱联运。

一、认知道路集装箱运输

汽车集装箱运输是集装箱运输的一个重要组成部分。它能将航空、铁路、海运有效连接起来，实现“门到门”运输。同时，还能把小批量的零星货物，通过汽车运输加以集中和组织，转为集装箱运输。目前，在一些工业发达国家中，汽车运输不仅承担了铁路、海运、航空接送业务，而且承担了中、短途的内陆集装箱运输。

1. 道路集装箱运输的特点

道路集装箱运输的优点是机动灵活、运送速度快，可以实现门到门运输；投资少，见效快，经济效益高；既可以与其他运输方式接运，又可以自成体系。但运送能力小，运输成本高，对环境污染较大。经济运行里程一般在 200 千米，目前也有延伸到 700 ~ 1000 千米。

2. 集装箱道路运输车车辆种类

（1）集装箱半挂车。集装箱半挂车又分为平板式、骨架式、浮动轮式及伸缩梁架式若干种。其基本结构是：半挂车前部有支脚或浮动轮，后部为承重轮，在运输时，前部搭放于拖车之上，和拖车一起形成一个整体，集装箱自重及挂车自重由拖车和挂车共同承重。几种半挂车中，梁架式有较强的专用性，挂车车体较轻，因而运输耗能少，平板式属于多用型，除用于运装集装箱外，还可装运其他多种大重量、长尺寸货物，专用性较高，车身重量较大，因而运输集装箱的技术经济效果不如梁架式。

（2）集装箱全挂车。全挂车车体是无动力可行走式车体，挂车完全承载集装箱，短距离移动时，可用各种小型车辆拉动，甚至人力推动，进行长距离集装箱运输时，则接上拖车形成集装箱全挂列车。这种车型如用于国际大箱运输时，则列车总长度太长，运行产生不便，一般用于小型集装箱，采用较短的全挂车。

（3）集装箱自装自卸车。车上带有装卸集装箱设施的特殊形式的集装箱车。在开展集装箱门到门运输时，在一端或两端缺乏装卸工具时，采用这种车型十分有利，是开展集装箱门到门运输的重要车辆。

3. 道路集装箱运输流程

由于道路集装箱运输与普通运输相比发生了质的变化，因此其货物的装卸、运输流程也发生了变化。就其运输流程来说，出口集装箱货物必须是将分散的小批量货物预先汇集到适当地区的货运站内，然后用集装箱运到码头堆场。进口整箱货物直接送往工厂或仓库掏箱，拼箱货物送到堆场或货运站拆箱后再分送。由此可知，道路集装箱运输的运送路线较方便，一般都在固定的几个货运站、堆场，如图 3－1 所示。

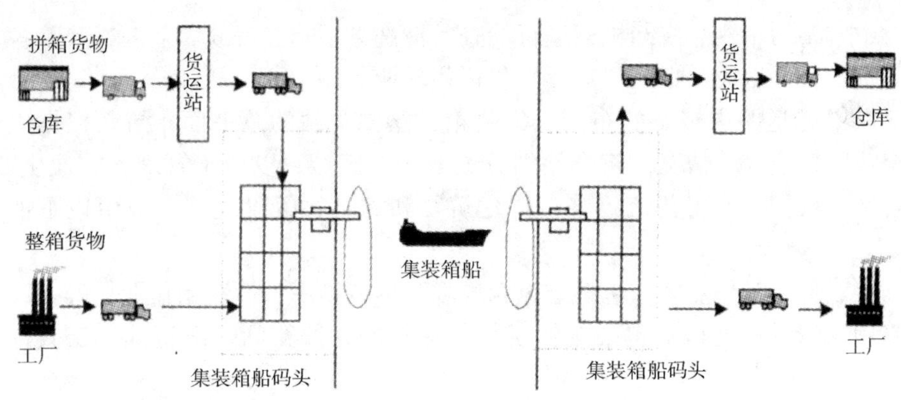

图 3－1　道路集装箱运输流程图

4. 集装箱道路运输中转站

（1）集装箱道路中转站的地位和作用。在国际集装箱多式联运和国际铁路联运中，集装箱道路中转站作为铁路集装箱办理站和港口码头向腹地延伸的后方基地和运输枢纽，对促进国际贸易运输发展，缓解集装箱办理站箱场和码头前沿的压力等方面起着重要作用，也是内陆腹地运输中的一个重要集散点。

集装箱道路中转站在腹地运输中的地位由图 3－2 中可看出，道路集装箱中转站对国际和国内集装箱的集疏运输有重要的中转作用，也可以说是港口码头和车站与货主之

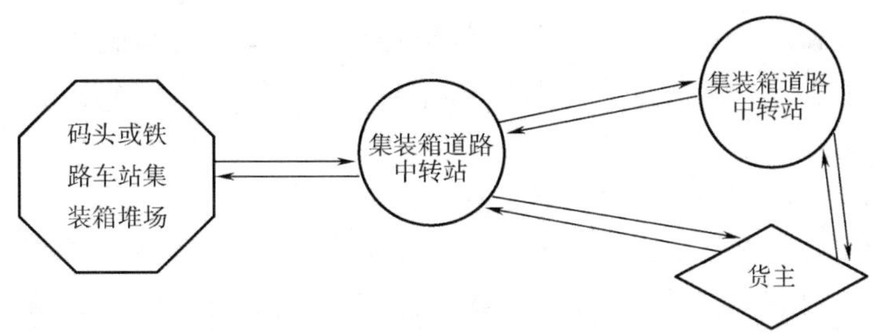

图 3－2　集装箱道路中转站

间相互衔接的重要纽带。

（2）集装箱道路中转站的功能。目前，我国建设中的集装箱道路中转站，主要有以下功能：

①承担铁路办理站、港口和货主间的集装箱中转运输，完成“门到门”运输业务。

②负责组织腹地内的干支线运输，为长短途集装箱运输与水陆集装箱联运等衔接配合创造条件。

③办理集装箱拼箱货的拆装箱作业、货物的仓储，以及向货主接取送达业务。

④办理空、重集装箱的装卸、堆存和集装箱的检查、清洗、消毒和维修等作业。

⑤可作为船公司管理部门或外轮代理部门在腹地指定的还箱点，进行集装箱的调度管理。

⑥对中转站的车辆、装卸机械进行检查、清洗、维修和停放。

⑦为货主代办报关、报验、理货及货运代理业务。

（3）集装箱道路中转站的布局。集装箱道路中转站的总平面布置，根据生产工艺流程和企业管理模式等情况，将全站划分成若干个区域，以便于管理，方便生产生活，然后在各区内根据生产工艺流程来布置建筑物和构筑物等设施。一般由以下四个区域构成：

①堆存、拆装箱作业区。包括空重箱堆场、拆装箱库、拆装箱作业场等。

②修理、清洗作业区。包括车辆机械保修车间、修箱间、洗箱间、工具库、配件库等。

③辅助生产及管理区。包括办公业务调度楼、食堂、锅炉房、水泵房、变电室、加油站、洗车台、检车台、验箱间等。

④生活区。包括单身宿舍、家属宿舍、医务室等生活福利设施。

根据中转站的任务和业务范围，各作业区可分别组成若干个车间（队），如运输车队、装卸车间、集装箱拆装车间、集装箱修理车间、车辆机械保修车间等。

二、认知铁路集装箱运输

铁路集装箱运输在多式联运中主要承担陆路干线运输的责任。铁路的集装箱运输受到车辆、路线和接发集装箱车站的限制。

1. 铁路运输的特点

铁路运输速度快，载运量大，自然条件影响较小，运输成本低。但只能在固定线路上实现运输，不能独立完成运输全过程，需要与其他运输方式配合和衔接，实现门到门运输。

2. 铁路运输车辆类型

一般铁路货车皆可装运集装箱，但集装箱大小及长度受铁路货车尺寸的制约，且普通铁路平板货车虽可装运集装箱，但自重较大，无效运输较严重，车辆构造也不适于快速装卸及大量运输。所以，除了一般混装线以外，专门进行集装箱运输的线路及定期集装箱直达列车一般都采用集装箱专用车。专用车主要有：

（1）梁架式集装箱专用车。车上没有平底台板，而将集装箱直接置于梁架的平面之上，集装箱装车后，有稳固装置锁固集装箱并设有缓冲装置。

（2）车架车式滚装集装箱货车。采用的是低平台平板货车，拖车式集装箱可从货车的一端借助高站台或斜面开上货车，进行车载车运输。车载车的运输，又称“驮背运输”式运输，由于列车运行速度快，装卸速度快而且装运能力大，所以这种运输形式在不少国家普遍采用。

（3）双层集装箱专用车。美国的南太平洋铁路公司首先研制成功。这种车采用凹底平车，全长19.2米，可叠装2个40英尺集装箱。双层集装箱专用车，结构简单，车体自重轻，列车运行空气阻力小，安全性高。解决了铁道运输集装箱双层叠放，受涵洞、超高问题的影响，采用双层集装箱专用货车，可大大提高车辆的载运能力。

3. 集装箱铁路办理站

（1）集装箱办理站是具体办理集装箱业务的基层单位。在国外，铁路集装箱办理站按业务性质与办理范围不同可分为两类：

①终端站也称基地站。专门办理集装箱定期直达列车的始发或终到作业的车站，集装箱运量较大。

②集装箱办理站。集装箱运量较小，仅办理集装箱业务，其中：有的车站专办集装箱业务，有的车站兼办集装箱业务。

大的办理站，对外业务往往是通过集装箱营业所或铁路子公司办理，如英国集装箱定期直达列车公司、法国新集装箱公司等与货物单位发生关系。小的办理站不论是对外与收、发货人或汽车运输公司等，还是对内与行车等部门的有关业务，均由车站办理。

（2）办理站的作用。集装箱办理站的作用，就是组织集装箱运输，办理集装箱装卸、发到、中转和存放等作业。其具体职能和作用为：

①进行货源货流调查。将适箱货物纳入集装箱运输，按合理集结、多装直达、均衡运输、减少回空的原则，组织运输。

②正确登记各项统计报表。以保证对到、发和进、出站的集装箱，以及中转和修理的集装箱有准确的记载和正确的统计，以防止发生集装箱误交接和运送，以及丢失等事故。

③认真办理集装箱交接手续。对进站集装箱发现破损时，应向送箱人索赔。办理站每日要与站外存箱单位核对存留箱日况表，及时催还没有按时回送的集装箱。要定期清理集装箱，及时上报铁路分局和铁路局。

④办理集装箱装卸车作业时，应核对箱号，检查箱体和施封情况。在办理站装车时，应填写集装箱专用车或货车装载清单，记清箱号和对应的施封号。卸车时，若发现集装箱施封锁丢失、封印内容不符、施封失效时，应在当时清点箱内货物，并编制货运记录。

⑤大型办理站除具有以上功能外，还应具有修箱和洗箱能力。

（3）集装箱办理站的工艺流程。集装箱办理站的典型工艺流程如图3－3所示。到站的集装箱由龙门起重机卸下，放至机下堆置场临时存放，或直接运至机外堆置场，若货主及时得到到箱信息，与道路汽车衔接好，亦可直接将集装箱卸在汽车卡车或挂车上，实现理想的“门到门”运输，直接送箱到户。反之亦同，货主送入箱场的集装箱，

亦可直接装上铁路车辆，或存放于集装箱堆置场。

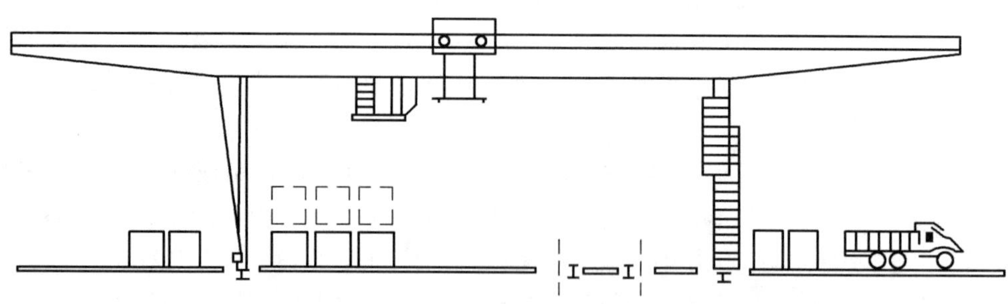

图3-3　集装箱办理站工艺简图

4. 铁路运输方式

铁路运输方式受集装箱办理车站和线路的限制，需要做出不同的选择。

（1）选择一般集装箱办理站的集装箱铁路运输。由于受到铁路货站装卸设备和装卸能力的限制，同时还受到发、到货量的限制，不可能所有的铁路货站都能够承运集装箱。选择铁路集装箱运输必须首先选择集装箱办理站。

（2）铁路集装箱直达列车。铁路集装箱直达列车和路线班车，是发达国家普遍采用的一种高效、快速的集装箱铁路运输方式，采用这种方式可以解决铁路干线运输领域准时、快速的问题。

5. 货物托运

托运人使用自备集装箱或要求在专用线卸车时，应在运单“托运人记载事项”栏内记明“使用×吨自备集装箱”或“在××专用线卸车”。托运人凭车站签证的运单向车站领取空箱。铁路应拨配状态良好的集装箱并介绍箱子的内部尺寸和装载方法。托运人在领取空箱时也应认真检查空箱的箱号、箱体状态，包括透光检查，认可后在《集装箱“门到门”运输作业单》上签字。

6. 集装箱的装车

一般一辆铁路货车只装同一箱型的集装箱，但5吨集装箱与10吨集装箱，20英尺集装箱与5吨集装箱或10吨集装箱可装在同一辆铁路货车上。使用敞车装载5吨及其以上集装箱时，集装箱箱门应朝向相邻的集装箱（5吨集装箱中的一箱可朝向侧板），箱间距离不大于150毫米。使用集装箱专用平车装载时，5吨集装箱和20英尺集装箱箱门应朝向相邻的集装箱。20英尺集装箱、40吨集装箱使用普通平车装载时，应进行加固。

7. 集装箱的交接

（1）交接方法。

①在车站货场交接。承运人与托运人或收货人之间交接集装箱时，重箱凭箱号、铅封和箱体外状交接，空箱凭箱号和箱体外状交接。箱号和封印号码与运单记载一致，施封有效，箱体没有发生危及货物安全的变形或损坏时，箱内货物由托运人负责。

②在专用线交接。由承运人组织装车，收货人组织卸车（到站派员到卸车地点会同收货人卸车）或由托运人组织装车（发站派员到装车地点会同托运人装车），承运人组

织卸车时，重箱凭箱号、铅封和箱体外状交接，空箱凭箱号和箱体外状交接。由托运人组织装车收货人组织卸车时，按承运人与托运人、收货人商定的办法办理交接。

（2）交接检查发现问题的处理。

①发站在接收托运人的重箱时，发现箱号或铅封与运单记载不符，未按要求关闭箱门、拧固和施封以及箱体损坏时，应由托运人改善后接收。

②收货人在接收重箱时，应按运单核对箱号，检查施封状态、封印内容和箱体外状。发现不符或有异状时，应在接收当时向车站提出。

③到站向收货人交付重箱时，对封印脱落、失效、站名或号码不符、箱体损坏危及货物安全的集装箱，应向收货人出具货运记录，并按记录交点货物。

④在交接中发现铁路集装箱损坏，涉及托运人或收货人责任时，由托运人或收货人在集装箱的破损记录上签认。发现自备集装箱损坏或丢失时，承运人应编制货运记录。

⑤铁路集装箱由于托运人或收货人责任造成损坏、丢失及无法洗刷的污染时，应由托运人或收货人负责赔偿。自备集装箱由于承运人的责任造成类似后果时，应由承运人负责赔偿。

三、认知水路集装箱运输

水路运输是指利用船舶在江、河、湖泊、人工水道及海洋运送旅客和货物的一种运输方式。

1. 水路运输的特点

利用天然水道进行长距离的运输，运量大，成本低，适合大宗货物运输。在运输过程中受自然条件影响较大，如海洋风暴和台风等。

2. 水路运输集装箱船舶类型

在集装箱运输中，尤其是国际集装箱运输，船舶是主要的运输工具。为了适应国际通用20英尺及40英尺两种大型集装箱的运输，近几十年发展出了若干形式的专用集装箱船，能载运集装箱的船舶种类很多，但载运能力、载运方式相距甚远。现在主要介绍以下几种：

（1）吊装式集装箱船。集装箱出入船作业采用吊装方式，利用岸上或船上起重设备进行吊装吊卸。主要有三种类型：专用全集装箱船；半集装箱船；集装箱—杂货两用船。这三种船集装箱的装卸作业都采取吊上、吊下方式，其中最典型的是全集装箱船。

全集装箱船是集装箱专用船，其特点是载运集装箱数量大，一般为大开口单甲板，舱内有稳固集装箱的箱格结构，每一箱格可堆放集装箱4～9层，甲板上可堆放集装箱2～3层，并有系紧装置稳固集装箱。全集装箱船载重量一般在万吨以上，第四代全集装箱船已达5万吨级以上，载箱量最大已达4000～5000个国际标准集装箱，有很高的运输效率。

（2）滚装式集装箱船。滚装式集装箱船是将集装箱连同牵引车一起驶入船上，车及集装箱一同完成水运或上船后卸下集装箱车而将牵引车辆从船上驶下，集装箱连同车辆一起运输的集装箱船。船型是多层甲板，因为所运集装箱不能叠放堆码。这种船与码头之间的装卸是通过船首、船尾与船侧的开口处，通过跳板将车载集装箱驶上驶下。各

层仓的沟通主要靠斜坡道和升降机。

滚装式集装箱有很大的优点，主要是对码头要求较低，装卸速度快，装卸效率高，适应货种多。其缺点是舱容利用率低、造价高。在集装箱运输中是一种辅助船型。

（3）载驳集装箱船。载驳集装箱船又称子母集装箱船。载有集装箱的子驳船，浮进载驳船或整体吊入载驳船之后，进行船载船的载驳运输，到达后再将载有集装箱的子驳船放入水中。这种方式又称浮装式集装箱船。

载驳集装箱船的主要特点是利用小驳船的机动性及通达性，可将海上干线运输、内航干线运输与小河道、小水域的配送、集货运输有效连接起来，有利于实现门到门运输，尤其是大小船之间的转运，利用载驳集装箱船可节省转运时间和转运时的装卸费用。

（4）内河集装箱船。内河集装箱船是用于内河航运的专用集装箱船，主要是有自航能力的自航驳船，也采用驳船组队的形式。

内河集装箱船主要特点是上部建筑简单，有大开口或大甲板便于装卸集装箱。内河集装箱船受内河船运限制，船体较小，内河水深变动较大，因而主要采用吊上吊下方式进行集装装卸。

（5）江海联运型集装箱船。能在海上和江上运输而不需换运的集装箱船，有江船出海型和海船进江型两种。这种船有利于江海直达联运，是一种新的船型。

3. 海上国际集装箱运输

海上国际集装箱运输是指集装箱船舶经由海上从一个国家或地区运至另一个国家或地区的国际集装箱货物运输。

四、认知航空集装箱运输

1. 集装箱航空运输的优势

（1）航空运输运程长，速度快。商品和原材料的供应及时，能大幅度缩短生产周期，提升企业的竞争力，这对货主无疑具有很大的吸引力。

（2）航空运输可以节省包装费，降低货物的货损、货差。相对于铁路、道路和水路运输，航空运输最平稳，对所运货物的冲击最小。所以采用航空运输的货物，包装可以相对轻薄，从而减少货物的包装费用。由于运输平稳，货损、货差低，也相应降低了运输成本。

（3）以“效益背反”的思维方式，比较各种运输方式的优劣，大大提高了航空货运的地位。

所谓“效益背反”，是指在某些经济活动中，一种效益或功能的上升，往往会导致另一种效益与功能的下降。在将两种经济选择进行对比时，不能只比较一个侧面，而应从两个或多个侧面集中加以比较。如将航空运输与铁路运输对比，航空运输成本高，而耗时少；铁路运输运费低，而耗时多。单从运费一个角度思考，肯定应选择铁路运输；但如从运费和运输时间两个角度考虑，铁路运输就不一定是最佳选择。

（4）随着整体经济的增长，许多商品对运费的承受能力大大提高，拓展了航空运输的发展空间。如某些对保鲜要求较高的货物，如食品、海鲜、鲜花、水果；某些价值昂贵的货物，如电脑芯片、电子产品、家用电器；还有某些高档消费品，对运价的承受能力都很好。通过航空运输，可以提升这些商品的市场竞争力。

2. 集装箱航空运输的缺点

（1）飞机的负荷有限，运量小。航空运输的特殊性，使飞机的负荷处于非常有限的范围内。

（2）航空运输成本高，运费昂贵。航空运输成本远远高于水运、铁路运输与道路运输，所以其运费昂贵，超出很多货物所能负担的范围。

（3）水路、陆路采用的国际标准集装箱无法用于航空，限制了多式联运航空业务的开展。

目前，国际标准集装箱的主要类型是根据水运、铁路、道路运输的需要与可能性确定的，其外形尺寸与总重量，飞机均无法承受。而飞机所能运载的集装箱，又大多与飞机各部位运载的可能性相配合，直接接载到船舶、火车、卡车上，又尺寸太小，负荷太少，形状奇异，与船舷、火车、卡车不配套。所以航空与其他运输方式之间的国际标准集装箱多式联运，开展的难度较大。这也限制了航空集装箱运量的增加。迄今为止，集装箱航空运输量与水路、铁路、道路运输的运输量相比，差距很大。

3. 航空集装箱运输设备

航空集装箱运输设备包括飞机和航空集装箱两部分。

（1）航空集装箱。国际航空运输协会（International Air Transport Association，IATA）将在航空运输中所使用的成组工具称为成组器（VLD）。成组器分为航空用成组器和非航空用成组器两类，其中的非航空用成组器中，包括与ISO标准同型的集装箱。

①航空用成组器。航空用成组器是指与飞机的形体结构完全配套，可以和机舱内的固定装置直接联合与固定的成组器。这类成组器又可分成部件组合式与整体结构式两类。部件组合式指由托盘、货网、固定结构圆顶或非固定结构圆顶组合成一个可在机舱内固定的装卸单元。整体结构式指单独形成一个完整结构的成组器，它的外形不是长方形，而是与机舱形状相配合，可直接固定在机舱中。

②非航空用成组器。非航空用成组器是指成组器的形状与飞机内部不吻合，为长方形，也不能直接在机舱中固定。

（2）飞机。飞机中能装载航空成组器的机型主要有波音、道格拉斯和洛克希德三类。由于各飞机制造公司采用相同的基本尺寸，所以成组器在各种机型中的互换性较好。这种互换性使航空公司可以减少“互换器”的备用量，节约投资，也在转机运输时，使货物不必倒载，缩短了转机时间。

4. 航空集装箱运输组织

（1）航空集装箱运输组织的特点。航空集装箱运输一般很少需要与水运、陆路联运。很少有集装箱经水运后，再转空运，或空运后，再转铁路运输，所以航空集装箱运输的参与方较少。

（2）航空集装箱运输的一般流程。航空集装箱运输，一般委托空运代理企业与机构办理。

①托运人向空运代理企业或机构办理托运。托运人在申请货物运输时，应正确填写

《国际货物托运书》，会同有关货物出口明细表、发票，装箱单以及海关、商检需要的证书、文件，先向海关办理出口手续，然后由民航填开航空运单，每批货物填开一份航空运单。包机运输的货物，每一架次填开一份航空运单。航空运单是承运人与托运人之间的货运契约，也是航空运输凭证。

航空运单由两组文字组成，第一组文字“999”为中国民航代号，第二组文字为航空运单程序号码。航空运单一般有正本三份，副本若干份，正本一份随货同行，一份留承运人，一份交发货人。托运时，应根据货物的性质、形状、重量、体积、包装等情况，在每件货物包装上写明收货人、发货人名称和地址以及货箱号、唛头标志等。货物托运后，如发生意外，可凭航空运单要求变更运输。变更运输包括中途停运、运回始发地、变更目的地和变更收货人等。

②空运代理企业或机构接受托运申请后，向航空公司订舱，并由空运代理用车将货物运到机场。

③空运代理检查进出口许可证是否完善，办理政府规定的其他手续，同时为发货人办理保险。

④货物运至目的地后，由航空公司以书面或电话通知收货人提货。收货人接到通知后应自行办妥海关手续，并当场检查货物有无损害。如有损害、短缺，应立即与承运人、海关或有关部门联系，并做出运输事故记录。从发出交货通知的次日起，国际货物免费保管五天，超出上述时限，按规定收取保管费。分批到达的货物保管期限，应从通知提取最后一批货物的次日起算。收货人在支付清应付费用和履行完航空运单规定的条件后，空运代理负责用车将货物运至收货人处。货车接送是航空运程的一个附带部分，整个航程都包括在空运运单内。空运代理（即空运承运人）对全程运输负责。

（3）空运单。空运单由托运人填写。每件货物应填写一套单证。空运单是承运人与发货人之间的运输合同；是承运人收到托运货物的收据；是承运人记账的凭证；是海关放行查验时的单据；可作为保险证书；是承运人内部业务处理的依据。空运单的主要内容有：

①运单填写的地点、日期；货物起运地、目的地；

②约定的经停地点（承运人一般保留在必要时变更经停地点的权利，承运人行使这一权利时，不应使运输由于此种变更而丧失其国际运输性质）；

③托运人名称、地址；必要时应写明收货人的名称、地址；

④第一承运人名称、地址；

⑤货物名称、性质；货物数量、重量、体积、尺码；

⑥货物包装的方式、特殊标志、件数、号码；货物和包装的外表状况；

⑦如运费已付，应写明运费金额、运费支付日期、运费支付地点、运费支付方式；如运费为到达支付，则应标明所应支付的费用；

⑧航空货运单的份数，附航空货运单交给承运人的凭证；

⑨如双方已商定运输期限、运输路线，应一并在运单上注明；

⑩有关运输受华沙航空货运公约约束的条件等。

空运运单不同于海运提单，它不是货物所有权的凭证。因为空运速度快，通常在托运人将空运单送达收货人之前，货物已到达目的地。这就基本排除了通过转让单据来转让货物的可能性，所以在国际运输中，空运单一般都印有“不可转让”字样。货物运至目的地后，收货人凭承运人的“到货通知”和有关证明提货，并在提货时，在随货运到的空运单上签收，而不要求收货人出示空运单。

从发展前景来看，航空货物运输与集装箱航空运输未来的发展空间很大，这是因为海陆空联运国际标准集装箱的出现，使航空运输进入了国际集装箱多式联运的运输链，这也使航空运输与航空集装箱运输出现了一片光明的前景。

实训活动方案三（2） 如何组织海上集装箱货物出口运输

1. 活动准备

（1）人员分工：按物流实训活动总体方案组建公司，以公司为单位开展活动，公司内部进行人员具体分工，并注意一个流程结束后，进行角色互换。①柳州冶炼公司；②黄埔集装箱公司；③广州分公司；④黄埔海关；⑤船公司。

（2）资料准备：货运单证、货物标签、装配单和交接单等。

（3）案例放送：广西柳州市有色金属冶炼进出口公司与澳大利亚 A 公司签订了一份销售合同，约定由柳州冶炼公司向澳大利亚 A 公司出售价值 14.8 万美元的氧化锌 20 吨，在澳大利亚交货。在办理出口过程中，柳州冶炼公司委托黄埔集装箱公司装箱，这批氧化锌先被配装到一个 20 英尺的集装箱，中国外轮理货总公司广州分公司进行了理货。随后办理了相关的货物出口报关手续，黄埔海关验讫放行。货物在黄埔港装船时，广州理货公司进行了再次理货。

2. 活动方案

（1）根据案例放送资料，每组（模拟公司）温习相关知识，按能力目标、知识目标，整理所收集的资料。

（2）熟悉集装箱货物出口运输作业流程和主要单证及其流转。

（3）在学院教室或实训室明确本活动的工作任务：指定扮演角色，完成作业流程及单证的流转。

任务四 集装箱运输作业流程及主要单证流转

一、认知集装箱运输作业的主要内容

所谓集装箱运输基本活动，实际上是指在集装箱运输流程中对货物或货物的载体（集装箱）所进行的一系列操作，包括货物的移动和货物与集装箱的连接与分离，由这些基本活动可构成一个完整的集装箱运输流程。这些基本活动主要有：

（1）与货物、集装箱连接和分离有关的装箱、拆箱、拼箱的操作，它可以发生在收（发）货人所在地，也可以发生在整个运输路径的某个货运站上。

（2）与使货物（集装箱）发生位移的运输活动有关的活动，主要包括：

①将货物（集装箱）从始发地运往内陆某个集散地；

②由集散地将集装箱经内陆集疏系统运往港口；

③集装箱海上运输将集装箱从目的地运往另一内陆集散地；

④从内陆集散地将集装箱（货物）运至收货人手中。

上述各种运输活动还可进一步分解为更小的运输活动，如内陆运输可分解为几段不同运输方式承担的运输活动。

（3）与对集装箱体进行操作有关的活动包括空箱的领取与归还，集装箱堆存，对集装箱进行维修、加拆签封等。

（4）集装箱交接活动。由于集装箱运输过程是由多个不同环节构成，并由不同的关系人完成，因而集装箱交接在整个集装箱运输中占有相当重要的地位。

二、认知集装箱运输组织作业流程

1. 集装箱运输主要流程

（1）托运。货物托运人根据货物品名、性质、重量、规格、包装等适箱程度及货物的流向，确定经济合理的联运方式，向开展集装箱运输的有关部门提送运输计划。如要求水运，则向航运公司或其代理部门申请订舱，填报订舱单；如要求铁路运输则向铁路车站报送集装箱托运单，并提交空箱需求计划。

（2）接受托运申请。承运单位或承运代理部门在航线、港口、船舶、运输条件等能满足发货人的要求时接受发货人的托运申请。接受托运计划和申请后，编制集装箱运输计划，预配清单计划送集装箱码头或车站。车站、码头凭此发放空箱和办理货物交接。

（3）领取空箱。整箱货的空箱一般由货物托运人直接向集装箱码头或车站领取，拼箱货的空箱则由集装箱货运站负责领取。

（4）报检。发货人或货运代理应按国家有关法规并根据商品特性，在规定期限内填写好申报单，分别向商检、卫检、动植物检疫等口岸监管部门报请审核或查验，依据不同情况分别以免检放行或经查验处理后出具有关证书放行。

（5）货物装箱。拼装货物的装箱由集装箱货运站根据承运部门的计划清单，核对站场收据中注明的接受托运的货物，按积载装箱要求和装箱单在站内装箱。整箱货则由托运人按整箱货装箱要求在自己的厂内或仓库装箱。如系国际集装箱运输，装箱时需请海关派员监督清点，装好后当场施加铅封。装箱时必须对每一个集装箱制作装箱单。

（6）将箱发运至集装箱堆场。装好货的集装箱要按承运部门的规定时间送至指定的集装箱堆场或码头。

（7）集装箱交接。集装箱码头或车站对已加封的集装箱重箱，可按海关或加封部门检验清单签收交接；对未加铅封或不符合加封条件的集装箱重箱，则必须验收箱子货物交接单据中所记载的货物，验收无误后在交接收据上签收。

（8）换取提单。货物托运人凭经签署的场站收据，向承运部门或其代理部门换取提单，然后凭码头运费收据计算联向承运人支付运输费或向银行结汇。

（9）集装箱装车或装船。车站根据自己编制的集装箱装车计划装车，码头根据船舶积载图装船。

（10）集装箱运输。承运人对装船的集装箱负有安全运输、保管、照料之责任，并依据集装箱提单条款划分与货主之间的责任、权利与义务。

（11）货物交付。对于整箱货物如内陆运输由收货人或其代理人负责安排，集装箱码头堆场根据收货人出具的提货单将货箱交收货人；对于拼箱货物在掏箱后，根据收货人出具的提货单将货物交收货人。

（12）空箱回运。收货人和集装箱货运站在掏箱完毕后，应及时将空箱回运至集装箱码头堆场。

集装箱运输形式的多样化，涉及部门的复杂化，具体某一种集装箱运输方式和专业部门，其集装箱运输过程中的基本作业程序也有细微差别。图3－4和图3－5以集装箱出口货运流程图和集装箱运输进口货运流程图的对比，来说明不同运输方式和专业部门间组织作业的不同。

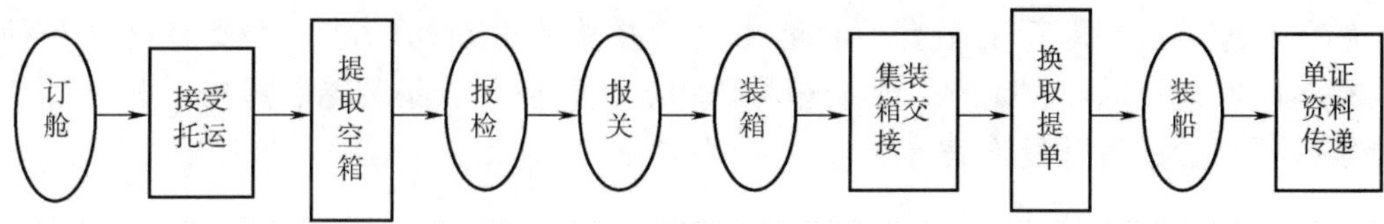

图3－4　集装箱出口货运流程图

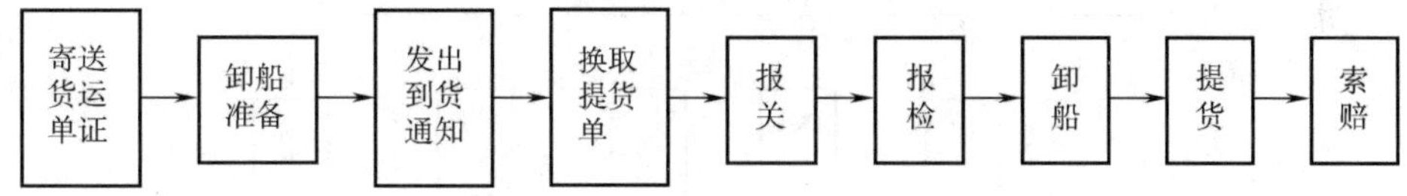

图3－5　集装箱进口货运流程图

2. 集装箱运输各关系方在进出口货运中的作业

（1）船公司在出口货运中的业务。目前在集装箱运输中船公司占主要地位。如何做好集装箱的配备，掌握货源情况，在各港口之间合理调配集装箱，接受订舱，并以集装箱码头堆场、货运站作为自己的代理人向发货人提供各种服务是船公司集装箱运输作业的重要内容，这些作业内容完成的好坏，决定了集装箱运输能否顺利进行。

集装箱出口货运业务中，船公司的主要作业流程如图3－6所示，从图中可以看出，船公司在出口货运中的业务主要包括以下几项：

①掌握待运的货源。船公司通过暂定订舱和确定订舱的方法掌握待运货源情况，以此部署空集装箱装箱的计划。

②配备集装箱。集装箱运输无论采用哪种运输方式，其基本运输单元集装箱是不会改变的，因此，在进行集装箱运输之前，特别是在采用集装箱专用船运输时首先要配备集装箱。在实际业务中并不是所有的集装箱都由船公司配备，有的货主自己也配有集装

箱，此外还有专门的集装箱租赁公司。

③接受托运。发货人或货物托运人根据贸易合同、信用证有关条款的规定，在货物装运期限前向船公司或其代理人以口头或书面形式提出订舱。船公司根据所托运的运输要求和配备集装箱的情况，决定是否接受这些货物的托运申请。在接受托运之前应了解下述情况：订舱的货物的详细情况；运输要求；装卸港、交接货物地点；由谁负责安排内陆运输；有关集装箱的种类、规格等。

④接受货物。接受货物涉及两方面的问题，其一是接受货物的地点。地点：集装箱码头堆场、集装箱货运站、发货人工厂或仓库。其二是货物对集装箱的基本要求。

需要了解的问题：是否需要借用空集装箱、所需集装箱的数量及种类、领取空箱的时间和地点、由谁负责安排内陆运输、货物装卸的具体地点、有关特殊事项。

⑤装船。通过各种方式接受的货物，按堆场计划在场内堆存，待船舶靠泊后即可装卸。装船的一切工作均由码头堆场负责进行。

⑥制送主要的装船单证。为了能及时向收货人发出装船通知，以及能使目的港集装箱码头堆场编制卸船计划和适应有关内陆运输等工作的需要，在集装箱货物装船离港后，船公司或其代理即行编制有关装船单证，并从速送到卸船港。主要有这样几种单据：提单副本或场站收据副本、集装箱号码单、货物舱单、集装箱装箱单、积载图、装船货物残损报告、特殊货物表等。

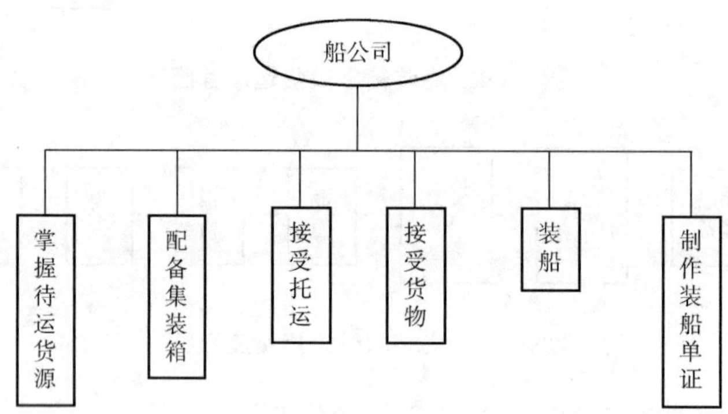

图 3-6　船公司在出口货运中的主要业务

（2）船公司在进口货运中的业务。集装箱进口货运中，船公司的主要作业流程如图 3-7 所示。主要业务有：

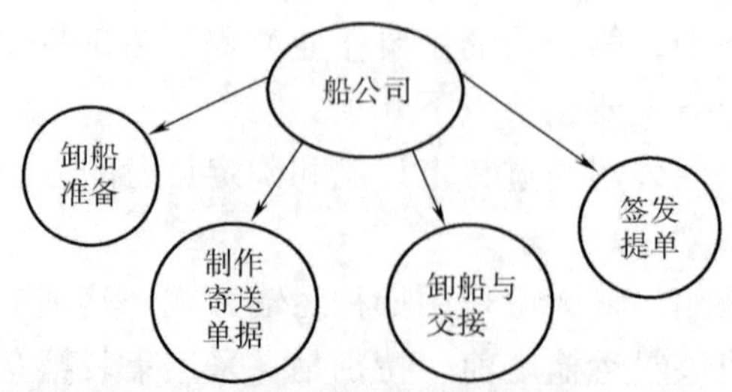

图 3-7　船公司在进口货运中的主要作业流程

①卸船准备工作。指船公司主管进口货物的人，在船舶从最后装船港开出后，即着手制订船舶预计到港的计划，并从装船港代理那里得到有关货运单证。与此同时，与港方、收货人、海关和其他有关部门尽早取得联系，一旦船舶靠泊稳妥，尽快将集装箱卸下，亲自办理海关手续，做好交货准备。

②制作并寄送有关单证。主要有船舶预计到港通知书、交货通知书、货物舱单等。

③卸船与交接。

④提货单的签发。

（3）集装箱货运站在进出口货运中的业务。集装箱货运站（CFS）是集装箱运输的产物，集装箱货运站一般有两种类型：一种为内陆港口型；另一种叫货源集散型。它是拼箱货装箱和拆箱的船、货双方办理交接的场所。承运人在一个港口或内陆城市只能委托一个集装箱货运站的经营者，它代表承运人办理下列主要业务：

①拼箱货的理货和交接；对货物外表检验，如有异状时，不办理批注；拼箱货的配箱积载和装箱；进口货物拆箱和保管；代承运人加铅封并签发收据；办理和编制各项单证等。

②做好交货准备；发出交货通知；从码头堆场提取载货重箱；拆箱交货；有关费用收取；制作交货报告和未交货报告。

（4）集装箱码头堆场在进出口货运中的业务。集装箱码头堆场作业是以集装箱装卸工作为中心的一系列业务，这些业务主要由被称为集装箱装卸区的专业部门来完成。集装箱装卸区是集装箱运输过程中，集装箱货物装卸、交换、保管的地点。它受承运人或其代理人的委托，进行下列业务：

①整箱货物的交换、保管。

②设有集装箱货运站者，办理拼箱货的交接。

③安排集装箱船的靠泊，装卸集装箱，为每航次编制配载图。

④办理有关货运单证的编签。

⑤编制并签验集装箱运输所用运载工具的出入及流转的有关单证。

⑥办理集装箱及运载工具、装卸工具的情况检查和维修，以及空箱的清扫等工作。

⑦空箱的收发、存贮和保管。

⑧安排空箱和重箱在堆场的堆码及编制场地分配计划。

⑨其他有关业务工作。

集装箱装卸区一般由专用码头、前沿、堆场、货运站、指挥塔、修理部门、大门和办公室组成。

集装箱前方堆场是指在集装箱码头前方，为加速船舶装卸作业，暂时堆放集装箱的场地。其作用是当集装箱船到港前，有计划有次序地按积载要求将出口集装箱整齐地集中堆放，卸船时将进口集装箱暂时堆放在码头前方以加速船舶装卸作业。

集装箱后方堆场是集装箱重箱或空箱进行交接、保管和堆存的场所。有些国家对集装箱堆场并不分前方和后方堆场，统称为堆场。集装箱后方堆场是集装箱装卸区的组成部分，是集装箱运输场到场交接方式的整箱货办理交接的场所。

空箱堆场是专门办理空箱收集、保管、堆存或交接的场地。它是在集装箱装卸区或

转运站堆场不足时设立的。这种堆场不办理重箱或货物交接。

中转站或内陆站是海港作业以外的集装箱运输的中转站或集散地。它的作用除了没有集装箱专用船的装卸作业外，其余均与集装箱装卸区业务相同。中转站或内陆站包括集装箱装卸港的市区中转站、内陆城市及内河港口的内陆站在内。

（5）发货人和收货人在进出口货运中的业务。在国际集装箱运输中，发货人在集装箱出口货运中的主要业务为：

①签订贸易合同。

②备货。简单说就是准备货物，发货人按合同规定的装运期限全部备好出口货物。

③租船订舱。在CIF价格条件下（CIF术语的中译名为成本加保险费加运费）成交时，发货人负有租船订舱的责任。

④报关。拼箱货习惯于按普通货方法报关，整箱货则通常采用统一报关。

⑤货物装箱与托运。报关完毕后，在整箱货运下发货人即可安排装箱，拼箱货则经报关后运至集装箱货运站，由货运站负责装箱并签署场站收据。

⑥投保。出口货物如系CIF价格条件成交，发货人则负责办理投保手续，并支付保险费。

⑦支付运费。

⑧签发提单。

⑨向收货人发出装船通知。

图3-8和图3-9是发货人和收货人在进出口货运中的作业流程图。

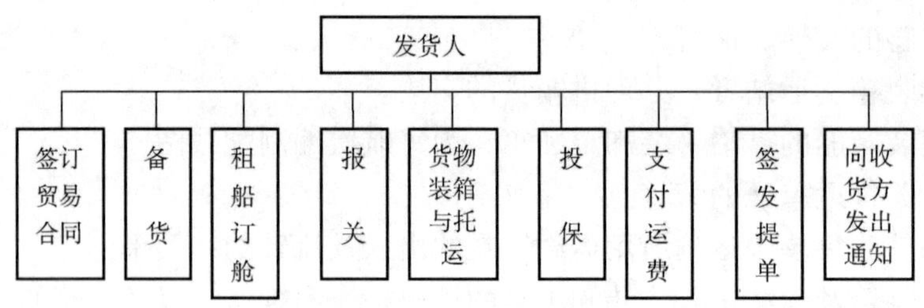

图3-8　发货人主要业务流程图

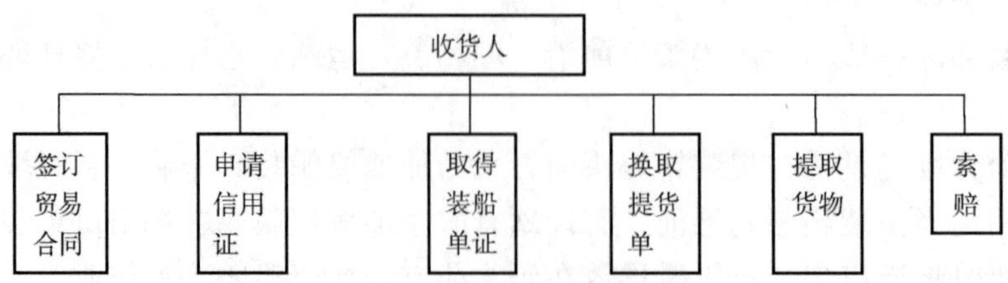

图3-9　收货人主要业务流程图

三、认知国际集装箱运输主要货运单证

（1）集装箱货物托运单。集装箱货物托运单是指由托运人根据买卖合同和信用证的有关条款规定，向承运人或其代理人办理的货物运输书面凭证。托运单主要内容包括：托运人名称，收货人名称，货物的名称、质量、尺寸、件数、包装式样、标志和号码、目的港、装船期限，信用证的有效期，能否道路运输或转运等。

（2）订舱单。订舱单有时叫托运申请书，是航运公司用于接受、安排集装箱运输而制定的单证。一经承运部门确认即作为承托双方的订舱有效凭证。

（3）装货清单。装货清单是由承运人或其代理人，根据本航次所托运的货物，按到港先后顺序把性质接近的货物加以归类后制成的一张装货单的汇总清单。

（4）装货单。装货单由承运人或其代理人签章后，既是货物办理托运的凭证，又是通知船上接受承运货物装船的凭证。装货单通常一式三联：第一联留底，作为发编制装货清单用；第二联是装货单本身，作为发货方凭证以向海关办理货物出口申报手续，又称关单；第三联是收货单，是承运人收到货物的凭证，也是发货人换取提单的依据。

（5）集装箱发放通知单。集装箱发放通知单又称空箱提交单，是指船公司集装箱堆场将空集装箱及其他设备提交给予本单持有人的书面凭证。

（6）装箱单。集装箱装箱单是详细记载每一个集装箱内所装货物的名称、数量及箱内货物积载顺序的单证。

（7）站场收据。站场收据是承运人委托集装箱装卸区、中转站或内陆站收到整箱货或拼箱货后签发的收据，它由发货人编制。如同一批货物装有几个集装箱时，先凭此装箱及验收，直到最后一个集装箱验收完毕时，才由港站管理员在站场收据上签收。站场在收到整箱货，如所装的箱外表或拼箱货包装外表有异时，应加批注。站场收据的作用是发货人向船公司换取提单的凭证。

（8）设备交接单。集装箱所有人或租用人委托集装箱装卸区、中转站或内陆站与发货方即用箱人或其代表之间交接集装箱及承运设备的凭证。交接单由承运人或其代理人签发给发货方，据以向区、站领取或送还重箱或轻箱。交接单第一张背面印有交接使用条款，主要内容是集装箱及设备在发货方作用期内，产生的费用及遇有设备及所装货物发生损坏、灭失的责任划分，及对第三者发生损害赔偿的承担。设备交接一般在区、站大门口办理。设备包括集装箱、底盘车、台车及电动机等。交接单分“出门”和“进门”两种。

（9）提单。集装箱提单是由集装箱运输经营人或其代理人在收到或接管货物后签发给发货人或托运人的一种凭证，是证明运输物品已被接收或装船，并待进行海上运输后，在指定港口把货物交给正当的提单持有人的一种有价证券，也是表示运输公司和货主间有关运输条件的运输合同。它体现了所记载的货物方面的权利，通常通过背书的方式流通，是押汇票据的主要的附属单据，分为装货提单和收货提单。

（10）集装箱载货清单。集装箱载货清单又称集装箱舱单，是一份按卸港顺序逐票列明全船实际载运集装箱及其货物的汇总清单。它是在集装箱及其货物装船完毕后，由船公司或其代理公司根据场站收据，核对理货报告单编制而成的，编妥后还需送交船长

签字认可。其内容应逐票标明货物的明细情况，如提单、标志、货名、件数、质量、收货人以及集装箱箱号、铅封号、船名、航次、装卸港、开航日期等内容。

（11）提货通知书。提货通知书是船公司在卸货港的代理人向收货人或通知人发出的船舶预计到港时间的通知。目的是要求收货人事先做好提货准备，加快货物离港的时间。

（12）到货通知书。到货通知书是卸货港船公司的代理人在集装箱卸入集装箱堆场，或移至集装箱货运站，并办理好交接准备后，用书面向收货人发出的要求收货人及时提取货物的通知。

（13）提货单。提货单是收货人凭正本提单向承运人或其代理人换取的可向港区、场站提取集装箱或货物的凭证，也是承运人或代理人对港区、场站放箱交货的通知。

（14）交货记录。交货记录是集装箱堆场和集装箱货运站向收货人或其代理人交货的凭证，是证明船公司责任终止的重要单证。交货记录通常在签发提货单的同时交给收货人或其代理人，而后通过提货、交货，由收货人和承运人所委托的集装箱堆场或集装箱货运站的经营人共同签署。

实训活动方案三（3） 如何组织海上集装箱货物进口运输

1. 活动准备

（1）人员分工：按物流实训活动总体方案组建的公司，以公司为单位开展活动，公司内部进行人员具体分工，并注意一个流程结束后，进行角色互换。①船方：船长1人、大副1人、船员若干人；②港方：验货员1人、卸货员1人、货管员1人；③报检报关：报检员1人、报关员1人；④海关：申报、验收、征税、放行岗位各1人；⑤送货：交接员1人、掏箱员1人。

（2）资料准备：货运单证、装配单和交接单等。

2. 活动方案

（1）根据实训活动方案三（2）的资料，每组（模拟公司）温习相关知识，按能力目标、知识目标，进一步整理所收集的资料。

（2）熟悉集装箱货物进口运输作业流程和主要单证及其流转。

（3）在学院教室或实训室明确本活动的工作任务：指定扮演角色，完成进口作业流程及单证的流转。

任务五 托盘运输

托盘运输是指将货物以一定数量组合码放在托盘上，连盘带货一起装入运输工具进行货物运输的一种方式。

一、认知托盘的类型

托盘是按一定规格制成的单层或双层平板载货工具，按托盘的结构不同可分为平板托盘、柱式托盘、箱式托盘和轮式托盘。

1. 平板托盘

平板托盘是最常见、使用量最大的一种托盘。平板托盘按照托盘台面可以分为单面使用型托盘、双面使用型托盘和翼型托盘。

2. 柱式托盘

柱式托盘的四个角有固定或可拆卸的立柱，这种托盘进一步发展还可以把对角的柱子上端用梁连接成框架。

3. 箱式托盘

箱式托盘沿托盘的四个边有板式、栅式、网式等各种平面组成的箱体，有些箱体有顶板，有些没有。箱板有固定式、折叠式和可拆卸式三种。

4. 轮式托盘

轮式托盘是在柱式、箱式托盘下部装有小型轮子，不但具有柱式、箱式托盘的优点，还可以移动，在短距离内不需要搬运机械就可以实现搬运，使用方便。

二、认知托盘运输的优点

（1）实现连贯式运输，减少货损，降低物流成本。

（2）提高装卸效率，减少手工操作环节，与集装箱配合运输，能够加速货物和船舶周转，从而可以降低船、货双方的运输成本。

（3）适应目前第三世界港口的现状，码头、仓库无须新建或改进，即可提高工效，解决目前港口拥挤情况。

三、认知托盘的提供方

常见的有如下两种：

一是由承运人提供，在装货地将货物集装在托盘上，然后货物与托盘一起装上运输工具，在卸货地收货人提货时，连同托盘提走，在规定时间内将空托盘送回。

二是由发货方自备简易托盘，随同货物一起交收货人，一般是纸托盘。

四、认知托盘运输注意事项

（1）包装件杂货物适宜于托盘运输，散装裸装超重超长或冷藏货物均不能用托盘运输，否则会增加货损及危险性。

（2）必须符合托盘积载的规定。托盘有相应的标准，在使用托盘运输时，重量不能超过托盘的最大承重，体积不能超出托盘的尺寸。

（3）每一托盘货载必须捆扎牢固。如不捆扎，码高的货物很容易偏离重心摔坏，尤其是纸质托盘，受潮后容易变形。

（4）国际货运上对托盘本身免收运费。

（5）必须在所有运输单证上注明“托盘运输”字样。

五、我国托盘使用中存在的问题

（1）使用方式落后，不能完全发挥托盘的优点。很多企业对托盘的使用仅限于企

业内部、配送环节，而未在运输中使用。

（2）受托盘周转方式的制约，流通过程成本过高。我国的托盘租赁业务还不成熟，托盘返空成本过高。

（3）难以与国际规格接轨。我国虽然也制定了托盘的标准规格，同时很多企业也有自己的标准规格，难以与国际规格接轨。

■ 拓展知识

集装箱航线：

远东—北美航线（北太平洋航线）、北美—欧洲、地中海航线（北大西洋航线）、欧洲、地中海—远东航线（印度洋航线）、远东—澳大利亚航线、欧洲、地中海—西非、南非航线。

集装箱大陆桥运输：

1. 北美大陆桥

北美大陆桥是指从日本港口海运至美国或加拿大西部（太平洋沿岸）港口卸货，再用铁路将集装箱运至美、加东海岸（大西洋沿岸）或墨西哥湾港口，经海运运往欧洲或相反方向的运输路线。北美大陆桥包括：①美国大陆桥；②加拿大大陆桥；③小陆桥。

2. 欧亚大陆桥

欧亚大陆桥因经西伯利亚铁路所以又称西伯利亚大陆桥，它是由远东或日本海运至俄罗斯东部港口，跨越西伯利亚铁路，再以铁路、道路或海路将集装箱运往欧洲或中东、近东地区或相反方向。欧亚大陆桥运输具有以下特点：①运距短、时间快；②费用少；③手续简便；④结汇快。

3. 亚欧大陆桥

它是指从中国连云港经新疆阿拉山口西至荷兰鹿特丹及相反方向的运输路线，全长10817千米，在我国境内全长4134千米，跨亚欧两大洲，连接太平洋和大西洋，穿越中国、哈萨克斯坦、俄罗斯，与第一条运输线重合，是跨及欧亚大陆的又一条大陆桥。

■ 总结与回顾

本项目介绍了集装箱的定义、类型，集装箱的标志及技术参数；集装箱运输的概念及优缺点，集装箱运输中的关系方和交接方式等；各种运输方式下的集装箱运输及集装箱运输的作业流程及主要单证等；同时介绍了托盘的类型，托盘运输的优点及注意事项等。

课堂训练三

一、单项选择题

1. 冷藏集装箱属于（　　）。

A. 框架式集装箱　B. 罐体式集装箱　C. 折叠式集装箱　D. 软式集装箱

E. 整体式集装箱

2. 大型集装箱是指总重在（　　）及以上的集装箱。

A. 40 吨　B. 30 吨　C. 20 吨　D. 10 吨

E. 5 吨

3. 下列一组集装箱标志中，箱主代号是（　　）。

A. COSU　B. 001234　C. AUS　D. 20

E. 30

4. 国家技术标准中规定（　　）主要用于国内集装箱货物运输。

A. IAA　B. ICC　C. 10D　D. 5D 和 10D

E. IAA 和 ICC

5. 为便于统计和计算，国际上是以（　　）的集装箱为计算单位（TEU）。

A. 20 英尺　B. 10 英尺　C. 40 英尺　D. 30 英尺

E. 50 英尺

6. 我国大陆的集装箱运输起步于（　　），是从港口接卸集装箱货物开始的。

A. 1830 年　B. 1956 年　C. 1973 年　D. 1978 年

E. 1980 年

7. 集装箱的拼箱货是在（　　）装箱。

A. 集装箱堆场　B. 仓库　C. 集装箱货运站　D. 工厂

E. 以上都不对

8. 在集装箱运输中最常用的两种集装箱型号分别是（　　）。

A. 20 英尺、40 英尺　B. 40 英尺、25 英尺

C. 40 英尺、10 英尺　D. 30 英尺、10 英尺

E. 30 英尺、40 英尺

二、多项选择题

1. 下列与集装箱定义有关的是（　　）。

A. 具有足够的强度　B. 箱内货物不必换装

C. 便于货物装满或卸空　D. 具有 1 立方米及以上的容积

E. 可进行快速装卸和搬运

2. 集装箱运输的特点是指集装箱运输的（　　）。
A. 高效率　B. 高速性　C. 高质量　D. 高标准
E. 高起点
3. 集装箱货物的交接地点有（　　）。
A. 工厂或仓库　B. 集装箱堆场
C. 公路集装箱货运站　D. 铁路车站
E. 港口码头
4. 集装箱装载货物要符合（　　）的要求。
A. 重量的合理分布　B. 货物的必要衬垫
C. 货物的合理固定　D. 货物的合理混装
E. 箱型的正确选择
5. 集装箱货物运输的方式有（　　）。
A. 公路　B. 铁路　C. 水路　D. 航空
E. 联运
6. 铁路集装箱运输车辆有（　　）。
A. 全挂式　B. 半挂式　C. 梁架式　D. 车架式
E. 双层式
7. 铁路集装箱办理站的作业就是组织集装箱运输，办理（　　）等作业。
A. 运输　B. 装卸　C. 发到　D. 中转
E. 存放
8. 铁路集装箱的交接方法有（　　）。
A. 在车站货场交接　B. 在铁路专用线交接
C. 在集装箱货运站交接　D. 在港口集装箱堆场交接
E. 在铁路办理站交接
9. 航空集装箱运输的设备包括（　　）。
A. 货机　B. 航空集装箱　C. 航空用成组器　D. 箱式托盘
E. 柱式托盘
10. 整箱货的空箱一般由（　　）领取，拼箱货的空箱则由（　　）负责领取。
A. 货物托运人　B. 收货人　C. 集装箱货运站　D. 船舶所有人
E. 承运人
11. 在集装箱班轮进口货运中，船公司代理的工作包括（　　）。
A. 制作并寄送有关单证　B. 做好卸船准备
C. 签发提货单　D. 卸船与交货
12. 托盘按结果不同可分为（　　）几种类型。
A. 平板托盘　B. 箱式托盘　C. 柱式托盘　D. 轮式托盘

E. 框架式托盘

三、判断题

1. 集装箱运输在现代物流组织中发挥着越来越重要的作用。（ ）

2. 集装箱货物运输是国际贸易中最重要的一种运输方式，它适合于一切货物运输。（ ）

3. 铁路车站根据自己编制的集装箱装车计划装车，港口码头根据船舶积载图装船。（ ）

4. 承运人对装船的集装箱负有安全运输、保管、照料之责任。（ ）

5. 集装箱码头根据收货人出具的提单将集装箱货物交付收货人。（ ）

6. 国际货运上对托盘本身免收运费。（ ）

7. 托盘运输中必须在所有运输单证上注明“托盘运输”字样。（ ）

8. 包装件杂货物适宜于托盘运输。（ ）

四、区别题

1. 装货清单与载货清单

2. 提单与提货单

3. 提货通知与到货通知

4. 装货单与收货单

五、概念题

集装箱运输　托盘运输

项目四　特快专递与配送管理

知识目标

1. 掌握特快专递的特点、服务方式与作业流程
2. 了解邮政快递业务
3. 掌握配送的基本作业流程
4. 掌握车辆积载的原则和方法

技能目标

1. 能够根据特快专递特点做好特快专递服务
2. 能够按特快专递作业流程完成相应作业任务
3. 能够根据车辆配载原则和方法正确配载

任务一　了解特快专递的发展

各种运输工具的不断改进和发展，拉近了国家之间、地区之间、城乡之间的距离，扩大了政治、经济、文化的交流及信息传输，现代人生活和工作节奏的加快，对文件投递和货物运送速度的要求越来越高。为了适应经济的发展和人们的需求，出现了邮政速递、特快专递等快件运输。

一、认知国外特快专递业的发展状况

航空快件运输最早出现在美国，由三个大学生在 1969 年首创，迄今已有 40 多年历史。航空快件运输刚一出现就以其快捷、方便、安全的运输特点倍受工商界、金融界、贸易界、运输界及政府部门的青睐，因而在世界范围内迅速发展起来。目前业务普及到全世界 95% 以上的国家和地区，充分体现了环球后勤的服务特色。特别是在美国、日本、西欧等发达国家，发展更为迅速。仅在美国就有具有一定规模实力的国际、国内快递公司 50 余家，尤其是敦豪国际航空快递服务公司（DHL）、联合包裹运送服务公司（UPS）、联邦快递公司（FedEx）、纽约港货柜码头和纽约客运总站五家快件运输已成为美国现代城市生活不可缺少的重要组成部分。与此同时，各大快递公司为追求高效率的经营管理水平，都实现了科学化、现代化的管理。

二、认知我国特快专递业的发展

20 世纪 70 年代末期以来，航空快运业务在我国开始发展。中国对外贸易运输总公

司是我国第一家从事航空快运业务的公司。1979 年以来，该公司先后与 DHL、OCS、EMERY、UPS、FEDEX、TNT 等航空快运公司建立了快运业务关系，并成立了一批中外合资企业。20 世纪 90 年代中期台湾速递公司在我国珠江三角洲地区发展，带动了江苏、浙江两省国内快件运输的发展。特别是 1996 年以后，国内快递公司由南向北、由东向西形成了区域性快递派送网络。

随着科技的发展和社会的进步，传统物流模式逐渐向智能物流转型升级，在电商巨头、新锐公司和传统企业的激烈争夺之下，智能物流时代即将到来，而智能物流机器人则在其中扮演了重要角色。

据前瞻产业研究院《中国快递行业发展趋势与投资规划分析报告》数据显示，中国快递业务量从 2006 年的 10 亿件增长到 2016 年的 312. 8 亿件，增长近 30 倍。

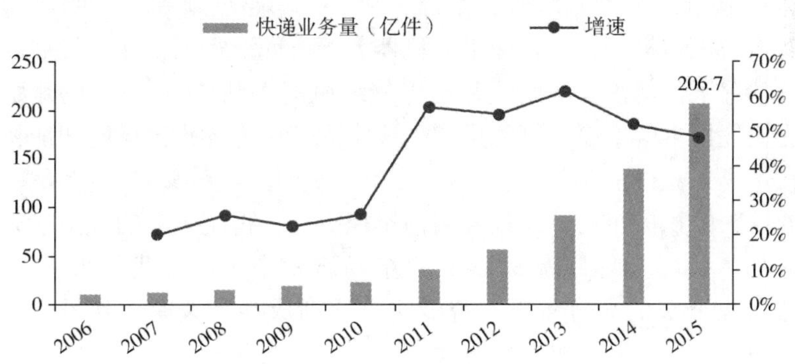

图 4-1　2006—2015 年中国快递业务量及增速

近年来，中国人口红利逐渐消失，人工智能席卷全球，科技的发展给不少传统行业带来巨变，物流行业就是其中之一。在“机器换人”风潮影响之下，如今的物流行业，正在不断从劳动密集型向技术密集型转变，从依赖人力的传统模式向依靠机器人的智能物流转型升级。

1. 电商巨头争相加码

过去几年，互联网的高歌猛进带动了电商行业不断发展，不少电商企业在收获海量订单的同时，也感受到巨大的物流压力。在这样的背景之下，京东、阿里等电商巨头率先加入到智能物流体系的建设之中，依靠智能机器人来破解物流难题。

京东在对物流前沿科技的研发上，可谓兴致高昂，刘强东一直以来都希望向外界展示出，京东其实是一家科技企业。近些年，其在物流科技方面最引人关注的当属“无人仓”的研发和应用，在“无人仓”中，大量的智能物流机器人协同作业，从 Delta 拣选机器人到搬运型 AGV 机器人，一系列机器人组成了完整的智慧物流场景。

近日，京东最新的仓储运输机器人飞马和搬运机器人地狼 AGV 也在亚洲一号仓库正式亮相，分拣机器人、智能叉车、智能机械臂等相关产品也得以规模化应用。据了解，通过人工智能、深度学习、图像识别、大数据等诸多技术的赋能，这些机器人能够适应不同的应用场景，完成各种复杂的任务。

而阿里作为国内又一电商巨头，其在智能物流机器人的布局上也不落人后。早在2016年，阿里就成立了菜鸟ET物流实验室，专门负责物流机器人的研发工作。时至今日，已经推出了配送机器人“小G”和分拣机器人“曹操”等多款产品。

从去年开始，随着阿里的机器人仓库在全国各城市落地开花，其机器人产品也实现了大规模的研发和应用，未来阿里对于智能物流机器人的投入也会越来越多。

2. 新老企业同台竞争

除了电商巨头的积极布局之外，不少初创企业也成为机器人智能物流发展的新生力量，而一些传统机器人和AGV公司，也不断展现出发力物流机器人的野心。

有数据显示，从2014年到2020年，全球物流机器人市场将从160亿美元扩大到313亿美元，机器人智能物流未来将是一个千亿的市场。

面对如此潜力，不少创业公司将目光投向了机器人物流市场。2016年一年，就涌现出了Geek+、快仓、灵动、水岩、立镖、智久、马路创新等一众明星初创企业，它们在分拣机器人、搬运机器人、仓储服务机器人等方面取得了快速的发展。而在智能物流已成趋势的情况下，新松、海康、井松等传统机器人和ACV公司也开始发力物流机器人领域。它们凭借本就雄厚的物流系统集成实力，向外界推出搭配智能机器人的物流解决方案，在市场上获得了显著成果。

随着电商巨头的积极布局，新锐公司的迅速崛起，传统企业的强势切入，如今，越来越多的企业加入到了智能物流机器人的布局研发中来。在我国大力推行中国制造2025以及企业转型升级的大背景下，智能物流逐渐成为了大家相互争夺的风口，而智能机器人则成为了行业发展的重要角色。

3. 快递业：“快”不会输，“绿”更能赢

随着快递、外卖的普及，人们在享受便捷生活的同时，也制造了海量的快递包装垃圾。日积月累，这些垃圾已逐渐成为威胁环境安全的“杀手”，带来了巨大的环保风险和资源浪费。快递包装垃圾泛滥已成为摆在我们面前的紧迫问题。

随着各大电商平台“618”购物节促销进入高峰，“每天扔两三个快递纸箱”成为不少消费者的生活常态。虽然快递、外卖给人们带来了更加方便快捷的生活，但随之而来的环境问题也越来越严重。

据前瞻产业研究院发布的《中国快递行业发展趋势与投资规划分析报告》数据统计显示，2017年全年中国快递业务量达到400亿件。预计到2018年中国快递业务量将近500亿件。仅2016年一年，包装快递所用胶带总长度就可以绕地球赤道425圈，纸板和塑料的实际回收率不到10%，包装物总体回收率不到20%。有数据显示，在我国特大城市中，快递包装垃圾增量已占到生活垃圾增量的93%，部分大型城市这一数字也达到了85%~90%。

要引导和支持更多企业参与“绿色快递”行动，推广应用可降解塑料袋等环保包装产品，加强物料管理和先进包装技术应用，进一步降低单位快件包装耗材。

从政策层面到各家巨头，大家推动绿色配送的决心相当一致。2018年5月1日起正式实施快递条例提出向绿色环保倾斜，明确鼓励使用可降解、可重复利用的环保包装材料，实现包装材料的减量化利用和再利用，为打造绿色物流提供了政策利好。

在企业层面，表现最为积极的是电商平台。2018 年 5 月底，由菜鸟牵头，阿里巴巴核心业务板块齐聚北京，共同宣布启动 2020 绿色物流计划。菜鸟网络总裁万霖表示，阿里巴巴有一个“小目标”——到 2020 年天猫直送业务所使用的快递袋全部升级为环保袋，淘宝和闲鱼上门取件业务所使用的环保快递袋覆盖 200 座城市。

积极响应绿色配送的还有物流企业和外卖平台。力争到 2020 年，在绿色运输、绿色包装等领域取得显著成效。例如，增设新能源车辆派送，可降解的绿色包装材料使用比例达 50% 等。美团方面则推出了有助于环保的“青山计划”，联合中国烹饪协会、中华环境保护基金会与百家餐饮外卖品牌共同发起“绿色环保外卖联盟”，推出“绿色环保十条”行业公约，并投入 300 万元成立“青山基金”。

任务二　熟悉特快专递业务

1. 认知特快专递的概念

特快专递是目前物流运输中较快捷的运输方式之一，它是由专门经营该项业务的货运代理公司与运输公司、航空公司合作，派专人以最快的速度在发件人、货运中转站或机场、收件人之间传递信件、物品等。特快专递无论从业务性质看还是从运输方式看都与普通货运基本相同，可以说是普通货运的分支。

特快专递的主要运作形式是门到门或称桌到桌服务。即由速递公司派人上门取件，送至机场委托航空公司空运，货到目的港机场后，由当地速递公司（或代理）提货，派送到收件人手中。

2. 认知特快专递的主要特点

特快专递作为一项专门的运输业务而独立存在，具有其他运输方式不能取代的业务范围和运输特点。下面就特快专递与空运门到门及 EMS 业务作一个简单的比较，从而看出特快专递业务的特点和作用。

（1）速递范围广。特快专递主要运输文件、小包裹。文件包括贸易合同、贸易发票、商务信函、运输票据（装船单据、提货单等）、银行票据、小件资料等；包裹包括机械小配件、贸易小样品、样衣、录像带、礼品、私人小行李等。特快专递承揽到的快件业务，通常是重量和体积都比较小的货物，能承揽到的大宗货物较少，不能受理私人信函。

邮政速递以私人信函为主，承揽到的远程大宗货物较少。

空运普货门到门承揽的一般都是大宗货物，品名单一。

（2）运输安全可靠。寄件人交寄货物时要实名认证、查验身份证，并通过手机微信扫码填写寄件人和收件人的相关信息，资料信息真实可靠。快递业务中的 POD，即交付凭证，是特快专递中最重要的单据，共分 4 联（也有多于 4 联的），第 1 联作为出口报关用，留存始发地；第 2 联贴在货物包装上，作为收货人核对货物的依据，并在随货单据丢失时可作为进口报关单据；第 3 联留存始发地快递公司，作为结算运费和统计的依据；第 4 联交发货人，作为发货凭证。国内快递公司也使用这种单据，作为签收记录

凭证。送递员在将快件交付收货人时，让其在 POD 上签上姓名、收货日期，送递员将签收的 POD 交电脑操作员录入电脑，以便发货人查询。

（3）运输快捷。办理特快专递业务的绝大部分是国际性跨国公司，只在极少数国家采取代理制。整个业务过程基本上是在公司内部完成的，便于协调、指挥，节省时间。特快专递在办理运输业务时，整个运输过程有专人负责，减少了内部交接环节，缩短了衔接时间。因此，递送速度快于空运的门到门和邮政速递业务。

空运普货门到门业务基本上是采取代理制，发货方为航空货运代理公司与收货方的航空货运代理公司通过代理协议来确立为派送合作关系。

国际 EMS 业务必须通过两个或两个以上国家（地区）的邮局之间的连续作业才能完成。由于运作环节多，效率不能不受到不同国家邮政业务效率的影响。

特快专递因是专业公司由专人负责操作单证，减少了内部交接环节，缩短了衔接时间，因而递送速递快于空运门到门和 EMS 速递业务。

（4）服务周到。从取货上门、代办包装、代办运输与报关手续到送货上门，收货人签收信息及查询结果，服务周全、及时。

3. 认知特快专递的主要运送方式

特快专递运送方式是立体式的，主要有航空、铁路、道路、水路运输等。货物流通派送区域广泛，通过二级、三级站中转、分拨，货物派送可以抵达乡村。这里主要介绍道路运送和航空运送。

（1）道路运送机动灵活、迅速、便捷，最适合“门到门”运送。

（2）航空运送运输速度快，在长距离货物运输上表现尤其突出。

4. 认知特快专递作业流程

特快专递作业流程可用图 4－2 表示。

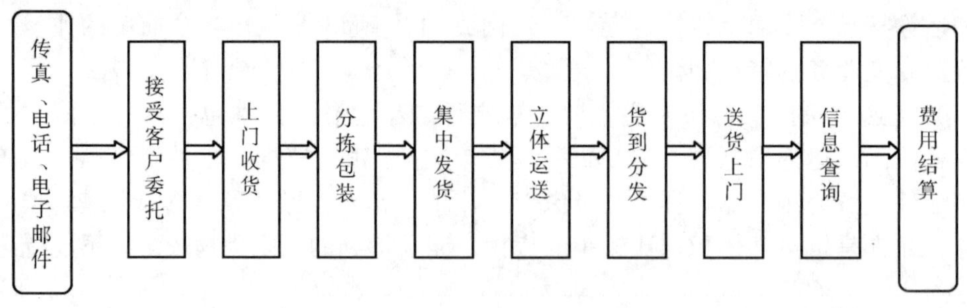

图 4－2　特快专递作业流程

任务三　邮政特快专递

一、认知邮政特快专递的特点

邮政特快专递（EMS）由万国邮政联盟创办，是各国邮政部门开办的一项特殊的邮政服务业务。该业务受各国法律保护，享有航运和海关验关优先权，是最迅速、最安全的邮政特种业务。EMS 全球邮政特快专递业务，以高速度、高质量为用户传递国际、国内的紧急信函、文件资料、金融票据、商品货样等各类文件资料和物品。

目前我国国际特快专递业务已与世界上 200 多个国家和地区建立了业务关系，国内已有近 2000 个大、中、小城市办理 EMS 业务。

使用 EMS 业务既可以到各邮电局交寄，也可以拨打 EMS“185”服务电话，即有专人专车上门收寄。EMS 选用最快捷的交通运输工具赶班发运并由专人专车投递到用户手中。此外，EMS 还提供代客包装、代客报关、代收货款、代上保险等一系列综合延伸服务。

邮政特快专递（EMS）的特点：

①“特”：通过邮政通信企业内部特殊的生产组织办法、特殊的经营政策、特殊的服务方式。

②“快”：运用最快捷的运输工具进行传递。国内特快专递邮件在大城市之间一般只需 2～3 天即可到达；国际特快专递邮件只需要 3～5 天。

③“专”：由专人收寄、专门机构处理、专车投送、直接送到收件人手中。

④“递”：在发件人、货运中转站或机场、收件人之间传递信件、物品等。

目前，邮政特快（EMS）的网络已遍及全国 1000 多个市县和全球 250 多个国家及地区。邮政特快专递坚持“迅速、准确、安全、方便”的服务方针，以优质的服务为广大用户提供最快捷安全的实物信息传递，以帮助用户在各项经济活动、文化事业交流和通信联系方面得到方便，帮助用户决胜于千里之外。

二、认知 EMS 特快专递业务种类及准寄范围

1. EMS 特快专递业务种类

（1）按内件性质分。

①信函：具有个人现时通信内容的信件。

②文件资料：商业合同、工程图纸、照片、照相复制品、金融票据、有价证券（不包含各国货币和无记名支票）、证书、单据、报表及手稿文件以及全部用印刷方式印刷、复制的各种纸质制品。

③物品：所有适合邮递的货样、馈赠的礼品及其他物品。

（2）按寄送种类分。

①同城快递业务。同城快递业务是指城市区域内互寄的特快专递邮件业务。同城快递业务坚持特快专递“特”“快”“专”“递”的特性，采用特殊服务方式，专门作业组织，确保邮件快速传递。目前同城特快业务主要有航空货运提货单、身份证、录取通知书、法院传票、护照等单证照类的寄递业务。

②邮政电子信函业务。邮政电子信函业务是邮政 EMS 与现代电信传输技术结合的一项新型邮政速递业务。它的交寄和投递均采用邮政特快专递服务方式，中间运递过程被高速电子信息传输所取代，所以全程时限一般仅需几个小时。

我国于 1985 年开办了这项业务，目前国内已有 600 多个城市办理国际、国内电子

信函业务。国际电子信函业务已通达近40个国家和地区。

③国际特快送款业务。国际特快送款业务是EMS为满足国内外客户临时急需中、小额外汇或人民币现金提供的一种新型速递业务。无论在国内还是国外，邮政快递通过先进的计算机网络提供快速汇款服务。提供的WILL CALL服务可以使客户在几分钟内领取到对方汇出的外汇或人民币现金。

目前，这一业务已服务于全球140多个国家和地区，拥有30000多个服务网点。我国开办这一业务的城市有北京、上海、大连、青岛、西安、乌鲁木齐、杭州、南京、成都、重庆、福州、厦门、长沙、广州、海口、哈尔滨、昆明、深圳、苏州、温州、武汉、无锡等，随着业务的发展还将不断扩大开办范围。

④国际特快专递收件人付费业务。简称“国际特快到付业务”，其特点是传递国际特快专递邮件所需的各种费用（包括邮资、清关费用等）由收件人支付，而无需由寄件人承担。但寄件人在交寄邮件时必须填写一份“信誉保证单”，承诺在遇到收件人拒收邮件或拒付邮资等情况时，寄件人承担全部邮寄费用及所产生的一切相关费用。国际特快到付业务的收费标准与普通国际特快专递邮件的收费标准相同。

⑤国内超常规特快专递邮件业务。国内超常规特快专递邮件业务是指重量、尺寸超过国内特快专递邮件一般规定的一种特快专递业务。

国内超常规特快专递邮件单件最大长度为1.5米，最大重量为60千克。目前我国已有206个城市可办理国内超常规特快专递邮件业务。

⑥国内特快专递代收货款业务。国内特快专递代收货款业务是邮政速递部门针对邮购业的发展需要而推出的一项邮政速递延伸服务业务。其中心内容是：邮政速递部门与邮购公司协议，按照协议，邮购公司将客户订购的货品交付邮政速递部门寄递，并由邮政速递人员在上门投递的同时，代邮购公司向客户收取货款，邮政速递部门再定期将代收的货款结付给邮购公司。货到付款把消费者和销售企业的邮购风险降到最低点，能够激发消费者的邮购热情，让消费者足不出户就放心地订购本地、异地或国际商品。

⑦国内特快专递收件人集中付费业务。国内特快专递收件人集中付费业务是为分散交寄、集中纳费的大客户提供的一种特殊服务。

2. EMS特快专递禁寄和限寄物品

（1）有爆炸性、易燃性、腐蚀性、毒性、酸性和放射性（包括同位素及容器）的各种危险物品。如：雷管、火药、爆竹、汽油、酒精、煤油、桐油、生发水、火柴、生漆、强碱、农药等。

（2）麻醉药物和精神药品。如：鸦片、吗啡、可卡因等。

（3）国家法令禁止流通或寄递的物品。如：军火武器、警具、金银等。

（4）妨碍公共卫生的物品。如：尸骨（包括骨灰），未经硝制的兽皮，未经药制的兽骨，未经消毒的动物器官、肢体或骨骼等。

（5）容易腐烂的物品。如：鲜肉、鲜鱼、鲜蛋、鲜水果、鲜蔬菜等。

（6）反动报刊书籍、宣传品和淫秽物品等。

（7）翻版音像制品。如：翻版CD、LD等。

（8）各种活的动物（但蜜蜂、水蛭、蚕、医药卫生科学研究机构封装严密并出具证明交寄的寄生虫以及作为药品用以杀灭害虫的虫类，不在此限）。

（9）人民币及各种外币。

（10）不适合邮递条件的怕震易损物品。如：精密仪表、计量电表、显像管、电视机、计算机、灯泡、灯管、热水瓶等。

（11）包装不妥可能危害人身安全和污染或损毁其他邮件、设备的物品。

3. 最大重量及尺寸限度

（1）最大重量限度。

国内：30 千克。

国际：20 千克（寄达国另有规定的除外）；易碎、流质物品的为 10 千克；整件无法拆开分装的物品，可放宽到 28 千克。注：超常规业务可放宽到 60 千克。

（2）尺寸限度。

国内邮件：

信函类：信封长 324 毫米，宽 229 毫米；银行专用信封另有规定的标准。

文件资料类：无法装入标准信封、厚度不超过 100 毫米的文件资料可使用两层以上坚韧的包装袋、起墙袋内交寄；封面长度不小于 215 毫米，宽度不小于 130 毫米。

物品类：纸质包装箱长度不得超过 1050 毫米，长度及长度以外最大横周合计不超过 2000 毫米。包装箱至少有一个面的尺寸不少于 215 毫米 ×130 毫米。特殊物品需用圆型卷包装时，长度不小于 300 毫米，直径不小于 60 毫米。长度与直径的两倍合计不超过 1040 毫米。

国际邮件：

信函类：信封长 324 毫米，宽 229 毫米。

物品类：长方形：长度不小于 250 毫米，不大于 1050 毫米。宽度不少于 170 毫米，长度及长度以外最大横周合计不超过 2000 毫米。圆卷型：长度不小于 300 毫米，不大于 900 毫米。直径不小于 60 毫米，直径的两倍和长度合计不超过 1040 毫米（以上尺寸的公差均为 2 毫米）。注：超常规业务尺寸长度不得超过 1500 毫米，长度及长度以外最大横周合计不得超过 3000 毫米。

（3）封装要求

信函类：使用特快专递专用信封封装。

文件资料类：扁平 10 毫米内的文件资料与信函同；超过 10 毫米的文件资料用线“#”字包扎；超过 100 毫米的文件，须用硬纸板垫撑。

物品类：与包裹封装相同。

三、认知国内特快专递邮件资费

以北京局为例，其他局请按照分省资费表中本省部分印制对外张贴的资费表。

表4-1 国内特快专递业务资费表

收寄地	寄达区			
	起重500克及以内	每续重500克或其零数		
		一区（6元）	二区（9元）	三区（15元）
北京	20元	北京 天津 河北 山东 内蒙古 山西 辽宁 河南 吉林 安徽 江苏 陕西 宁夏 上海 湖北 浙江 甘肃 江西 湖南 黑龙江	福建 四川 重庆 青海 广东 贵州 广西 云南 海南	新疆 西藏

表4-2 国内邮政特快专递资费表

重量（公斤）	资费		
	1区	2区	3区
0.5	20	20	20
1.0	26	29	35
1.5	32	38	50
2.0	38	47	65
2.5	44	56	80
3.0	50	65	95
3.5	56	74	110
4.0	62	83	125
4.5	68	92	140
5.0	74	101	155
5.5	80	110	170

表4-3 常规国内特快专递邮件资费表

起重资费	续重资费
起重200克20元	1千克以内邮件或1千克以上且运距超过1000千米的省际邮件每续重200克或其零数6元
	1千克以上的省内邮件或运距不超过1000千米的省际邮件其超过1千克部分每续重200克或其零数4元

表4-4 超常规国内特快专递邮件资费表

	基本资费（指30千克常规邮件资费）	续重资费
省内或距离不超过1000千米的省际邮件	624元	每续重500克或其零数5元
运距超过1000千米的省际邮件	914元	每续重500克或其零数10元
进出西藏、新疆	914元	每续重500克或其零数15元

任务四　配送

1. 认知配送

（1）配送的概念。配送是指将顾客所需的货物通过运输工具及一定的运输路线和其他基础设施送达顾客手中的活动。

（2）配送的基本作业流程。①划分基本配送区域；②车辆配载；③暂定配送先后顺序；④安排车辆；⑤选择最佳的配送路线；⑥确定最后的配送顺序；⑦完成车辆积载。

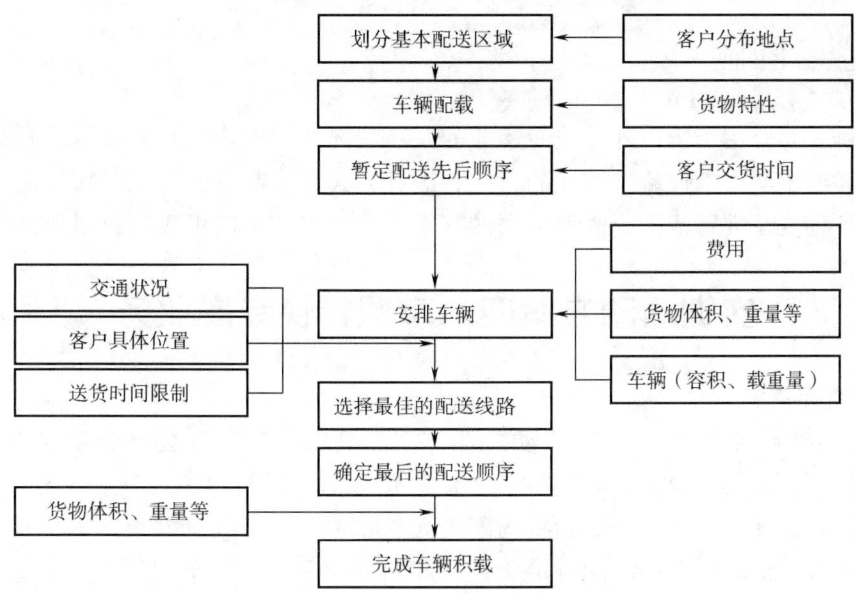

图 4－3　配送基本作业流程图

2. 认知配送车辆调度

（1）车辆调度工作的作用。通过车辆调度工作能够保证运输任务按期完成，并能及时了解各项运输任务的执行情况。通过合理选择车辆调度方法，能够以最小的运力或最低的成本达到配送服务水平，能够促进运输及相关工作的有序进行。

（2）车辆调度的基本原则。①坚持统一领导和指挥，分级管理，分工负责的原则；②坚持从全局出发，局部服从全局的原则；③坚持以均衡和超额完成生产计划任务为出发点的原则；④最低资源（运力）投入和获得最大效益的原则。

在车辆调度过程中，可能会出现计划之外的情况发生，在调整计划时要遵循少数服从多数，整体大于局部的原则，保证多数计划、整体计划、主要环节、长远计划不变的基础上对计划做出调整。同时也要注意宁打乱可缓运物资的运输计划，不打乱急需物资的运输计划；宁打乱整批货物的运输计划，不打乱配装货物的运输计划；宁使企业内部工作受影响，不使客户受影响。

（3）车辆调度的方法。简单的运输可采用定向专车运行调度法、循环调度法、交叉调度法等。如果运输任务较重，交通网络较复杂时，为合理调度车辆的运行，可运用运筹学中线性规划的方法，如最短路径法、表上作业法、图上作业法等。

3. 认知车辆积载

所谓车辆积载就是指综合考虑货物的性质、车辆空间的利用、货物的安全性等因素，将货物按照一定次序将货物装车。

（1）车辆积载的原则。①轻重搭配；②大小搭配；③货物性质搭配；④到达同一地点尽可能一次积载；⑤确定合理的堆码层次及方法；⑥不允许超过车辆所允许的最大载重量；⑦积载时车厢内货物重量应分布均匀；⑧应防止车厢内货物之间碰撞、沾污。

（2）车辆积载的方法。车辆积载要充分考虑车辆的装载容积与额定载重。

■ 总结与回顾

本项目主要介绍了国内外特快专递业的发展状况，几家著名的美国快递公司及其成功的启示。要求学生掌握特快专递的特点、服务方式与作业流程，了解邮政快递业务的特点、业务种类及准寄范围，掌握配送的基本作业流程及车辆积载的原则和方法。

实训活动方案四　掌握特快专递业务

1. 活动准备

（1）人员分工：按物流实训活动总体方案组建的公司，以公司为单位开展活动，公司内部进行人员具体分工，并注意一个流程结束后，进行角色互换。①寄件人 1 人；②营业员 3 人，核对运单 1 人、验货司磅 1 人、收费 1 人；③仓储员 3 人，检查包装 1 人、入库 1 人、清库 1 人；④配货员 2 人，计划调度 1 人、装车配载 1 人；⑤卸货员 2 人，卸货 1 人、送货 1 人；⑥收货人 1 人。

（2）资料准备：中国交通地图、客户寄件简明记录表、运费结算清单等。

（3）案例放送：国内资费标准：起重 500 克及 500 克以下，资费 20 元；500 克以上跨省（含自治区、直辖市）邮件的续重资费实行分区计费，即按照省会城市间空间运距，将邮件寄达地以省为单位划分计费区，分别执行不同的资费标准：一区（1500 千米及以内）为 6 元；二区（1500 千米以上至 2500 千米）为 9 元；三区（2500 千米以上）为 15 元。表 4－5 是国际及港澳台特快专递业务资费表。

表 4－5　国际及港澳台特快专递业务资费表（自 2007 年 7 月 1 日起执行）

单位：元

资费区	国际及港澳台特快专递邮件通达国家和地区	起重 500g		续重 500g 或其零数	中速快件通达国家和地区
		文件	物品		
一区	香港、澳门	90	30	30	
二区	日本、韩国、蒙古	115	180	40	
三区	马来西亚、新加坡、泰国、越南、柬埔寨	130	190	45	印度尼西亚、菲律宾
四区	澳大利亚、新西兰、巴布亚新几内亚	160	210	55	文莱、新喀里多尼亚

2. 活动方案

（1）根据资料，每组（模拟公司）温习相关知识，按能力目标、知识目标，整理所收集的资料。

（2）熟悉特快专递的作业流程和主要单证及其流转。

（3）在学院教室或实训室明确本活动的工作任务：指定扮演角色，完成作业流程及单证的流转。特别注意收件办理手续，做到细致入微，服务热情周到，送件及时准确。

课堂训练四

一、单项选择题

1. 1979 年 6 月，日本海外新闻普及株式会社率先与（　　）签订了中国第一个快件代理协议。

A. 中国对外贸易运输公司　　B. 远洋运输总公司

C. 中国海洋运输总公司　　D. 中国集装箱货物运输公司

2. 1907 年由 19 岁的詹姆斯·凯西借了 100 多美元，和几个朋友在西雅图创办了一家投递公司取名（　　）。

A. DHL　　B. UPS　　C. FedEx　　D. JD

3. （　　）是快递服务组织依法收寄并封装完好的信件和包裹等寄递物品的统称。

A. 物品　　B. 行李　　C. 快件　　D. 物件

4. 快件安全内容不包括：（　　）防止丢失。

A. 防止损毁　　B. 防止被盗　　C. 防止泄密　　D. 防止退件

5. 下列表示“中国东方航空公司”的标志是（　　）。

A. WZ　　B. CZ　　C. MU　　D. SZ

6. 在企业资质方面规定，企业要最低雇用（　　）名合格员工，才准予开业。

A. 10　　B. 15　　C. 20　　D. 25

7. 始发地离目的地距离不超过（　　）千米的快件，一般使用公路运输方式。

A. 800　　B. 1000　　C. 1200　　D. 1500

8. 对于轻泡快件，量取快件各边长度时，最小单位为（　　）厘米。

A. 1　　B. 2　　C. 3　　D. 4

9. 业务员在派件时主要关注的是（　　）是否有歧义。

A. 是否是禁限物品　　B. 收件人地址　　C. 付款方式　　D. 客户签字

10. 包装箱至少有一个面的尺寸，长度不少于 215 毫米，宽度不少于（　　）毫米。

A. 100　　B. 60　　C. 130　　D. 150

二、多项选择题

1. 特快专递的主要特点是（　　）。

A. 速递范围广泛　　B. 质量安全可靠　　C. 运输及时快捷　　D. 服务周到全面

2. 特快专递运送方式是立体的，主要由（　　）等运输方式组成。

A. 航空　　B. 铁路　　C. 公路　　D. 水路

3. 邮政特快专递业务种类，按内件性质分为（　　）。

A. 信函　　B. 文件资料　　C. 同城快递　　D. 物品

三、判断题

1. 收寄流程，是指业务员从客户处取件的全过程，包括验视、包装、运单填写和款项交接等环节。(　　)

2. 网点收寄，客户完成快件包装和运单填写，运单、快件、款项交接就可以了。(　　)

3. 服务范围是指快递企业寄递服务所覆盖的地理区域范围，也就是快件的收派范围。(　　)

4. 计费重量选择实际重量和体积重量两者之中较高者。(　　)

5. 航空运输在长距离递送快件的速度方面优势明显。(　　)

6. 快件保价，是指客户向快递企业声明快件价值。(　　)

7. 客户填写的快件声明价值适当可以超出本企业规定的最高赔偿价值限制。(　　)

8. 快递运单，是快递企业为寄件人准备的，由寄件人或其代理人签发的重要运输单据。(　　)

9. 查询渠道主要有网站查询、电话查询、网点查询三种方式。(　　)

10. 禁运品分为：危险品，运输风险大的物品和国家命令禁止运输的物品三大类。(　　)

11. 快件包装物品时，如果没有什么更好的包装材料，可以用报纸包装。(　　)

12. 资费是快递企业在为寄件人提供承运服务时，以快件的重量为基础，向客户收取的承运费用。(　　)

四、概念题

配送

项目五　联合运输管理

知识目标

1. 了解联合运输的特征、优越性及业务组织形式
2. 掌握国际多式联运的特点、实施的条件
3. 熟悉联合运输的业务程序、国际多式联运的方式

技能目标

1. 能够按联合运输的业务程序组织国际多式联运
2. 能够进行联合运输的业务

任务一　了解联合运输

传统的货物运输组织由于连贯性不好、协作成本高等缺点，影响了大宗战略物资的转移，阻碍了国际贸易的发展，已经不能够满足社会经济发展的要求。随着科学技术的不断进步、经营管理方法的不断创新，联合运输得到了快速发展。

一、认知联合运输的概念和特征

货物从起运地到最终目的地的完整运输过程（以下简称全程运输）一般不是一程或一种运输方式就能够完成的，多数情况下需要使用两程或两种方式以上的运输工具来完成。自从铁路、道路、海运、内河运输、航空、管道等运输方式产生以来，已经形成了符合自己特点的、行之有效的运输组织和营运管理的技术与方法。在很长一段历史时期，各种运输方式的承运人仅限于在自己的业务范围内独立组织，完成各项运输任务。对于货物的全程运输，一般则是由货方（卖方、发货人或买方、收货人）和所涉及的不同运输区段、不同运输方式的承运人共同完成。

在这种传统的货物分段运输组织形式下，运输组织中的大部分工作都是由货方及其代理人安排完成的。货方为完成货物的全程运输，需要与各区段的承运人分别订立运输合同，多次结算费用，多次办理保险，并负责各段间的运输衔接工作，而各种方式的承运人仅负责组织、完成各该区段的货物运输。这种运输组织形式，不仅货方需要付出足够多的人力、时间和费用，而且可能由于对综合运网情况、对承运人营运线路、班次安排及全程运输中涉及的各个环节等各种手续不够熟悉而造成运输时间过长和运输费用增大，甚至造成不合理运输。

针对传统的全程运输组织形式存在的问题，一些政府机构，各种运输方式的运输企业，各种类型的服务企业，根据某些大宗战略（重点）物资运输的需要或适应运输市场竞争的需要，根据综合运输和为货主提供最大限度的方便与全面服务的全新运输经营思想，提出并实践了一种新的货物全程运输组织形式，即由一个机构或一个运输经营人对货物运输全程负责，完成和组织完成从起运地开始至最终目的地为止的期间内所涉及的全部运输、运输衔接和运输服务业务。

1. 联合运输的概念与内容

联运经营人以一个单一的运输合同，一次交付费用，办理一次保险，通过两种以上运输工具（包括不同归属的同一种运输工具），负责将货物从发货地运到收货地的货物运输过程，一般称为联合运输。经营联合运输业务的运输企业，一般称为联运经营人。联合运输（亦简称联运）是综合运输思想在运输组织领域的体现，是综合性的运输组织工作。这种综合组织是指在一个完整的货物运输过程中，不同运输企业、不同运输区段、不同运输方式和不同运输环节之间的衔接和协调组织，其内容主要包括以下几个方面：

①全程运输中使用两种或两种以上运输工具（方式）的运输衔接。

②全程运输中使用同一种运输工具两程或两程以上的运输衔接。

③全程运输中使用一种运输方式多家经营和多种运输方式联合经营的组织衔接。

④全程运输中所涉及的货物生产、供应、运输、销售企业的运输协作组织。

可见，联合运输是一种新的运输组织形式，是在旅客和货物多次中转的运输过程中，在不同运输区段、不同运输方式的结合部（中转、换装地点）发挥纽带、贯通和衔接作用。联合运输的运输组织工作，除上述衔接性工作外，还包括把原来由旅客、货主自己（或委托代理人）订立的运输合同，办理货物交接和各种手续及运输服务事宜，改由联运企业或联运管理机构统一组织办理。在联合运输组织业务中，联合是核心，衔接与协作是关键。

联合运输包括运输协作和联运两个部分，联运的生产活动是在“线”上进行的，运输协作是在“点”上进行的。关于运输协作的内容，还没有全国统一的规定，本章中主要介绍联运的内容。联运组织工作过程，实际上是各种运输方式合理分工和协作的过程。在选择全程运输的运输线路和选择各区段的运输方式过程中，不仅要考虑每一种运输方式的技术经济特性，更应充分考虑各种运输方式之间优势互补和由不同运输方式组成的运输路线的整体功能，把不同运输方式的不同企业结合成一个整体，以提供优质、方便、高效的全程运输服务。

2. 联合运输的基本特征

联合运输与传统的单一方式、单程运输有很大区别，其基本特征主要有：

（1）全程性。联合运输是两种以上运输方式或单一方式两程以上的连续运输组织，联合运输经营人或联运管理机构要负责从接受货物托运、各区段运输、各区段运输衔接，直到货物交付期间的全部运输及相关服务业务，并对运输全程负责。

（2）简便性。货主只要与联合运输经营人订立一份运输合同，办理一次托运，一次结算全程费用，通过一张运输单据就可以实现货物的全程运输。与传统的分段运输比较，货主需要办理的手续大为简化，节约了发货方的人力与时间，提高了社会综合经济

效益。

（3）通用性。联合运输中所使用的商务活动模式与规则，运输所依据的国际、国内法规，合同的性质作用，使用的单证文件等都必须具有通用性，使之能适应不同运输方式、不同企业及其衔接的工作需要。

（4）代理性。联合运输企业（联合运输经营人）与发货方订立全程运输合同，对全程运输负有责任，是通过分别与其他运输企业（一般称为实际承运人）订立分区段的运输合同（一般称为分运或分包合同），借助其他运输企业的力量完成各段的运输。它的全程运输组织工作的主要内容是：提供服务与组织衔接，与运输代理企业的业务内容相似。

（5）协同性。搞好联合运输依赖于生产、供应、运输、销售、金融、通信等部门及集、装、运、转、卸、疏等环节的紧密协作与配合。这种协同性不仅体现在运输组织和管理上协调一致，而且也体现在技术装备（港、站、库、场、集疏运系统）的相互配套，同步建设、协调发展。这种协同性是联合运输发展的必要条件。

二、认知联合运输的类型

按照联合运输的组织方法来分类，有协作式的联合运输和衔接式的联合运输。

按照联合运输的地域来分，可分为国内联合运输和国际联合运输。

按照运输方式在运输中的不同组合来划分，可分为多式联运和多程联运，多式联运：海陆联运、公铁联运、空铁联运、海空联运等。多程联运：江、海联运，江、海、河联运，公、公联运等。

按照联运货物的种类分为大宗物资联运、零担货物联运和集装箱联运。

以上是几种对联运进行的一般分类，在我国，现在开办的联运业务主要有以下几种：

①铁水干线货物联运，按照《铁路和水路货物联运规则》办理的联运。把全国的铁路运输网和沿海、长江以及部分内河干线的水运网，组成一个全国性的铁、水联运网。联运的主要形式有水↔铁、水→铁→水、铁→水→铁。

②海江河联运，按照《水路货物运输规则》中《海江河联运》办理。它是水路运输部门内河航区间的联运。主要形式为江↔河、江↔海、江↔海↔河等。

③干、支线（包括支线之间）的联运，主要形式有铁↔公、海↔公、河↔公、公↔航空、水↔航空、地方铁路↔铁路、地方铁路↔道路，等等。

④百杂货干线联运，按干线联运规则办理，组织定期海、江班轮与铁路联运，其特点是把生产、供应、运输、销售有机地结合起来，纳入“一条龙”运输活动。其主要形式：海↔铁、江↔铁。

⑤国际联运，在后面的国际多式联运中将详细地介绍。

三、认知联合运输的优越性

与传统运输方式相比较，联合运输具有以下优点：

（1）便捷、节约费用。对于货主而言，由于联合运输手续的简便性、运输组织的全程性和规则的通用性，极大方便了货主。同时，货主不再亲自办理，节约了时间和差旅费。

（2）提高运输效率。对于运输企业而言，联合运输把各种运输方式有机地结合起来，沟通彼此之间的横向联系，有利于挖掘运输企业的潜力，提高运输企业的经济效益。

（3）降低物流成本。对于整个社会而言，降低了物流成本，梳理了流通渠道，促进各地的经济发展，增强了我国商品在国际市场上的竞争力。

任务二　熟悉联合运输业务的运行机制

一、认知联运公司主要业务

目前联合运输方式一般都是多式联运，多式联运的全过程就其工作性质的不同，可分为实际运输过程和全程运输组织业务过程两部分。实际运输过程是由参加多式联运的各种运输方式的实际承运人完成的。各种运输方式的运输过程和运输组织在前面已经详细讲过，这里主要了解全程运输组织业务过程。

全程运输组织业务过程是由多式联运全程运输的组织者——多式联运企业或机构完成的，主要包括全程运输所涉及的所有商务性事务和衔接服务性工作的组织实施。全程运输组织业务过程主要由三个业务环节组成，即：货物在发运地的承运业务、货物在不同运输工具运输过程衔接点的中转业务、货物在收货地的交付业务。就其组织体制来说，可以分为协作式联运和衔接式联运两大类。

1. 协作式多式联运的运输组织方法

协作式多式联运的组织者是在各级政府主管部门协调下，由参加多式联运的各种方式运输企业和中转港站共同组成的联运办公室（或其他名称）。货物全程运输由该机构制定，这种联运组织下的货物运输过程如图 5－1 所示。

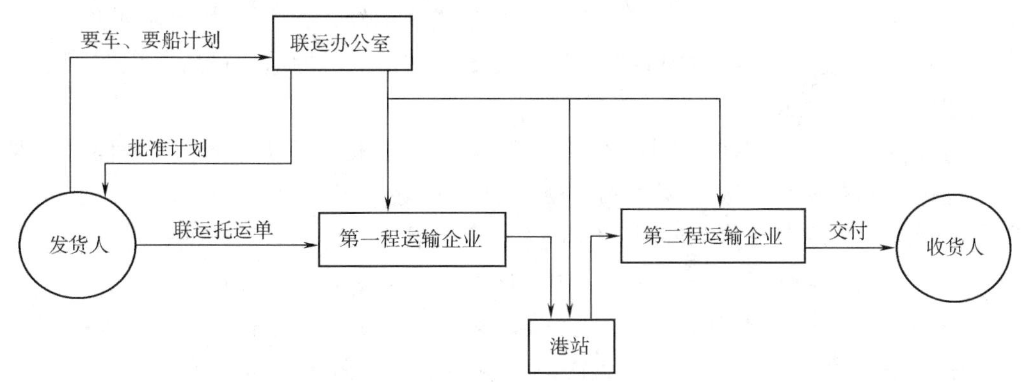

图 5－1　协作式多式联运过程示意图

在这种组织体制下，全程运输组织是建立在统一计划、统一技术作业标准、统一

运行图和统一考核标准基础上，而且在接收货物运输、中转换装、货物交付等业务中使用的技术装备、衔接条件等也需要在同意协调下同步建设或协调解决，并配套运行以保证全程运输的协同性。第一程运输企业接收货物后经过双方签字，联运合同即告成立。

这种联合运输的组织体制，也称“货主直接托运制”，是国内过去和当前多式联运（特别是大宗、稳定、重要物资运输）中主要采用的组织方法。

2. 衔接式多式联运的运输组织方法

衔接式多式联运的全程运输组织业务是由多式联运经营人——MTO（multimedia transport operator）完成的，其货物运输过程如图 5 -2 所示。

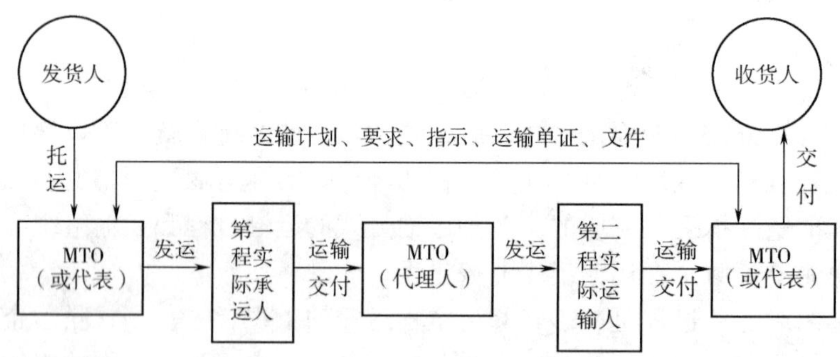

图 5 -2　衔接式多式联运过程示意图

这种组织方式，由多式联运经营人受理发货人提出的托运申请，双方订立货物全程运输的多式联运合同，并在合同指定地点（发货人的工厂或仓库，或货运站、中转站、堆场、仓库）办理货物的交接，多式联运经营人签发多式联运单据。接受托运后，多式联运经营人首先要选择货物运输路线，划分运输区段（确定中转、换装地点），选择各区段的实际承运人，确定零星货物集运方案，制订货物全程运输计划，并把计划转发给各中转衔接地点的分支机构或委托的代理人。然后根据计划与各运程的实际承运人分别订立货物运输合同。全程各区段间的衔接，由多式联运经营人（或其代表或其代理人）从前程实际承运人接受货物再向后程承运人交接，在最终目的地从最后一程实际承运人接受货物后再向收货人交付。

在与发货人订立多式联运合同后，多式联运经营人根据双方协议，按全程单一费率收取全程运费和各类服务费、保险费（如需多式联运经营人代办的）等费用。在与各区段实际承运人订立各分运合同时，需向各实际承运人支付运费及其他费用。在各衔接地点委托代理人完成衔接服务业务时，也需向代理人支付委托代理费用。

这种多式联运组织体制下，承担各区段货物运输的运输企业的业务与传统运输分段运输形式下完全相同，各区段的运输衔接工作由多式联运经营人负责，这与协作式体制下各区段运输企业还要承担运输衔接工作有很大的区别。衔接式多式联运又叫“运输承运发送制”，目前在国际货物多式联运中主要采用这种体制，在国内采用这种体制的也越来越多。随着我国经济体制的改革，我国将普遍采用这种多式联运运输体制。

二、认知联合运输的业务程序

联合运输的业务主要由运输组织和实际运输过程两部分组成，由于实际运输过程比较简单，这里我们仍然主要讨论运输组织的业务程序。

联合运输按照区域来分，可以分为国内和国际。这里先介绍国际的多种运输方式联合运输的业务程序，国际多式联运经营人是全程运输的组织者。其余各种联合运输都可以借鉴这种程序，只不过减少部分环节而已。在国际多式联运中，其主要业务及程序如下：

（1）接受托运申请，订立多式联运合同。如前所述，从国际多式联运经营人受理托运申请，至在交给发货人（或代理）的场站收据的副本联上签章，以证明接受委托。多式联运合同即告成立并开始执行。发货人或其代理人根据双方就货物交接方式、时间、地点、付费方式等达成的协议填写场站收据，并交由国际多式联运经营人办理编号手续。

（2）空箱的发放、提取及运送。国际多式联运中使用的集装箱一般应由国际多式联运经营人提供。如由发货人自行装箱，则国际多式联运经营人应签发提箱单（或由租箱公司或分运人签发提箱单）交给发货人或其代理人在规定日期、指定的堆场提箱并拖运至装箱地点。发货人亦可委托国际多式联运经营人办理从堆场到装箱地点的空箱拖运。如果是拼箱货或是整箱货但发货人不能自装时，则由国际多式联运经营人将所用空箱调运至接收货物的集装箱货运站。

（3）出口报关。若多式联运从港口开始，则在港口报关。若从内陆地区开始，应在附近的内地海关办理报关。出口报关事宜一般由发货人或其代理人办理，也可委托国际多式联运经营人代为办理（这种情况需加收报关服务费及报关手续费，并由发货人负责海关派员所产生的全部费用）。报关时应提供场站收据、装箱单、出口许可证等有关单据和文件。

（4）货物装箱及接收货物。发货人可以自行装箱，装箱工作一般要在报关后进行，并请海关派员到装箱地点监装和办理加封事宜。如需理货，还应请理货人员现场理货并与之共同制作装箱单。发货人也可委托国际多式联运经营人或货运站装箱（指整箱货情况）。如果是拼箱货物，发货人应负责将货物运至指定的集装箱货运站，由该站按国际多式联运经营人的指示装箱。无论装箱工作由谁负责，装箱人均需制作装箱单，并办理海关监装与加封事宜。对于货主自装的整箱货物，发货人应负责将货物运至双方协议规定的地点，由国际多式联运经营人或其代表（包括委托的堆场业务员）在该地点接收货物。如果是拼箱货，由国际多式联运经营人在指定的集装箱货运站接收货物。验收货物后，代表国际多式联运经营人收货物的人应在场站收据正本上签章并将其交给发货人或其代理人。

（5）订舱及安排货物运送。国际多式联运经营人在合同订立之后，应制订该合同涉及的集装箱货物的运输计划。该计划包括货物的运输路线、区段的划分、各区段实际承运人的选择及各区段间衔接地点的到达、起运时间等内容。这里所说的订舱泛指国际

多式联运经营人要按照运输计划安排各区段的运输工具，与选定的各实际承运人订立各区段的分运合同。这些合同的订立由国际多式联运经营人本人（派出机构或代表）或委托的代理人（在各转接地）办理，也可请前一区段的实际承运人作为代表向后一区段的实际承运人订舱。

（6）办理保险。在发货人方面，应投保货物运输险。该保险由发货人自行办理，或由发货人承担费用，由国际多式联运经营人代为办理。货物运输保险可以是全程，也可分段投保。在国际多式联运经营人方面，应投保货物责任险和集装箱保险，由国际多式联运经营人或其代理人向保险公司或以其他形式办理。

（7）签发多式联运提单，组织完成货物的全程运输。国际多式联运经营人的代表收取货物后，应向发货人签发多式联运提单。在把提单交给发货人前，应注意按双方议定的付费分工及内容、数量向发货人收取全部应付费用。国际多式联运经营人在接收货物后，要组织各区段实际承运人、各派出机构及代表人共同协调工作，完成全程各区段的运输、各区段之间的衔接工作、运输过程中所涉及的各种服务性工作和运输单据、文件及有关信息传递等组织和协调工作。

（8）运输过程中的海关业务。按惯例国际多式联运的海关业务主要包括货物及集装箱进口国的通关手续，进口国内陆段保税（海关监管）运输手续及结关等内容。如果陆上运输要通过其他国家海关和内陆运输线路时，还应包括这些海关的通关及保税运输手续。这些手续一般由国际多式联运经营人的派出机构或代理人办理，也可由各区段的实际承运人作为国际多式联运经营人的代表代为办理。由此产生的全部费用应由发货人或收货人负担。如货物在目的港交付，则结关应在港口所在地海关进行。如在内地交货，则应在口岸办理保税（海关监管）运输手续，海关加封后方可运往内陆目的地，在内陆海关办理结关。

（9）货物交付。当货物运至目的地后，由目的地代理通知收货人提货。收货人需凭多式联运提单提货，国际多式联运经营人或其代理人按合同规定收取收货人应付的全部费用，收回提单后签发提货单（交货记录），提货人据此到指定堆场（整箱货）或集装箱货运站（拼箱货）提货。如果是整箱提货，则收货人要负责至掏箱地点的运输，并在货物掏出后将集装箱运回指定的堆场，运输合同终止。

（10）货运事故处理。如果全程运输中发生了货运事故，如货物灭失、损害和运输延误等，应按相关赔偿责任进行理赔。

由此可见，办理货物联运业务的主要程序仍然由前面提到的三个业务环节（货物在发运地的承运业务；货物在不同运输工具运输过程衔接点的中转业务；货物在收货地的交付业务）组成。我国联运公司办理国内货物联运的业务程序比国际联运程序要简单，业务程序为：

（1）货主（发货人）提出发货委托书或亲自登门办理货物托运手续。

（2）联运服务公司根据货主委托书，在规定的时间、地点派车取货或由货主亲自送货，货物在联运服务公司仓库集结。

（3）联运服务公司办理货物票据手续及核收运杂费。

（4）根据货主规定的发货日期（或对到货日期的要求）向运输企业托运，组织货物始发装运，运输工具的选择和运输线路的安排由联运服务公司负责。

（5）在不同运输工具的衔接点办理货物中转业务。

（6）办理货物到达票据手续和到达杂费结算。

（7）联运服务公司根据货主（收货人）指定的时间地点派车或由货主亲自取货。

（8）货运事故处理。

由此可见，国内多式联运与国际多式联运的最大区别在于办理通关和保险环节，其余业务程序基本一致。

三、认知运输代理

运输代理是从事国际货物运输业务的，其业务范围遍布国内国外广大地区，不仅涉及面广、头绪多，而且情况复杂，任何一个运输承运人或货主不可能亲自处理每一项具体运输业务，不少工作需要委托代理人代为办理。为了适应这种需要，在国际货物运输领域里产生了从事代理业务的代理人或代理行，它们接受委托人的委托，代办各种运输业务并按照提供的劳务收取一定的报酬，即代理费、佣金或手续费。随着我国逐渐市场化和对外开放，运输代理行业已经深入到运输领域的各个角落，成为国际货物运输事业不可缺少的重要组成部分。

运输代理业务分为租船代理、船务代理、咨询代理和货运代理。这里主要学习比较重要和常见的货运代理。

1. 货运代理的概念

货运代理，目前尚无公认、统一的定义。一般认为是接受客户委托，在客户授权范围内从事代为办理货物运输业务的企业。国际货运代理协会联合会对货运代理的定义是：根据客户的指示，为客户的利益而揽取货物的人，其本人并非承运人。货运代理也可以从事与运送合同有关的活动，如储货、报关、验收、收款。

我国国际货运代理业管理规定实施细则的定义是：国际货物运输代理企业可以作为进出口货物收货人、发货人的代理人，也可作为独立经营人从事国际货运代理业务。

货运代理市场如果按照服务的地域范围划分，可以分为国际货运代理和国内货运代理两个市场，这两个市场本质上并不是互相排斥的，相反，它们有着紧密的联系。不管是国内货运代理还是国际货运代理，除涉及进出口有关服务内容外，两者的基本服务内容几乎一致，发货人或收货人应根据自身需要，选择正确的货运代理方式和服务内容。

2. 货运代理的发展

随着国际贸易、运输方式的发展，国际货物运输业务范围遍布国内外，不仅涉及面广、头绪多，而且情况复杂，任何运输承运人或货主都不可能亲自处理每一项具体的运输业务，大量的业务需要委托代理人代为办理，因此出现了货运代理企业。由于国际贸易在世界范围内的迅速发展，货运代理的作用越来越重要，国际货运代理成为独立的企业，在欧洲已有100多年的历史，不少国家成立国家级国际货运代理协会。1880年在德国的莱比锡召开了第一次国际货运代理代表大会。进入20世纪20年代，国际合作有了更大的发展，为了解决由于日益发展的国际货运代理业务所产生的问题，保障和提高国际货运代理在全球的利益，提高货运代理服务的质量，1926年5月31日，16个国家的

国际货运代理协会在维也纳成立了国际货运代理协会联合会，简称为“菲亚塔”（英文缩写代号为FIATA），总部设在瑞士的苏黎世。国际货物运输代理协会是世界范围内运输领域中最大的非政府和非营利性质的组织，它是公认的国际货运代理的代表。其主要任务是协助各国的货运代理组织和同行业联系起来，在各种国际会议中代表货物发运人的利益。目前“菲亚塔”已联合了130多个国家的25000个货运代理。1985年中国对外贸易运输总公司加入了“菲亚塔”。

在国际上较有影响的北欧货运代理人协会于1974年9月13日召开的全体会议上，通过了国际货运代理人一般条款，进而在立法方面对国际货运代理人作了明确规定，使货运代理人与委托方以及其他关系人之间的权利、义务、费用等方面有了依据。

新中国成立前，我国沿海城市设的报关行和运输行，其经营性质属于国际货运代理。1956年我国将旧中国的报关行和运输行并入对外贸易运输公司。1984年，中国对外贸易运输总公司是我国进出口公司唯一的货运代理，承担全国对外贸易的运输工作。此后，随着我国外贸体制和交通运输体制改革，实行兼营和多家经营的政策，货运代理出现了多家经营的局面。原外经贸部1988年6月颁发《审批国际货物运输代理企业有关问题的规定》，国务院于1995年6月6日颁发《中华人民共和国国际货物运输代理业管理规定》，使我国货运代理业进一步发展。随着货运市场的进一步开放，实力超群的外资货代将大显身手，相当一批势单力薄的货代将被淘汰出局。我国的货代企业如果仍按原路子走下去，前方只能是死路一条。出路之一就在于联合、重组，搞战略联盟。而从货源、资金、网络的规模化入手，走规模经营之路，正是实施这一战略必要而有效的一步。以资产和效益为纽带，打破地域、行业、企业等界限，在业务上通过空运销售代理、海运订舱代理或指定代理、一程租船经营等方式，促进货源的规模化、集约化。在财务上，通过集中融资、吸纳外资、私营等民间资本，从资金上为推动规模经营提供保障。在管理上，通过经理层年薪、职工内部持股、竞聘上岗等机制创新，加快货代横向之间联合、兼并、重组的步伐，整合货代固有资源，推动其发展壮大。

3. 货运代理的服务对象

从国际货运代理人的基本性质看，货运代理主要是接受委托方的委托，就有关货物运输、转运、仓储、装卸等事宜，一方面与货物托运人订立运输合同，同时又与运输部门签订合同。对货物托运人来说，它又是货物的承运人。目前，相当部分的货物代理人掌握各种运输工具和储存货物的库场，在经营其业务时办理包括海陆空在内的货物运输。国际货运代理所从事的业务主要有以下几个方面：

（1）为发货人服务。货运代理代替发货人承担在不同货物运输中的任何一项手续，向客户建议仓储与分拨；选择可靠、效率高的承运人，并负责缔结运输合同；安排货物的计重和计量；办理货物保险；货物的拼装；装运前或在目的地分拨货物之前把货物存仓；安排货物到港口的运输，办理海关和有关单证的手续交给承运人；代表托运人办理进口商承付运费、关税税收；办理有关货物运输的任何外汇交易；从承运人那里取得各种签署的提单，并把他们交给发货人；通过与承运人及货运代理在国外的代理联系，监督货物运输进程，并使托运人知道货物去向。

（2）为海关服务。当货运代理为海关代理办理有关进出口商品的海关手续时，它不仅代表他的客户，而且代表海关当局。事实上，在许多国家，货运代理得到了海关当局的许可，可以直接办理海关手续，并对海关负责。

（3）为承运人服务。货运代理向承运人及时定舱，议定对发货人、承运人双方公平合理的费用，安排适当时间交货，以及以发货人的名义解决和承运人的运费账目等问题。

（4）为航空公司服务。货运代理在空运上，充当航空公司的代理。在国际航空运输协会以空运货物为目的而制定的规则上，它被指定为国际航空协会的代理。在这种关系上，它利用航空公司的货运手段为货主服务，并由航空公司付给佣金。同时作为一个货运代理，它通过提供适于空运的服务方式，继续为发货人或收货人服务。

（5）为班轮公司服务。货运代理与班轮公司的关系，随业务不同而不同，近几年来由货运代理提供的拼箱服务，即拼箱货的集运服务已建立了他们与班轮公司及其他承运人（如铁路）之间较为密切的联系。

（6）提供拼箱服务。随着国际贸易中集装箱运输的增长，引进集运和拼箱的服务，在提供这种服务中，货运代理起着委托人的作用。

（7）提供多式联运服务。集装箱化的一个更深远影响是使货运代理介入了多式联运，货运代理人充当了主要承运人的角色，并承担了组织一个单一合同下，通过多种运输方式进行“门到门”的货物运输的责任。

4. 货运代理的责任

（1）基本责任。作为承运人完成货物运输并承担责任（由其签发货运单据，用自己掌握的运输或委托他人完成货物运输，并收取运费）；作为承运人完成货物运输不直接承担责任（由他人签发货运单据，使用掌握运输工具，或租用他人的运输工具，或委托他人完成货物运输，并不直接承担责任）；根据与委托方订立的协议或合同规定，或根据委托方指示进行业务活动时，货运代理应以通常的责任完成此项委托，尤其是在授权范围之内；如实汇报一切重要事项。在委托办理业务中向委托方提供的情况、资料必须真实，如有任何隐瞒或因提供的资料不实而造成的损失，委托方有权向货运代理人追索并撤销代理合同或协议；承担保密义务，货运代理过程中所得到的资料不得向第三者泄漏，同时，也不得将代理权转让给他人。

（2）责任期限。从接收货物时开始至将货物运至目的地交给收货人为止，或根据指示将货物运送到收货人指定的地点业已作为完成并已履行合同中规定的交货义务。

（3）对合同的责任。国际货运代理人应对自己因没有执行合同所造成的货物损失负赔偿责任。从现有的国际货运公约看，赔偿时有的采用单一标准的赔偿方法，有的采用双重标准的赔偿方法，对国际货运代理人的赔偿方法也应如此，但实际做法不一，差异较大。

（4）对仓储的责任。货运代理在接受货物准备仓储时，应在收货后给委托方开具收据或仓库证明，并在货物仓储期间尽其职责，根据货物的特性和包装，选择不同的储存方式。

（5）除外责任。由于委托方的疏忽或过失；由于委托方或其他代理人在装卸、仓

储或其他作业过程中的过失；由于货物的自然特性或潜在缺陷；由于货物的包装不牢固、标志不清；由于货物送达地址不清、不完整、不准确；由于对货物内容申述不清楚、不完整；由于不可抗力、自然灾害、意外原因。

（6）权利。委托方应支付给货运代理人因货物的运送、保管、投保、报关、签证、办理单据等，以及为其提供其他服务而引起的一切费用，同时还应支付由于货运代理人不能控制的原因致使合同无法履行而产生的其他费用。如货物灭失或损坏系属于保险人承保范围之内，货运代理人赔偿后，从货物所有人那里取得代为求偿权，从其他责任人那里得到补偿或偿还。当货运代理人对货物全部赔偿后，有关货物的所有权便转为货运代理人所有。

任务三　熟悉国际多式联运

一、认知国际多式联运及其发展

国际多式联运，20 世纪 60 年代始于美国，经过近 60 多年的发展，目前已经成为国际贸易当中普遍使用的运输方式，是集装箱运输进一步发展的产物。多式联运是联运经营人根据单一的联运合同，使用两种或两种以上的运输方式，负责将货物从指定发送地点运抵交付地点的运输。

目前我国多式联运发展水平较低，与国家规划的目标尚有较大差距，存在巨大的发展空间。根据国家统计局统计，2015 年我国全社会货运量为 417.59 亿吨，同时交通部调研结果显示多式联运运量规模仅占全社会货运量的 2.9%，即 12.11 亿吨。而根据交通部等 18 部委联合发布的《关于进一步鼓励开展多式联运工作的通知》的要求，我国将力争实现 2020 年多式联运货运量比 2015 年增长 1.5 倍，据此计算，2020 年我国多式联运货运量将达到 30.28 亿吨，复合增长率为 20.11%。

无论是“一带一路”战略，还是“长江经济带”和“京津冀协同发展”等国家重大战略，其落实均需物流行业的有效支持，多式联运作为加快物流流转效率的重要手段，受到了各项国家战略规划的支持，包括《“十三五”现代综合交通运输体系发展规划》《推进物流大通道建设行动计划（2016—2020 年）》《关于推动交通提质增效提升供给服务能力的实施方案》等，而 2014 年国务院印发的《物流业发展中长期规划（2014—2020）》中将“着力降低物流成本”列在发展重点第一位，将“多式联运工程”列为重点工程第一位。2017 年 1 月交通部等 18 部委联合发布的《关于进一步鼓励开展多式联运工作的通知》则是对发展多式联运的顶层设计，标志着我国已将多式联运发展上升为国家层面的制度安排，政府将持续加大对多式联运的支持力度。

国际多式联运经营人是经营国际多式联运的企业或机构，是全程运输的组织者，负责完成或组织完成多式联运合同规定的货物全程运输。按是否拥有运输工具并实际完成多式联运货物全程运输或部分运输，国际多式联运经营人可分为两种类型：承运人型和无船承运人型。

承运人型的多式联运经营人拥有（或掌握）一种或一种以上的运输工具，直接承担并完成全程运输中一个或一个以上的货物运输区段。因此，他不仅是多式联运的契约承运人，对货物全程运输负责，同时也是实际承运人，对自己承担区段货物运输负责。这类经营人一般是由各种单一运输方式的承运人发展而来的。

无船承运人型的国际多式联运经营人不拥有（或掌握）任何一种运输工具，而只是组织完成合同规定货物的全程运输，仅是多式联运的契约承运人，对货物全程运输负责。这类经营人一般由传统意义上的运输代理人或无船承运人或其他行业企业或机构发展而成。

我国主管部门规定，运输企业开展多式联运业务时，经营的多式联运部分应从原企业中分离出来成为独立法人。因此，我国的多式联运经营人均属于第二类。

同时，国际多式联运经营人应具备以下条件：经营管理的组织机构、业务章程和具有企业法人资格的负责人，能够与发货人或其代表订立多式联运合同，且该合同至少要使用两种运输方式完成全程运输，合同中的货物应是国际货物。从发货人或其代表手中接收货物后，即能签发自己的多式联运单证以证明合同的订立并开始对货物负责。为确保该单证作为有价证券的流通性，国际多式联运经营人必须在国际运输中具有一定的资信或令人信服的担保，与经营业务相适应的自有资金，国际多式联运经营人要完成或组织完成全程运输，并对运输全过程中的货物灭失、损害和延误运输负责。因此必须具有开展业务所需的流动资金和足够的赔偿能力，能承担多式联运合同中规定的与运输和其他服务有关的责任。

根据多式联运的经营人经营形式有如下几种：

（1）独立经营方式。多式联运过程中的所有工作（除各区段实际运输外）全部由自己的办事处或分支机构承担并完成。承运人型的国际多式联运经营人多数采用这种形式。

（2）两企业间联营方式。联营企业由分别位于多式联运线路两端国家的两个（或几个）类似的多式联运经营人联合组成，联营的双方互为合作人，分别在各自的国家内开展业务活动，揽到货物后，按货物的流向及运输区段划分双方应承担的工作。

（3）代理方式。即在线路的两端和中间各衔接地点委托国外（内）同行业作为多式联运代理。这种代理关系可以是相互的，也可是单方面的。在这种情况下，一般由国际多式联运经营人向代理人支付代理费用。

第一种方式一般适用于货源数量较大，较为稳定的线路。一般要求企业具有较强的经济实力和业务基础。第二种和第三种（特别是第三种）方式多适用于公司的经济实力不足以设立众多的海外办事处和分支机构，或线路的货源不够大，不太稳定，设立分支机构在经济上不合理，或企业开展多式联运业务的初期等情况。大多数无船承运人型的国际多式联运经营人均采用后两种形式。在实际经营过程中，各国际多式联运经营人并不只按上述三种方式的某一种经营，而是三种方式结合运用。

国际多式联运合同是处于平等法律地位的国际多式联运经营人与发货人双方的民事法律行为，只有在双方表示一致时才能成立。合同是双方的协议，其订立过程是双方协商的过程。

国际多式联运合同既有普通合同的特点，同时又有自身的特点，具体如下：为双务

合同，合同双方均负有义务和享有权利；为有偿合同；为不要式的合同，尽管可用多式联运提单证明，但提单不是运输合同，没有具体体现形式；有约束第三者性质，收货人不参加合同订立，但可直接获得合同规定的利益并自动受合同约束；合同有时包括接受委托、提供服务等内容，这些内容由双方议定。

国际多式联运合同订立时发货人或他的代理人需向国际多式联运经营人或其营业所或代理机构提出货物（一般是集装箱货）运输申请（或填写定舱单），说明货物的品种、数量、起运地、目的地、运输期限要求等内容，国际多式联运经营人根据申请的内容，并结合自己的营运路线、所能使用的运输工具及其班期等情况，决定是否接受托运。如果认为可以接受，则在双方商定运费及支付形式，货物交接方式、形态、时间，集装箱提取地点、时间等情况后，由国际多式联运经营人在交给发货人（或代理）的场站收据的副本联上签章，以证明接受委托。这时多式联运合同即告成立。发货人与国际多式联运经营人的合同关系已确定并开始执行。国际多式联运中使用的集装箱一般是由国际多式联运经营人提供的，在表示接受委托之后，国际多式联运经营人签发提箱单给发货人或其代理人以保证其在商定的时间、地点提取空箱使用。发货人或其代理人按双方商定的内容及托运货物的实际情况填写场站收据，并在国际多式联运经营人编号、办理货物报关及货物装箱后，负责将重箱拖运至双方商定的地点将货物交给国际多式联运经营人或指定的代理人（堆场或货运站），取得正本场站收据后到国际多式联运经营人处换取多式联运提单。

根据《联合国国际货物多式联运公约》对多式联运运输单据的定义是：多式联运单据是指证明多式联运合同，以及证明多式联运经营人接管货物并负责按照多式联运合同条款交付货物的单证。需要注意的是，多式联运单证不是运输合同，而是运输合同的证明。

多式联运提单应载明下列事项：货物的品类、包件数、货物的毛重或其他方式表示的数量等，识别货物所必需的主要标志，如属危险货物，其危险特性应明确声明，所有这些事项均由发货人提供；货物的外表状况；国际多式联运经营人的名称和主要营业所；发货人、收货人（必要时可有通知人）名称；多式联运经营人接管货物的地点和日期；交付货物的地点；双方明确协议的货物交付地点、交货时间、期限；表示该提单为可转让或不可转让的声明；多式联运提单签发的地点和日期；国际多式联运经营人或经其授权的人的签字；经双方明确协议的有关运费支付的说明，包括应由发货人支付的运费及货币，或由收货人支付的其他说明；有关运输方式、运输路线、转运地点的说明；有关声明与保留；在不违背签发多式联运提单所在国法律前提下，双方同意列入提单的其他事项等。多式联运单据载明有十多项事项，缺少其中一项或数项，并不影响该单据作为多式联运单据的法律效力。

多式联运运输单据具有以下作用：是发货人与多式联运经营人订立的国际多式联运合同的证明；是国际多式联运经营人接管货物的证明和收据；是收货人提取货物的国际多式联运经营人交付货物的凭证；是货物所有权的证明，可以用来结汇、流通和抵押等。

多式联运经营人接收货物应由本人或其授权的人签发多式联运单据，在上面的签字可以是手签、盖章或双方确认的电子数据。多式联运单据的转让执行下列规定：记名单据不得转让；指示单据经过记名背书或空白背书转让；不记名单据无须背书即可转让。

国际货物多式联运是多式联运发展的最高形式。国际货物多式联运早在20世纪初就产生了，由于实现了不同运输方式的综合组织和提供全程运输服务，因此受到货主的欢迎。但由于运输全程包括多个运输区段，使用多种运输方式，货物运输途中经过多次装卸作业，容易造成货物的灭失损害和延误。在小件杂货运输下，经营多式联运的企业风险很大，因此限制了企业经营多式联运的积极性。集装箱运输普遍使用后，其特有的优势减少了这种风险，国际多式联运才迅速发展起来。目前的国际多式联运，基本上是国际集装箱货物多式联运。

二、认知国际多式联运的特点

从多式联运的开展条件可以看出，多式联运与其他单一运输相比，有其与众不同的特点。

（1）根据多式联运的合同进行操作，运输全程中至少使用两种运输方式，而且是不同方式的连续运输。

（2）多式联运的货物主要是集装箱货物，具有集装箱运输的特点。

（3）多式联运是一票到底，实行单一费率的运输，发货人只要订立一份合同，一次性付费，一次保险，通过一张单证即可完成全程运输。

（4）多式联运是不同运输方式的综合组织，其全程运输均由多式联运经营人完成或组织完成，无论涉及几种运输方式，分为几个运输区段，多式联运经营人都要对全程负责。

（5）货物全程运输是通过多式联运经营人与各种运输方式、各区段的实际承运人订立分运（或分包）合同来完成的，各区段承运人对自己承担区段的货物负责。

（6）在起运地接管货物，在最终目的地交付货物及全程运输中各区段的衔接工作，由多式联运经营人的分支机构（或代表）或委托的代理人完成，这些代理人及承担各项业务的第三者对自己承担的业务负责。

（7）多式联运经营人可以在全世界运输网中选择适当的运输路线、运输方式和各区段的实际承运人，以降低运输成本，提高运达速度，实现合理运输。

开展多式联运，有利于发挥综合运输的优势，有利于提高经济效益和社会效益；有利于挖掘运输潜力，加速货物周转，提高运输效率；有利于形成以城市为中心，港站为枢纽的综合运输网络；有利于无港站的县、市办理客货运输业务；有利于交通运输管理体制的改革。

三、认知国际多式联运实施的条件

根据多式联运公约规定的现行的多式联运业务特点，开展多式联运应具备以下基本条件：

（1）货物在全程运输过程中，无论使用多少运输方式，作为负责全程运输的多式联运经营人必须与发货人订立多式联运合同。该合同明确规定多式联运经营人（承运

人）与发货人（托运人）之间的权利、义务、责任、豁免的合同关系和多式联运的性质。多式联运经营人根据合同规定，负责完成或组织完成货物的全程运输并一次收取全程运费，因此，多式联运合同是确定多式联运性质及其区别于一般传统联运的依据。

（2）多式联运经营人必须对全程运输负责。因为多式联运经营人不仅是订立多式联运合同的当事人，也是多式联运单证的签发人。在业务中，多式联运经营人作为总承运人对发货人负有履行合同的义务，并承担自接管货物起到交付货物止的全程运输责任，以及对货物在全程运输中因灭失、损坏或延迟交付所造成的损失负责赔偿责任。

一般情况下，多式联运经营人为了履行多式联运合同规定的运输责任，可以将部分或全部运输委托相关区段的承运人（称分承运人）办理，原发货人与分承运人不发生任何关系，而分承运人与多式联运经营人之间是承托关系。

（3）多式联运经营人接管的货物必须是国际运输的货物，即货物运输必须是跨越国境的一种国际运输方式。

（4）多式联运使用两种或两种以上的不同运输方式，而且必须是不同运输方式下的连续运输。

（5）多式联运的费率为全程单一运费费率。多式联运经营人在对发货人负责全程运输的基础上，制定货物从发运地至目的地的全程单一费率，并一次性向货主收取运费。这种全程单一费率通常包括运输成本（全程各段运费的总和）、经营管理费用（通讯、制单及劳务手续费等）以及合理利润。

（6）货物全程运输时，多式联运经营人应签发一份全程多式联运单证。全程多式联运单证是证明多式联运合同以及证明多式联运经营人已经接管货物并负责按照合同条款交付货物所签发的一种证据。它是一种物权证书和有价证券，根据国际商会《联合运输单据同一规则》的规定，如信用证无特殊规定，银行可接收多式联运经营人签发的多式联运单证。

■ 总结与回顾

本项目主要介绍了联合运输的概念、特征、类型及其优越性，要求学生掌握联合运输的运行机制及业务流程，运输代理，国际多式联运的特点、优点、实施条件、国际多式联运的形式等。

实训活动方案五　如何组织国际多式联合运输

1. 活动准备

（1）人员分工：按物流实训活动总体方案组建的公司，以公司为单位开展活动，公司内部进行人员具体分工，并注意一个流程结束后，进行角色互换。①托运人；②多式联运经营人；③陆路公司；④海关；⑤船公司。

（2）资料准备：货运单证、货物标签、装配单和交接单等。

（3）案例放送：美国纽约的高拉德兹公司向伊朗的沙尼科－利昂达公司出售13000

吨袋装混合精炼白糖，双方签订了一份食糖销售合同，价格条件是 CFR. Free out（船方不负责卸货费，由买方支付）。装运期为某年的 3～4 月份，装运港为印度的凯斯特拉港，卸货港为伊朗的伯思达·夏帕港。上述合同是参照《精炼糖公会》规定的基础上制定的，其中特地写道：

（1）一旦货物到达装运船船边，买方就得开始承担风险。

（2）买方一旦被提示载有“运费已付”字样的全套两份清洁提单，便须立即现付货款。

2. 活动方案

（1）根据上次布置任务，每组（模拟公司）温习相关知识，按能力目标、知识目标，整理所收集的资料。

（2）熟悉国际多式联运的作业流程和主要单证及其流转。

（3）在学院教室或实训室明确本活动的工作任务：指定扮演角色，完成作业流程及单证的流转。

课堂训练五

一、单项选择题

1. 航空快运件分拨和发送时，同城、同省内主要联运方式是以（　　）为主。

A. 公路运输　　B. 管道运输　　C. 航空运输　　D. 铁路运输

E. 水路运输

2. 在联合运输组织业务中，（　　）是核心，（　　）是关键。

A. 管理、控制与协调　　B. 联合、衔接与协调

C. 计划、组织与领导　　D. 指挥、管理与控制

3. 联合运输的生产活动是在（　　）上进行的，运输协作是在（　　）上进行的。

A. 点线　　B. 线面　　C. 线点　　D. 点线

4. 1985年中国对外贸易运输总公司加入了（　　）。

A. 菲亚塔　　B. 华沙公约　　C. 班轮公会　　D. 非班轮公会

5. 国际货运如在内地交货，则应在口岸办理（　　）手续，海关加封后方可运往内陆目的地，在内陆海关办理结关。

A. 通关运输　　B. 保税运输　　C. 中转运输　　D. 结关运输

6. 无论装箱工作由谁负责，装箱人均需制作装箱单，并办理海关监装与（　　）事宜。

A. 通关　　B. 保税　　C. 加封　　D. 结关

7. 多式联运经营人接管的货物必须是（　　）货物的运输。

A. 集装箱　　B. 特殊　　C. 国际间　　D. 危险

8. 海陆联运以（　　）为主体，签发联运提单，与航线两端的内陆运输部门开展联运业务。

A. 航运公司　　B. 铁路运输总公司　　C. 航空公司　　D. 汽车运输公司

二．多项选择题

1. 联合运输的基本特征是（　　）。

A. 全程性　　B. 简便性　　C. 通用性　　D. 代理性

E. 协同性

2. 联合运输与传统的单一运输方式相比，其优越性在于（　　）。

A. 便捷、节约费用　　B. 提高运输效率

C. 降低物流成本　　D. 扩大运载能力

3. 联合运输全程组织业务过程主要由（　　）环节组成。

A. 承运业务　　B. 中转业务　　C. 交付业务　　D. 衔接业务

4. 多式联运经营人的经营形式有（　　）。

A. 独立经营　　B. 联合经营　　C. 货运代理　　D. 连锁经营

E. 生产经营

5. 在国际多式联合运输中，运输代理包括（　　）等。

A. 租船代理　　B. 船务代理　　C. 咨询代理　　D. 货运代理

E. 委托代理

6. 采用海空联运方式，运输时间比全程海运（　　），运输费用比全程空运（　　）。

A. 少　　B. 贵　　C. 多　　D. 便宜

E. 不一定

三、判断题

1. 空运快递服务中涉及的运输种类很多，长距离基本是以空运为主。（　　）

2. 协作式多式联运的组织体制也称“运输承运发送制”。（　　）

3. 国际多式联运中使用的集装箱一般应由国际多式联运经营人提供。（　　）

4. 若多式联运从港口开始，则在港口报关；若从内陆地区开始，同样在港口报关。（　　）

5. 航空快运件分拨和发送时，跨省的中短距离运输主要以物流车辆辅助铁路运输为主。（　　）

6. 联合经营形式适用于货源数量大，较为稳定的运输线路。（　　）

7. 如信用证无特殊规定，银行可接收多式联运经营人签发的多式联运单证。（　　）

四、概念题

货运代理

模块三

物流运输管理实务

项目六　物流运输管理技术

知识目标

1. 了解道路货物运输站场设计
2. 掌握合理化运输的措施
3. 理解车辆运用评价指标
4. 理解运输路线的类型
5. 掌握运输线路优化方法
6. 掌握车辆运行调度与组织

技能目标

1. 能够运用所学知识进行运输系统优化，选择运输工具
2. 能够运用线性规划技术进行物流运输线路的优化
3. 能够确定最佳运输方案

现代物流的最基本特征是信息化、柔性化、快速化等。要求对于现代物流的运作采取先进的作业技术。包括读写技术，如成熟的条码技术、正在推广使用的RF射频技术、依赖于GIS地理信息系统和GPS的货物跟踪技术、用于信息交换的EDI技术、作业分组技术、运输规划技术、库存的规划技术、管理信息系统的支撑技术——数据库技术等统称为物流运输管理技术。本项目介绍的物流运输管理技术主要是公路场站设计技术、线路规划技术、运输工具选择与运输方式组合技术等。

任务一　公路场站设计

一、公路集装箱货运站的工艺设计

1. 公路集装箱货运站的业务范围

一般包括以下几个方面：

①港站、货主间的集装箱“门到门”运输与中转运输；
②集装箱货物的拆箱、装箱、仓储和接取、送达；
③空、重箱的装卸、堆存；
④集装箱的检查、清洗、消毒和维修；
⑤货物的受理、堆码、保管等；
⑥运输车辆、装卸机械及设备的维修与管理；
⑦为货主代办报关、报检等货运代理业务。

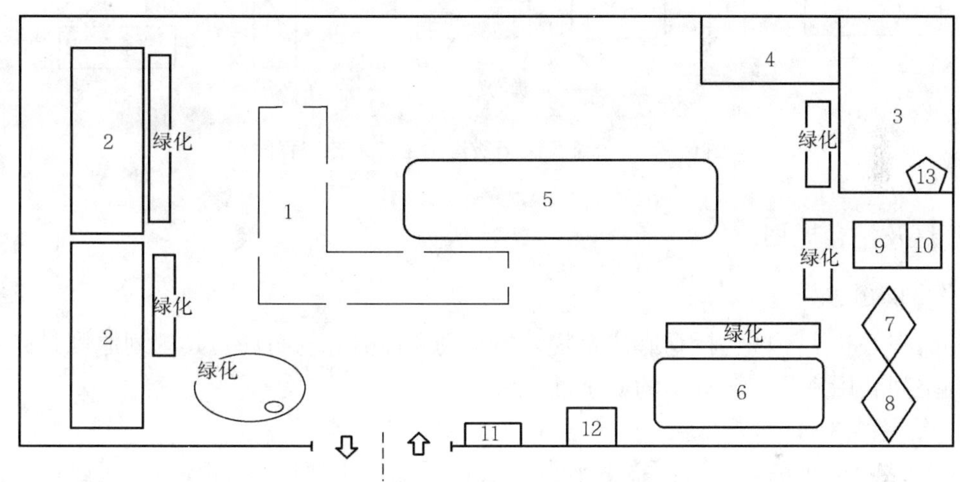

图6-1　某集装箱货运站平面规划图

1—仓库房　2—堆场　3—综合办公楼　4—车辆维修间　5—停车场　6—餐厅水房　7—女职工宿舍
8—男职工宿舍　9—浴室　10—锅炉房　11—门卫室　12—配电室　13—传达室

2. 总平面工艺设计原则

①充分考虑站址的地形、地貌和集装箱运输的功能要求，合理划分营业区、生产区、辅助生产区、库区、停车区和生活区，力求做到区域划分明了，联系方便；

②各区域的布置，既要做到节约面积，提高面积利用率，又要满足面积要求和生产工艺流程的要求；

③有工艺联系的区域应使运输距离最短，尽量避免交叉往返；

④场区内车流、货流的移动线路要通畅且互不交叉，力求做到笨重货物和重箱在场区的移动线路最短；

⑤建筑物的位置、形式要符合城市建设规划要求，并且突出反映集装箱运输的特征；

⑥充分考虑防火、卫生、环保及“三废”等方面的要求，留有必要的绿化区带和发展余地。

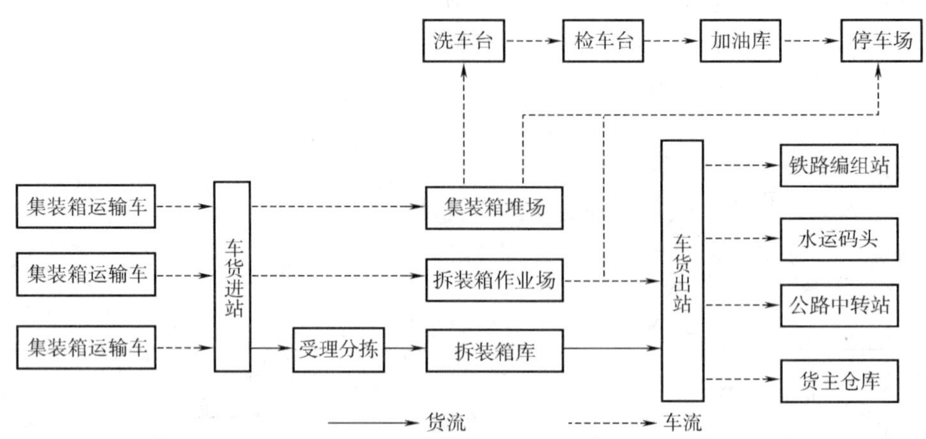

图6－2　公路集装箱货运站生产工艺流程图

二、厂区及站台规划

1. 厂区规划

物流中心整个厂区包括仓库建筑物，停车场和道路等的布局，其规划原则是必须注重提高空间利用率及车辆进出的安全性。

2. 站台的规划

（1）站台空间布局。站台整个平台一般包括三个主要区域。第一个区域是站台内侧的进货区与发运区，在这一区域可以对商品进行拆、装、理货、检验或暂存，以待入库，出货前进行包装、检查或暂存待运；第二个区域是装卸搬运设施所占的空间，这一空间的大小随设备类型和所占空间而定；第三个区域是为搬运车辆及人员能顺畅进出而规划出的通道，通道的宽度也必须视搬运车辆及作业的需要而定，人力搬运作业时的通道宽度一般为2.5～4.0米。

（2）站台设计的方式。为使仓库内物流顺畅，库外进出货站台的相对位置直接影响进出货的效率及质量。设计时可以考虑进货和出货公用站台。进货和出货站台相邻、进货和出货分别完全独立等方式安排站台等，可规划设计多个站台。

（3）站台设计的形式。一般采用锯齿形和直线形。锯齿形优点在于车辆回旋空间纵深较浅，但占用仓库内部空间站较大。直线形优点在于占用仓库内部空间站较小，但车辆回旋空间纵深外部需求空间较大。

（4）站台周边设计。站台进出货空间设计除考虑提高作业效率和充分利用空间外，还必须考虑安全问题，防止风吹、雨水等浸入货柜和仓库，以及避免库内冷暖气外泄等，停车台形式的设计一般有三种：

内围式：将站台围在一定空间内，这种形式安全性最高，有利于防止风雨侵袭和冷暖气外泄，但造价也较高。

齐平式：站台与仓库外缘齐平，整个站台仍在库内受到保护，能有效避免能源浪费，造价也较低，是目前采用最为广泛的形式，但安全性不如内围式高。

开放式：站台完全突出于库房，站台上的货物不受到保护，也容易引起冷暖气外泄，安全性较低。

三、停车场设计

1. 拟定设计车型

一般选用停车使用比重最大的车型作为设计标准。我国目前有几百种车型，根据公安部、住房与城市建设部组织制定的《停车场规划设计规则（试行）》，将设计车型定为小型汽车，以它作为换算的标准。将其他各类车型按几何尺寸归并成微型、小型、中型、大型和铰接车共五类。

2. 停放方式与停发方式

（1）停放方式。平行式停车。这种方式占用的停车带较窄，车辆驶出方便、迅速，但单位长度内停放的车辆最少。垂直式停车。车辆垂直于通道方向停放。这种方式的特点是单位长度内停放的车辆数较多，用地比较紧凑。斜式停车。车辆一般与通道成30°、45°、60°三种角度停放。其特点是停车带宽随车身长和停放角度而异，车辆进出、停发方便。经研究表明（美国交通工程中心）当停车角度为70°时，可获得最大停车容量（单行通道）。

（2）停发方式。前进式停车，前进式发车。后退式停车，前进式发车。前进式停车，后退式发车。

后退式停车，前进式发车，发车迅速方便，占地也不多，多被采用。

（3）通道、出入口设计。通道是停车场平面设计的重要内容，其形式和有关参数（宽度、最长纵坡、最小转弯半径等）宜结合实际情况正确选用。我国目前设计采用的通道宽度垂直式取10~12米，平行式取4~5米，车辆双向行驶，最小宽度不宜小于6米所示。通道有直坡道式、螺旋式、错位式、曲线匝道等，其宽度、纵坡和最小转弯半径，美国、日本两国常用数据如表6－1所示。

表6－1 通道宽度、纵坡和最小转弯半径美国、日本两国常用数据

国 名	通道宽/米		最大纵坡/%		最小转弯半径/米
	单车道	双车道	宜小于	不超过	
美国	3.7	6.7	15	20	11（卡车）
日本	3.5	5.5	15	20	6~7（轿车）

出入口是指停车场车辆出入的通道，可分为单向通行和双向通行的通道。

①停车场（库）出入口设置，应按国家标准《汽车库设计防火规定》（GB 67—1984）执行。停车车位数大于50辆时，应设置两个出入口。大于500辆时应设置3~4个出入口。出入口之间净距离必须大于10米。

②车辆双向行驶出入口宽度不得小于7米，单向行驶出入口宽度不得小于5米，且有良好的通视条件。停车库的出入口还应退后道路红线10米以外。出入口视距良好。

任务二　物流运输工具选择与组织

一、选择物流运输工具

在各种运输工具中，如何选择适当的运输工具是物流决策的重要内容。一般来讲，应根据物流系统要求的服务水平和允许的物流成本来决定，可以使用一种运输工具也可以使用联运方式。

运输工具的选择判断标准主要包括如下要素：货物的性质、运输时间、交货时限、运输成本、批量大小、运输的机动性和便利性、运输的安全性和准确性等。

对于货主来说，关注的重点要素有运输的安全性、及时性、方便性和经济性以及运输时间等。具体来说，在运输工具选择时，一般应考虑以下因素：

（1）品种。在运输货物品种方面，物品的形状、单件重量和容积、危险性和变质性等都成为运输工具选择的制约因素。在运量方面，一次运输的批量不同，选择的运输方式也不同。一般来说，货物运输时间长短与交货时间有关，应根据交货期来选择适合的运输工具。物品价值的高低关系到承担运费的能力，也成为选择运输方式的重要因素。

（2）时间。运输期限必须与交货日期相联系，应保证运输时限。必须调查各种运输工具所需的运输时间，根据运输时间及运送速度来安排日程，进行有计划的运输，实现准时送达的基本要求。

（3）距离。从运输距离看，汽车承担中短途的小批量货物运输，铁路承担长距离大批量的货物运输，水路承担大宗的长距离货物运输，航空适宜于承担长距离贵重物品、紧急抢险救灾物资的运输。

（4）数量。因为大批量运输可以降低成本，所以应尽可能使货物集中到最终消费地附近。运输批量大小与运输方式的选择直接相关。一般说来，50 吨以下的货物应选择汽车运输，50 吨以上、数百吨的货物应选择铁路或水路运输。

（5）费用。虽然货物运输费用的高低是选择运输工具时要重点考虑的因素，但在考虑运输费用时，不能仅从运输费用本身出发，还必须从物流总成本的角度考虑，即在考虑运输费用的同时，还要考虑包装费用、保管费用、库存费用、装卸费用以及保险费用等。在选择运输工具时，应保证在相同的服务水平下或客户满意的条件下，实现总成本最低。

当然，在具体选择运输工具的时候，往往要受到当时特定的运输环境制约，因而必须根据运输货物的各种条件，通过综合判断加以确定。

二、认知运输工具选择的方法

（一）运输成本比较法

运输成本比较法实际上是运输工具选择的量化分析。如果不将运输服务作为竞争的手段，那么能使该运输服务的成本与该运输服务水平导致的相关间接库存成本等之间达到平衡，该运输服务就是最佳服务方案，即运输的速度和可靠性会影响托运人和买方的库存水平（订货库存和安全库存，以及它们之间的在途库存水平）。如果选择速度慢、可靠性差的运输服务，物流渠道中需要有更多的库存。这样就需要考虑库存持有成本可能升高，以此来抵消运输服务成本的降低。因此，在各种备选方案中应选择既能满足客户要求，又使物流总成本最低的运输方案。

［例6-1］某公司欲将产品从生产地工厂运往储存地的自有仓库储存，年运量D为700000件，每件产品的价值P为30元，每年的存货成本率I为产品价值的30%，各种运输服务有关参数如表6-2所示。

表6-2　各种运输方式运输服务的有关参数

运输服务方式	运输费率R/（元/件）	运达时间T/天	存货量Q/件	库存系数
铁路	0.10	21	100000	1.00
驼背	0.15	14	50000	0.93
道路	0.20	5	50000	0.84
航空	1.40	2	25000	0.80

解：在途运输的存货成本为IPDT/365，两端点的存货成本为IPQ/2，但其中的P值有差别，工厂储点为出厂价P，自有仓库储点为出厂价加单位运费。则各运输方案运输成本计算如表6-3所示。

表6-3　各运输方案运输成本计算表（单位：元）

成本类型	计算方法	运输方案	
		铁路	驼背
运输	RD	0.10×700000=70000	0.15×700000=105000
在途存货	IPDT/365	0.30×30×700000×21/365=362466	0.30×30×700000×14/365=241644
工厂存货	IPQ/2	0.30×30×100000/2=450000	0.30×30×50000×0.93/2=209250
仓库存货	IPQ/2	0.30×30.1×100000/2=451500	0.30×30.15×50000×0.93/2=210296
总成本		1333966	766790

成本类型	计算方法	运输方案	
		道路	航空
运输	RD	0.20×700000=140000	1.40×700000=980000
在途存货	IPDT/365	0.30×30×700000×5/365=86301	0.30×30×700000×2/365=34521
工厂存货	IPQ/2	0.30×30×50000×0.84/2=189000	0.30×30×25000×0.80/2=90000
仓库存货	IPQ/2	0.30×30.2×50000×0.84/2=190260	0.30×31.4×25000×0.80/2=94200
总成本		605561	1198721

通过以上计算可以看出，在四种运输服务方案中，道路运输的总成本最低，其次为驼背运输，铁路运输反而最高。

（二）综合因素比较法

对于具有不同形状、价格、批量、交货日期、到达地点的货物，都有与之相对应的适当运输工具。然而，正如速度快的运输工具成本高一样，运输工具的及时性、准确性、安全性和经济性之间都有相互制约的关系。所以在选择运输工具和考虑运输成本时，必须对运输工具所具有的特性进行综合评价，以便做出合理的选择决策，一般采用以下步骤。

1. 确定选择运输工具的影响因素

影响运输工具选择的因素主要有经济性、安全性、及时性和方便性等。

2. 确定各个影响因素的评价值即影响因素的量化

目前还没有一种绝对有效的量化方法，最简单的一种量化方法如下所示：

（1）经济性量化。运输工具的经济性是用包装费、运输费、保险费、库存保管费等有关费用合理表示的。费用越高，运输工具的经济性越低。

（2）安全性量化。运输工具的安全性可以根据过去一段时间内货物安全送达的概率来表示，货物完整性越高，运输工具的安全性越好。

（3）及时性量化。运输工具的及时性可以用从发货地到收货地所需时间的长短来表示，所需时间越短，运输工具的及时性越好。

（4）方便性量化。可以用代办运输点的经办时间与货物到代办点的运输时间（或进货时间）之差（或之比）来表示，时间差越大，便利性越好。

3. 确定各个影响因素的权重系数

对于权重 ω_i 的确定，可以采用层次分析法或模糊分析法，各因素的权重之和等于1。

4. 确定运输工具综合评价值

将各因素的评分值与相应的权重系数相乘，即可求出各方案的综合评价值，综合评价值最高者即为最优方案。

三、认知运输工具的组织形式

（一）多班运输

1. 多班运输的概念

多班运输是指车辆在昼夜时间内的工作超过一个工作班以上的货运形式。按货运车辆总生产率的关系式表明，增加车辆在路线上的工作时间，能相应地提高车辆的总生产率。多班运输既可提高车辆的工作率，也可在一定条件下（如夜间）提高车辆的技术速度，因而能够相应地提高车辆的总生产率。

2. 多班运输的组织形式

多班运输的基本出发点就是“人停车少停”，充分发挥设备的利用率，为社会提供更大的运输能力。为了增加运输能力，多班运输的组织形式主要有：一车两人日夜双班，起点交接；一车两人日夜双班，分段交接；一车三人日夜双班，两工一休；一车三人日夜双班，分段交接；两车三人日夜双班，分段交接和一车两人日夜双班，轮流驾驶等形式。

3. 多班运输应注意的事项

组织多班运输，在运输组织方面，主要应注意解决好驾驶员的劳动组织、车辆的工作调度和对外联络协作等问题。

（二）拖挂运输

汽车运输车辆通常分为汽车、牵引车和挂车三大类。不同用途的车辆按照一定的要求进行组合搭配，便构成了各类汽车列车。比较常见的搭配形式一种是由载货汽车拖带挂车组成的汽车列车，另一种是由牵引车和半挂车组成的汽车列车。拖挂运输就是以汽车列车形式参加运输生产的一种运行形式，此种形式加大了车辆运行的装载质量，大大提高了车辆生产效率。由于挂车结构简单，所以初次投资、维修费用、吨公里行车燃料消耗等，均比使用同等装载质量的单车要低，再加上拖挂运输不需要增加驾驶员，所以拖挂运输的单位运输成本会有大幅度下降。另外，汽车列车便于采用灵活先进的运行形式，经济效益比较理想。但是，由于拖挂运输增加了装载质量，不仅导致了汽车列车的平均技术速度，而且增加了驾驶员操纵上的困难，安全性能下降，可分为定挂运输和甩挂运输。

1. 定挂运输

定挂运输是指汽车列车在完成运行和装卸作业时，汽车（或牵引车）与全挂车（或半挂车）一般不予分离。汽车列车是指汽车与全挂车或牵引车与半挂车组成的运输工具形式。定车定挂的组织形式，在运行组织和管理工作方面上与单车运行相仿，易于推广，它是拖挂运输开展之初被采用的一种主要形式。采用定车定挂运输方式时，汽车列车运行调度方法和单车并无多大区别，可视具体情况安排相应的运行作业计划。

2. 甩挂运输

（1）甩挂运输的概念。甩挂运输也称为甩挂装卸，是指利用汽车列车甩挂挂车的方法进行组织的一种拖挂运输形式。在相同的运输组织条件下，汽车运输生产率的提高取决于汽车的载重量、平均技术速度和装卸停歇时间三个主要因素。

（2）甩挂运输基本原理和方法。在不同的运输条件下，可以有多种甩挂方式，其依据的基本原理和采用的基本方法是相同的。采用甩挂运输时，需在装卸货现场配备足够数量的周转挂车，在列车运行期间装卸工人预先装（或卸）好甩下的挂车，列车到达装（卸）地点后甩下挂车，装卸工人立即集中力量装（卸）主车货物，主车装（卸）货完毕，立即挂上预先装（卸）完货物的挂车，以此循环工作。

（3）甩挂运输的组织。适宜的货源是组织甩挂运输的基础条件之一。为了发挥甩挂运输降低装卸时间这个优势，可把甩挂运输这种运输形式运用在需要较长装卸作业时间的固定大宗资源运输中。因此，运输企业应加强与收发货单位间的联系和协作，争取不断改善装卸现场条件和合理布置工作场地。

（4）甩挂运输的主要组织方式。在实际工作中，甩挂运输主要采用以下四种组织方式：一线两点、两端甩挂；闭合回路、循环甩挂；一线多点、沿途甩挂；多线一点、轮流拖带。

（三）滚装运输

滚装运输是指采用大型运输工具转运小型重载运输工具的运输形式。这是进一步发展了的多种运输方式直达联运的运输形式，又称为背负式运输。其中，大型运输工具包括：铁路平板车、滚装船、载驳母船、重型汽车等。小型运输工具包括载货汽车、拖车、驳船、载客汽车等。

任务三　物流运输合理化

一、认知物流运输优化

1. 运输优化的含义

运输优化就是在保证货物流向合理的前提下，在整个运输过程中，确保运输质量，以适宜的、最少的运输环节、最佳的运输线路、最低的运输费用使货物运至目的地。

2. 运输优化的原则

运输优化的过程必须贯彻“及时、准确、安全、经济”的原则。

3. 运输优化的意义

（1）可以充分利用运输能力，提高运输效率，促进各种运输方式的合理分工，以最小的社会运输劳动耗费，及时满足国民经济的运输需要。

（2）可以使货物走最合理的路线，取得较好的社会效益和经济效益。

（3）可以消除运输中的种种浪费现象，提高货物的运输质量、充分发挥运输效能、节约国家运力和社会劳动力、支援社会主义现代化建设。

二、认知不合理运输的表现形式

1. 空驶运输

不装载任何货物的行驶，是不合理运输中最为严重的形式。在实际运输组织中，有时必须调运空车，从管理上不能将其看成是不合理运输。但是因调度不当、货源计划不周、不采用社会化运输而造成的空驶，是不合理运输的表现。

2. 对流运输

也称相向运输，同一种货物或彼此可以互相代用而又不影响管理、技术及效益的货物，在同一线路上或平行线路上作相对方向的运送。对流运输有明显对流运输和隐蔽对流运输，如图 6－3、图 6－4 所示。

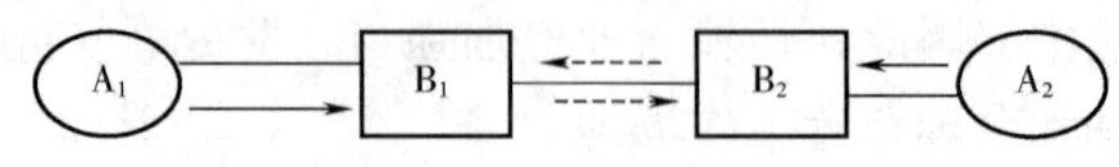

图 6－3　明显对流运输

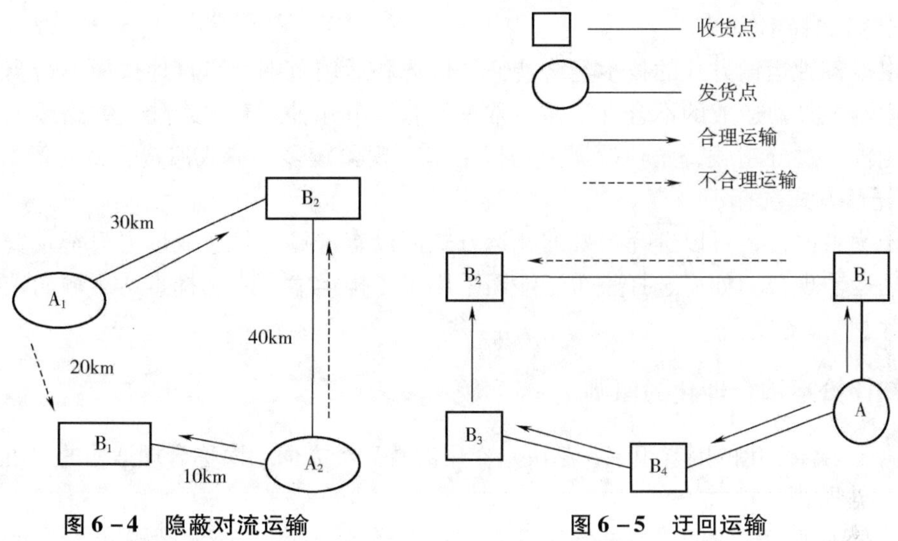

图 6－4　隐蔽对流运输　　　　图 6－5　迂回运输

3. 迂回运输

不走捷径绕道行驶。迂回运输有一定的复杂性，只有当计划不周、地理不熟、组织不当而发生的迂回，才属于不合理运输（图 6－5）。

4. 倒流运输

货物从消费地或中转地向生产地或起运地回流的一种运输现象。其不合理程度甚于对流运输，其原因在于往返两程的运输都是不必要的，倒流运输也可以看成是隐蔽对流运输的一种特殊形式（图 6－6）。

5. 过远运输

舍近求远，近处有物资不调而从远处调，拉长了货运距离的浪费现象。过远运输占用运力时间长、运输工具周转慢、物资占用资金时间长，货损货差概率增大，增加了费用支出（图 6－7）。

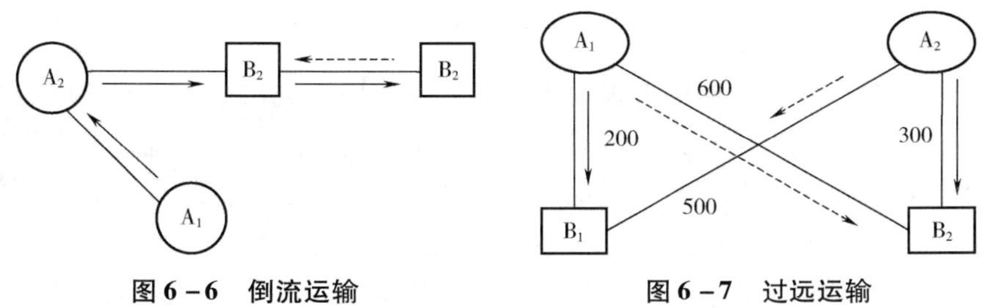

图 6－6　倒流运输　　　　图 6－7　过远运输

6. 重复运输

装卸重复、运输线路重复。本来可以直接将货物运达目的地的，但在未到达目的地之外的其他地方将货物卸下，再重复装运送达目的地。或是同一种货物在同一地点既有运进又有运出。重复运输最大的弊端就是增加了不必要的中间环节，延缓了流通速度，增加了费用和货损。

7. 运力选择不当

未根据各种运输方式的技术经济特征、优势和适用范围，盲目地选择不恰当的运输方式或运输工具而造成的不合理运输。常见的有以下几种：弃水走陆、铁路或大型船舶的过近运输、过分超载，尤其是“大马拉小车”现象较多，造成浪费运力的现象。

8. 托运方式选择不当

对于货主而言，可以选择最好的托运方式而没有选择，是造成运力浪费及费用增大的不合理运输现象。如应选择整车运输而采用了零担运输，应选择直达运输而选择了中转运输等。

三、认知评价运输合理化的原则

影响运输合理化的因素很多，起决定作用的有五个方面，简称合理运输的“五要素”。

1. 运输距离

运输过程中运输时间、运输费用等若干技术经济指标都与运输距离有一定的比例关系，运输距离长短是运输是否合理的一项最基本的因素。

2. 运输环节

每增加一个环节，势必要增加运输的附属活动，如装卸、包装、仓储等也会影响运输的合理性。因此，减少运输环节对实现合理运输具有一定的促进作用。

3. 运输工具

运输工具（方式）都有各自的优势和特长，对其进行优化选择，最大限度地发挥其特点和作用，是实现运输合理化的重要环节。

4. 运输时间

在全部物流时间中，运输时间占绝大部分，尤其是远程运输。因此，运输时间的缩短对整个流通时间的缩短有决定性作用。此外，运输时间的缩短还有利于加速货物、资金、车船周转，充分发挥运力效能，提高运输线路通行能力，进而不同程度地规避不合理运输。

5. 运输费用

运输费用在整个物流费用中占很大比例，运输费用高低在很大程度上决定整个物流系统的竞争力。实际上运输费用的相对高低，无论对货主还是对物流企业都是运输合理化的一项重要标志。运输费用的高低也是各种合理化措施是否行之有效的最终判断依据之一。

上述五个要素既相互联系又相互影响，有时甚至相互矛盾、冲突，这就要求运输部门进行综合比较分析，选择最佳运输方案，在通常情况下，运输时间短、运输费用低是考虑合理化运输的两个主要因素，它集中体现了运输的经济效益。

四、认知组织合理化运输的措施

1. 分区产销平衡合理运输

分区产销平衡合理运输就是在组织物流活动中，对某种货物将其一定的生产区固定于一定的消费区，根据产销分布情况和交通运输条件，在产销平衡的基础上按就近供应原则，使货物运输线路最短，实现合理运输。

分区产销平衡合理运输适用范围是品种单一、规格简单、生产集中、消费分散，或生产分散、消费集中，以及调运量大的物质产品，如煤炭、木材、水泥、粮食、建材等。实行这一办法对于加强产、供、运、销一体化，消除过远运输、迂回运输、对流运输等不合理运输，充分利用地方资源，促进生产力合理布局，降低物流费用、节约运力都具有十分重要的意义。

2. 尽量发展直达运输

直达运输是追求运输合理化的重要形式，通过减少过载、换载，从而提高运送速度，节省装卸费、降低中转货损。此外，在生产资料、生活资料运输中，通过直达运输可以建立起稳定的产销关系和运输关系，也有利于提高运输计划水平，考虑用最有效的技术实现这种稳定运输，从而大大提高运输效率。

3. “四就”直拨运输

“四就”直拨运输就是就厂直拨，就车站、码头直拨，就库直拨，就车船不过载直拨的简称。它是减少运输环节，力求以最少的转运次数完成运输任务的一种形式。一般批量到站或到港的货物，首先要经过分配部门或批发部门的仓库，然后再按程序分拨或销售给用户，这样一来往往出现增加中转环节的作业，增加运输作业成本。

直拨运输与直达运输的区别：直达运输一般是货物运输批量大、运输距离远；直拨运输往往货物批量小、运距短。

4. 合装整车运输

合装整车运输又称“零担拼整车中转分运”，主要适用于杂货运输。合装整车运输是指在组织货运时，由同一发货人将不同品种但发往同一到站、同一收货人、同一方向或同一线路的零担货物，由物流企业组配在一个车厢之内，以整车运输的方式运到一个适当的车站或目的地，然后再中转分运或直接交给收货人的方式。运用此办法可以减少一部分运输费用，所以可以取得较好的经济效果，而且还可以提高车辆载重量利用率。

5. 提高技术装载量

提高技术装载量是组织合理运输，提高运输效率的重要内容。提高技术装载量不仅可以最大限度地利用车船载重吨位，而且可以充分利用车船装载容积。具体做法有以下几种：

（1）组织轻重装配。组织轻重装配是指把实重货物和轻泡货物组装在一起，既可以充分利用运输工具装载容积，又能达到装载重量，从而提高综合利用率和运输效率。

（2）实行解体运输。实行解体运输是针对一些体积大且笨重、不易装卸又容易碰撞损毁的货物所采取的一种装载技术。也就是将大型货物拆卸、包装，然后装车，以缩小其所占用的空间位置，达到方便装卸和运输、提高运输装载效率的目的。

（3）堆码技术应用。应根据车船的货位情况及不同的包装状态、形状，采取有效的堆码技术，如多层装载、紧密装载等技术，以达到提高运输效率的目的。与此同时，改进包装技术，逐步实现单元化、托盘化运输，对提高运输工具技术装载量具有十分重要的意义。

任务四　运输线路选择与运输方案确定

运输线路的选择影响到运输设备的利用和人员的安排，正确确定合理的运输线路可以降低运输成本。因此，运输线路的选择优化也是运输合理化的一个具体的重要内容。

一、认知运输线路类型

物流运输线路从起点到终点，常见的有两大类：不成圈的直线、丁字线、交叉线和分支线；成圈的环行线路，环形线路包括有一个圈和多个圈。尽管线路的类型颇多，但是可以将其归纳为以下三个基本类型：即一点装一点卸、一点装多点卸（多点装一点卸）、多点装多点卸。

1. 往复式行驶路线

（1）单程有载往复式。单程有载往复式的计算指标有：货运量、货物周转量、里程利用率。

（2）回程部分有载往复式（指标同上）。

2. 环形式行驶路线

（1）简单环式。

（2）三角环式。

（3）交叉环式（图 6-8）。

（4）复合环式（图 6-9）。

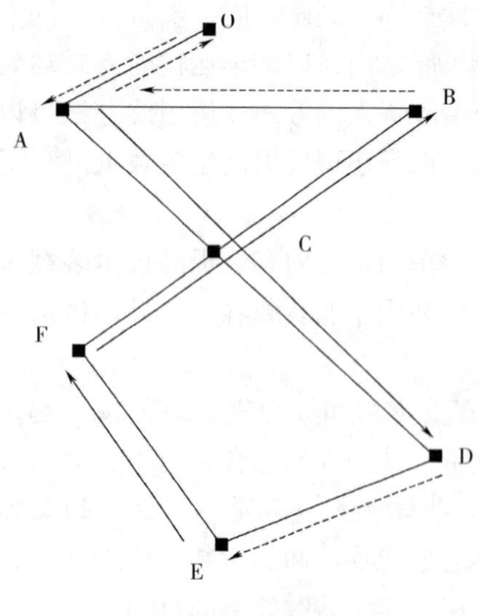

图 6-8　交叉环式

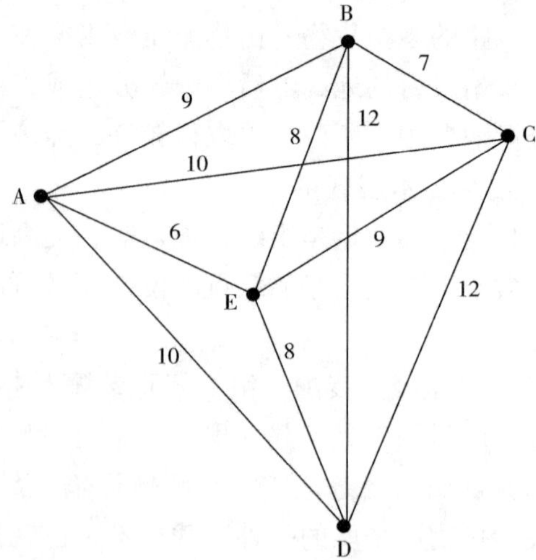

图 6-9　复合环式

3. 汇集式行驶路线

汇集式行驶路线的特点：

（1）作用发生在各个装卸点。

（2）每次装卸量小于额定载重量。

（3）返回时为装满或者空车。

该种线路分为三种形式：分送式、收集式和分送－收集式。

二、选择运输路线

1. 单个始发点和终点的运输路线选择

（1）第 n 次迭代的目标。寻求第 n 次已解节点，重复 $n=1$，2，…，直到最近的节点是终点为止。

（2）第 n 次迭代的输入值。第（$n-1$）个最近的节点是由以前的迭代根据离始发点最短路线和距离计算而得的。这些节点以及始发节点称为已解的节点，其余的节点是尚未解的点。

（3）第 n 个最近节点的候选点。每个已解的节点由线路分支通向一个或多个尚未解的节点，这些未解的节点中有一个以最短路线分支连接的是已解节点的候选点。

（4）第 n 个最近节点的计算。将每个已解节点及其候选点之间的距离和从始发点到该已解节点之间的距离加起来，总距离最短的候选点即是第 n 个最近的节点。也就是始发点到达该点最短距离的路径。

2. 循环式运输路线的选择

用运筹学中的动态规划问题来解，采用启发式算法进行近似求解。

三、确定运输方案

运输方案的确定要考虑运输距离、运输环节，还要考虑运输工具、运输时间和运输费用等因素，其主要方法如下。

1. 数学模型法——线性规划在运输问题中的应用

（1）线性规划要解决的两类问题。

一是在人力、物力、财力等资源一定的情况下如何合理使用和调配这些资源，使之能取得最好的经济效益，即求极大值问题；二是产品目标一定，如何统筹安排，做到以最小的投入去完成这一目标，即求极小值问题。

（2）运用线性规划解决决策问题应满足的要求。

①需要实现的目标能用数字表示；

②存在着达到目标的多种方案；

③实现目标所需要的资源条件能用数学表达式中的不等式表示。

（3）线性规划的含义及构成。

①线性规划是一种数学管理方法，它是把实际问题归结成一种数学模型，从而控制一组决策变量，在一组线性等式或不等式的限制条件下寻求一个线性函数的最大值或最小值的数学方法。

②线性规划数学模型的基本结构是由一个目标函数和一组约束条件所组成。它的一般形式是：

目标函数：$\max Z = c_{11}x_{11} + c_{12}x_{12} + \cdots + c_{mn}x_{mn}$

约束条件：
$$\begin{cases} x_{11} + x_{12} + \cdots + x_{1n} \leqslant b_1 \\ x_{21} + x_{22} + \cdots + x_{2n} \leqslant b_2 \\ x_{m1} + x_{m2} + \cdots + x_{mn} \leqslant b_m \\ x_{11}, x_{12}, \cdots x_{mn} \geqslant 0 \end{cases}$$

［例6－2］某公司经销某产品，每日产量分别为甲—7吨，乙—4吨，丙—9吨，该公司把这些产品分别运往四个销售地，各销售点每日销量为A—3吨，B—6吨，C—5吨，D—6吨，已知从各工厂到各销售点的单位运价如表6－5所示。问：该公司如何调运产品，在满足各销售点的需要量的前提下，使总运费最小。

表6－4　产销平衡表　　单位：吨

销地／加工厂	B_1	B_2	B_3	B_4	产量
A_1					7
A_2					4
A_3					9
销量	3	6	5	6	20

表6－5　单位运价表　　单位：千元/吨

销地／加工厂	B_1	B_2	B_3	B_4
A_1	3	11	3	10
A_2	1	9	2	8
A_3	7	4	10	5

目标函数：$\min Z = 3x_{11} + 11x_{12} + 3x_{13} + 10x_{14} + 1x_{21} + 9x_{22} + 2x_{23} + 8x_{24} + 7x_{31} + 4x_{32} + 10x_{33} + 5x_{34}$

约束条件：
$$\begin{cases} x_{11} + x_{12} + x_{13} + x_{14} \leqslant 7 \\ x_{21} + x_{22} + x_{23} + x_{24} \leqslant 4 \\ x_{31} + x_{32} + x_{33} + x_{34} \leqslant 9 \\ x_{11}, x_{12}, \cdots x_{mn} \geqslant 0 \end{cases}$$

③解法：有加减消元法、图解法、单纯形法等（略）。

2. 运输问题的表上作业法

步骤：

（1）确定初始方案。根据产销平衡表和运价表，运用最小元素法和左上角法确定初始调运方案。

（2）观察调整方案。观察方案是否为最优，若没有达到最优，则调整改进方案，经过再调整直至最优。

（3）计算验证方案。计算调整是否可以使费用进一步降低，直至不能再降低为止。

问题描述：在经济建设中，经常碰到大宗物资调运问题，在全国有若干生产基地，有若干需求，根据已有的交通网，将这些物资运到消费地又要求费用最小。已知产量、需求量以及各条路上面的运输费用。

问题求解：将生产地和需求地分别作为纵向和横向建立表格，再将生产地到消费地的单位运价列到表上构成产销平衡表和单位运价表，用最小元素法或伏格尔法求解。

最小元素法的基本思想是就近供应，即从单位运价表中最小的运价开始确定供销关系，然后次小，一直到给出可行解为止。最后对可行解进行优化，得到最优解。

［例6－3］依上例资料，利用表上作业法选择最优线路。

解：（1）依例题资料，按最小元素法找到行和列中的最小值，在对应的格中安排运量（运量不能大于生产量和需求量中的小者），然后划去已安排满的该行或该列，然后找到次小运价。编制初始方案如表6－6所示。

表6－6　初始方案表　　单位：吨

加工厂＼销地	B_1	B_2	B_3	B_4	产量
A_1			4	3	7
A_2	3		1		4
A_3		6		3	9
销量	3	6	5	6	

加工厂＼销地	B_1	B_2	B_3	B_4	产量
A_1	2		5		7
A_2	1			3	4
A_3		6		3	9
销量	3	6	5	6	

（2）观察调整方案：运用“观察法”，观察每次的调整是否可以使费用降低（或距离缩短），一直到不能降低或缩短为止。

（3）计算验证方案：计算调整是否可以使费用进一步降低，直至不能再降低为止，即观察每一步的方案调整是否有利于距离已缩短和成本已降低。如果是距离已缩短和成本已降低，则说明方案调整是有效的，一直到距离不能再缩短，成本不能再降低为止。

初始方案运费：3×4+10×3+1×3+2×1+4×6+5×3=86（千元）

调整改进后的方案运费：2×3+5×3+1×1+3×8+4×6+5×3=85（千元）

3. 运输问题的图上作业法

图上作业法运用就近供应原则，交通线路可分为不成圈和成圈两大类：

（1）对于交通线路不成圈的情形，运量分配运用交通线路抓各端，各端供应归邻站。

例：有关交通线路图、供销量和运量分配如图6－10所示。要求流向线在线路右侧，流量在流向线一侧。

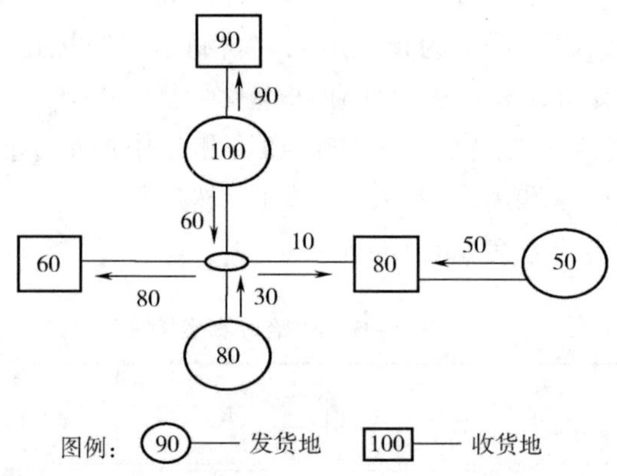

图6－10　线路不成圈的情形

（2）对于交通线路成圈的情形，先破圈，使线路图变为不成圈的情形，再按上述方法分配运量。破圈的方法是：甩一边破一圈，甩N边破N圈，在甩边时甩掉最长的一边。

例：有关交通线路图和供销量如图6－11所示。

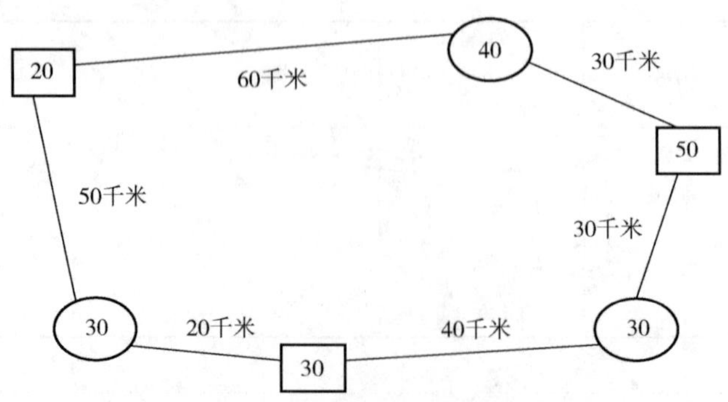

图6－11　交通图成圈的情形

解：(1) 先破圈，甩掉线路中最长的一段 (60 千米)，分配运量。

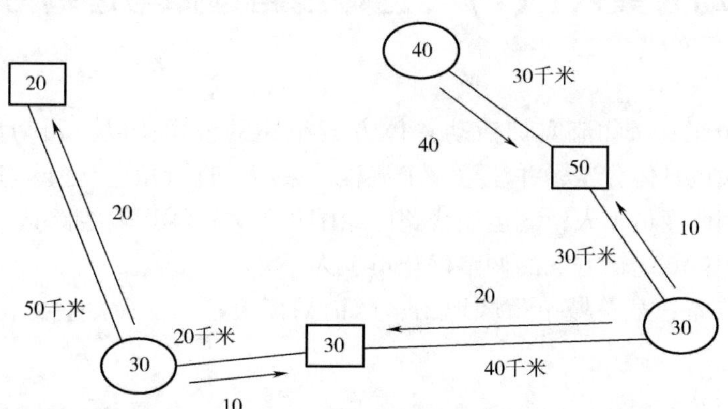

图 6－12　交通图成圈的情形

(2) 检验初始方案，补上甩掉的一段，将流向线按外圈、内圈各自相加，看是否超过全圈长的一半，如果没有则方案已达到最优，否则还需调整方案。

因为全圈长为 230 千米，外圈长 50 千米，内圈长 120 千米，即内圈长超过全圈长为 230 千米的一半，故方案还未达到最优，需要调整改进方案。

(3) 调整方案，补上甩掉的一段，将流向线尾端最小的流量在这一段通过，重新分配运量。

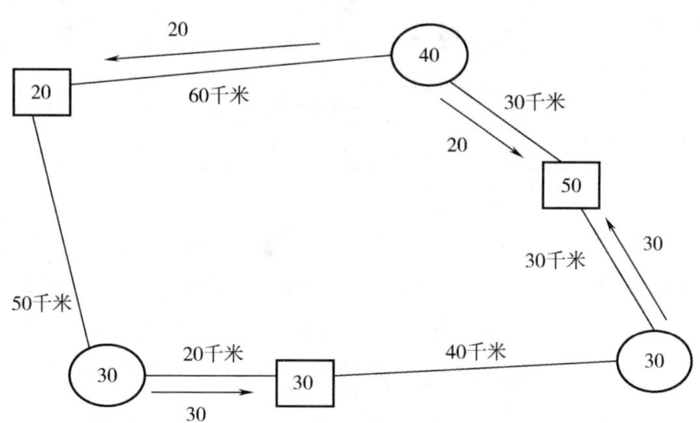

图 6－13　交通图成圈的情形

此时外圈长 110 千米，内圈长 30 千米，均小于全圈长的一半，故方案已达到最优。

现在我们就上述两方案的运输周转量 (运量 × 运距) 进行计算比较：

初始方案：$20 \times 50 + 10 \times 20 + 20 \times 40 + 10 \times 30 + 40 \times 30 = 3500$(吨千米)

优化方案：$30 \times 20 + 30 \times 30 + 20 \times 30 + 20 \times 60 = 3300$(吨千米)

实训活动方案六（1） 运输线路选择与运输方案确定

1. 活动准备

（1）人员分工：按物流实训活动总体方案组建的公司，以公司为单位开展活动，公司内部进行人员具体分工，并注意一个流程结束后，进行角色互换。①运输市场调研员 1 人；②车辆调度员 1 人；③运输线路图绘图员 1 人；④运输线路选择 2 人；⑤运输方案检验员 1 人；⑥运输方案的调整优化员 1 人。

（2）资料准备：某一城市市区地图、产销平衡表、调度命令登记簿、交通线路简图等。

（3）案例放送：

某服装加工厂 A 和 B 为该厂的四个主要客户仓库供货。管理者决定扩大产量，新建一个生产工厂，选址可在 C 或 D。请用运输模型的表上作业法帮助该厂管理者做出选址决策。其他资料如表 6－7 所示，单位运价为元/千套。

表 6－7 服装厂的生产能力、客户需求量及单位运价表

	现有工厂		待选工厂		需求量（千套）
	A	B	C	D	
客户 1	25	60	30	35	10
客户 2	30	30	50	40	12
客户 3	35	25	66	80	15
客户 4	55	25	90	70	9
生产能力（千套）	17	14	15	15	46

某公司现有 A、B、C 三个工厂，位于不同的三个城市。现有两个仓库 Q/P 也位于不同的城市。为更好地服务客户，随时保证供货，现决定再建一个新仓库。每个仓库每月需供应市场 2100 吨产品。经调查研究和评价，X、Y 两点可建仓库。其他资料如表 6－8 所示，单位运价为元/千套。请用运输模型的表上作业法做出科学选择。

表 6－8 工厂的生产能力及单位运价表

	从工厂到仓库的单位运价（元/吨）				生产量（吨）
	Q	P	X	Y	
A	25	60	30	35	2400
B	30	30	40	38	2400
C	35	25	55	66	1800
销售量（吨）	2100	2100	2100	2100	6300

某地区土豆产销平衡表及运距列于表6-9，试用表上作业法确定最佳运输方案。

表6-9　产销平衡及运距表

销售地 生产地	B_1	B_2	B_3	B_4	产量（吨）
A_1	13	27	25	23	80
A_2	17	9	8	19	70
A_3	18	14	7	12	120
销量（吨）	80	40	90	60	270

某药业集团公司有四个生产工厂，周围有四个药品零售商店，简易交通线路图如图6-14所示。产销量（万盒）平衡，试用图上作业法确定最佳调运方案。

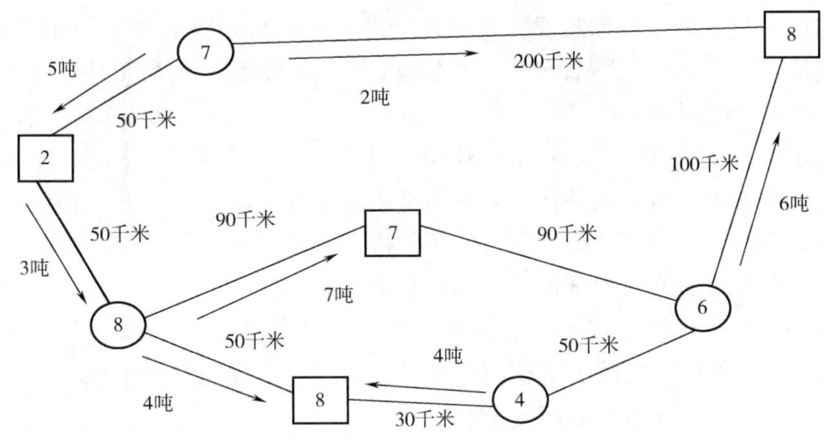

图6-14　某地区简易交通图

2. 活动方案

（1）根据案例资料，每组（模拟公司）温习相关知识，按能力目标、知识目标，整理所收集的资料。

（2）熟悉运输线路类型及其选择方法，运输线路优化及其运输方案的确定。

（3）在学院教室或实训室明确本活动的工作任务：指定扮演角色、完成作业流程及单证的流转。

任务五　车辆运用效率指标与运输计划

一、认知车辆运用效率指标

（一）车辆时间利用指标

反映车辆时间利用程度的指标有车辆工作效率、平均每日出车时间、昼夜时间利用

系数，以及出车时间利用系数。

1. 车辆工作率

车辆工作率是指一定时期（年、季、月）内，营运车辆总车日中，工作车日所占的比重。其计算公式为：

车辆工作率 =计算期工作车日/同期总车日 × 100%

该指标的实际意义在于反映一辆车或企业车辆在一定时期内，车辆工作的总时间情况。在其他条件不变的情况下，车辆工作效率越高，表示车辆时间利用程度越高。

概念中有关名词的含义是：

（1）总车日。一辆在册营运车只要在企业驻留一天，不论营运与否、技术状况如何，均计为一个车日。总车日也称营运车日，按一定时期（年、季、月）内在用营运车辆所对应的车日累计。

（2）工作车日。一辆营运车一天（24 小时）内只要出车工作过，即计为一个工作车日。公式中的工作车日，按每天参加营运工作的车辆数累计。

（3）完好车日。就是技术状况完好车辆所对应的车日。完好车日内车辆停驶待班，称为待运车日。营运车辆的技术状况，用车辆完好率来衡量，其含义是完好车日在总车日中所占的比重。计算公式如下：

车辆完好率 =完好车日/总车日 ×100%

出车工作的营运车辆必须是技术完好的车辆。而技术状况完好的车辆，在相应的车日内，因货源等因素的影响，车辆有可能停驶待运，不一定出车工作。因此，车辆工作率与车辆完好率的大小关系为车辆工作率≤车辆完好率。

（4）非完好车日。指非技术状况完好车辆所对应的车日。一般有两种情况，即车辆处于保修状态和等待报废状态，相应的车日称为待废车日和保修车日。

据上所述，总车日的构成如图 6－15 所示。

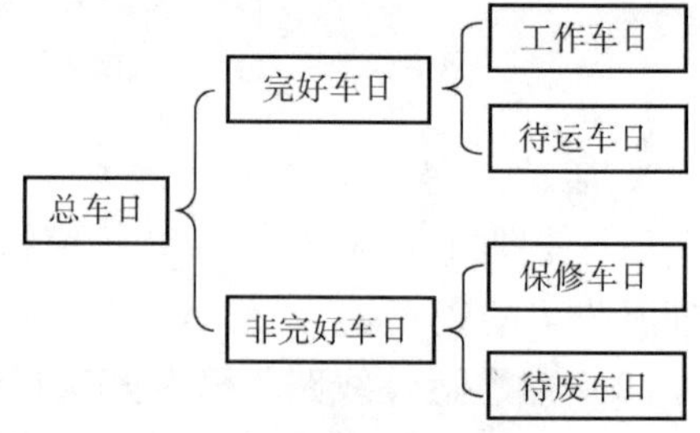

图 6－15　总车日结构示意图

2. 平均每日出车时间（小时）

平均每日出车时间是指计算期内（年、季、月），一个工作车日所占的平均出车时间，计量单位是小时/天。计算公式如下：

平均每日出车时间 =计算期每日出车时间累计/同期工作车日总数

该指标反映出在车辆工作率一定的情况下，平均每日出车时间越多，车辆的时间利用程度越高。

在运输组织过程中，影响平均每日出车时间的主要因素有：企业的工作时间制度、运输组织水平、运输距离、道路通阻及天气情况等。

3. 昼夜时间利用系数

昼夜时间利用系数是指计算期工作车日内，平均每日出车时间在一昼夜时间（24 小时）中所占的比重。计算公式如下：

昼夜时间利用系数 =平均每日出车时间（小时）/24 小时

从公式中可以看出，昼夜时间利用系数越高，表明车辆的时间利用程度越高。实行双班或多班工作制度是提高昼夜时间利用系数的有效措施。但从行车安全的角度出发，并不意味着车辆的昼夜时间利用系数越高越好。

4. 出车时间利用系数

营运车辆的出车时间由运行时间和停歇时间两部分构成。其中运行时间是指车辆在运行状态下耗用的时间，它是车辆时间利用中的有效时间，而停歇时间，如等待装卸、技术作业和必要的休息，则是车辆时间利用的一种浪费。

出车时间利用系数是指计算期内运行时间占出车时间的比例。计算公式如下：

出车时间利用系数 = 车辆运行时间/车辆出车时间

公式的含义是：出车时间利用系数越大，说明车辆时间利用程度越高。提高出车时间利用系数的有效途径就是压缩出车时间中的停歇时间。

（二）车辆速度利用指标

车辆的速度是指汽车的设计最高速度，即汽车的额定最高车速。车辆的速度利用程度，主要以技术速度、营运速度、平均车日行程三个指标来考量。

1. 技术速度

技术速度是指营运车辆在运行时间内的平均行车速度，即在纯运行时间内平均每小时运行的公里数。计算单位是千米/小时，计算公式如下：

技术速度 = 计算期总行程（千米）/同期运行时间（小时）

公式中，总行程是指营运车辆在一定时期内出车工作行驶的千米数。

技术速度是直接反映汽车设计速度利用程度的指标，显然，技术速度越高，车辆的速度利用就越充分。实际运行中，影响技术速度的因素主要有：汽车发动机性能、技术状况、道路条件、车流密度、载重情况、操作水平、天气情况等。

2. 营运速度

营运速度是按出车时间计算的车辆平均速度，即在出车时间内平均每小时运行的千米数。计算单位是千米/小时，公式如下：

营运速度 = 计算期总行程（千米）/同期出车时间（小时）

营运速度与技术速度一样，都是反映车辆速度利用程度的指标，都是指平均速度而言的，只不过前者是出车时间内的，后者是运行时间内的。根据上面的公式不难推出：营运速度 = 技术速度 × 出车时间利用系数，由此可见，凡是影响技术速度和出车时间利用系数的因素，同时也是影响营运速度的因素。

营运速度高意味着在相同的出车时间内，行驶的里程更长，完成的运输工作量更多，营运速度高对节约旅客的乘车时间，减少货物在途时间，加速货物周转和商品流通，提高车辆生产率和企业市场竞争力，具有非常重要的作用。

3. 平均车日行程

平均车日行程是以车日作为时间单位计算的综合性速度指标。它是指计算期内，营运车辆平均每个工作车日内行驶的千米数，计量单位为千米/车日。可按下述三个公式计算：

平均车日行程 = 平均每日出车时间 × 营运速度

平均车日行程 = 平均每日出车时间 × 出车时间利用系数 × 技术速度

平均车日行程指标可以综合反映营运车辆在时间和速度两方面的利用程度。

（三）车辆行程利用指标

车辆行驶的状态有载重和空驶两种情况，相应的车辆总行程也就由载重行程和空驶行程两部分构成。载重行程是运输生产的有效行程，空驶行程是车辆行程的一部分，本身不能够产生经济效益，是应该在运输组织中要尽力压缩的行程。

总行程可按下列两种公式计算：

总行程＝平均车日行程×工作车日数

总行程＝平均营运车数×日历天数×车辆工作率×平均车日行程

反映总行程利用程度的指标主要是行程利用率。行程利用率是指总行程中，载重行程所占的比重。

行程利用率的反向指标是空驶率，反映的是空车行程在总行程中所占的比重。

行程利用率＝1－空驶率

行程利用率是个重要的指标，它的高低直接影响车辆生产率的高低。影响行程利用率的因素主要有：客、货流量在时间上和空间上的分布情况及车辆运输组织水平等。

（四）车辆载重（客）量利用指标

营运车辆的载重能力是指车辆的载货质量或载客量。表示车辆载重能力的指标是车辆额定吨位或额定座位数。反映车辆载重能力利用程度的指标是吨（座）位利用率和实载率。

1. 吨（座）位利用率

吨（座）位利用率的计算分两种情况：

（1）考察一辆营运车的一个运次（班次）载重能力的利用程度，实质是单车吨（座）位利用率，其计算公式如下：

吨（座）位利用率＝实际载重（客）量/额定载重（客）量×100%

（2）考察全部营运车辆一定时期内载重能力利用程度，实质是平均吨（位）利用率，计算公式如下：

吨（座）位利用率＝计算期总换算周转量/同期总载重行程载重量×100%

公式中，换算周转量，是将载客或载货周转量按10人/千米＝1吨/千米的比例，换算成统一的计量单位。即在计算货车的吨位利用率时，货车附载旅客所完成的旅客周转量应换算为吨/千米，在计算客车的座位利用率时，应将客车附载货物所完成的货物周转量换算成人/千米。

总载重行程载重量是指一定时期内全部营运车辆的载重行程载重量总和，是每一辆营运车的载重行程（重车千米）与其额定吨（座）位的乘积的合计数。载重行程载重量，表示全部营运车辆载重行驶时的载重能力。其含义是：载重运行的全部车辆在满载时能够完成的运输工作量（吨/千米或人/千米）。

2. 实载率

实载率是按全部营运车辆一定时期内的总行程计算的载重能力利用程度指标，其计算公式如下：实载率＝计算期总换算周转量/同期总行程载重量×100%。

公式中，总行程载重量是指一定时期内全部营运车的总行程载重量总数，按各辆营运车的总行程与其额定吨（座）位乘积累计计算。总行程载重量表示全部营运车总行程的载重能力，其含义是：一定时期内全部营运车辆行驶的总行程，在车辆满载的条件下可能完成的最大运输工作量（吨/千米或人/千米）。

实载率是车辆行程利用程度和载重能力利用程度的综合反映。

（五）车辆拖挂能力利用指标

为有效提高车辆生产率，降低运输成本，增加经济效益，货运汽车允许拖带挂车运输。一般情况下，因安全原因，货运车辆拖挂以一车一挂为宜，且挂车载货量不得超过拖带主车的载货量。

根据规定，汽车拖挂运输中，挂车完成的货物周转量和货运量，并入汽车计算。车吨产量只按汽车的额定吨位计算。为此，设置拖运率指标来反映营运车辆拖挂能力的利用程度。

拖运率是指在计算期汽车和拖带的挂车合计完成的货物周转量中，挂车完成的周转量所占的比重。计算公式如下：

拖运率（ω）= 挂车周转量/（主车周转量 + 挂车周转量）×100%

一般情况下，拖运率小于等于50%。

车辆运用效率指标之间的关系：

平均营运车数(A) × 日历天数(D) = 总营运车日($D_{总}$)

总车日 × 工作率(α) = 工作车日($D_{工}$)

工作车日 × 平均车日行程(l) = 总行程(L)

总行程 × 行程利用率(β) = 有载行程($L_{有}$)

有载行程 × 营运车平均吨位(q) = 有载行程吨位公里(L_q)

有载行程吨位公里 × 吨位利用率(γ) = 主车完成的运输周转量($T_{主}$)

主挂车合计完成的运输周转量($T_{合}$) = $T_{主} \times \dfrac{1}{1-\varpi}$

二、认知运输生产计划

运输生产计划是运输企业经营计划的重要组成部分，是运输企业计划期内应完成的运输工作量的工作计划。

（一）运输生产计划的作用

运输生产计划是组织运输生产的重要依据，在生产经营管理工作中有着十分重要的作用，主要表现在：

（1）充分满足市场对运输服务的需求。保证工、农业生产的迅速发展，不断提高汽车运输企业的经济效益，降低运输费用。

（2）通过编制运输生产计划，可以使企业中的有关人员明确自己的运输生产任务，明确努力方向，按任务要求协调自己的行动，提高工作效率。运输生产计划反映了运输企业在计划期内可以为社会提供运输服务的能力，而且是以具体的数值来表明满足社会需求的程度。市场需求发生变化时，可以通过适当地调整运输生产计划，来做到适应市场环境，提高经济效益。

（3）促进各种运输方式的综合利用和合理分工，是编制企业经营目标的依据。企

业经营目标主要是通过利润计划来反映的。

（二）运输生产计划的任务

运输生产计划是企业组织运输生产的依据，其基本任务如下：

（1）摸清资源情况，掌握货流的规律，落实货源。

（2）科学、合理地将任务分解到各基层单位。

（3）与其他运输方式紧密配合，合理分流，组织好多式联运。

（4）尽可能组织合理运输和直达运输。

（5）组织连续、均衡生产，充分合理利用现有的运力。

（三）编制货运生产计划的方法

综合平衡是编制计划的基本方法，在编制货运生产计划时必须实现以下基本平衡：

（1）生产任务同设备能力、物资供应、劳动力之间的平衡。

（2）各项计划指标之间的平衡。

（四）运输生产计划的编制

货运生产计划由运输量计划、车辆计划、车辆运用计划和车辆运行作业计划四部分构成。通常，先编制运输量计划，明确任务。然后，编制车辆计划与车辆运用计划，以满足运输量计划的要求。

1. 运输量计划

（1）运输量计划的内容。运输量计划以货运量和货物周转量为基本内容，主要包括：货运量与货物周转量的上年度的实绩、本年度及各季度的计划值以及本年计划与上年度实绩之间的比较等内容。

（2）编制运输量计划的依据。任何一项生产计划的编制，都必须以深入的市场调查为基础。运输企业在生产力的三要素中，仅能掌握劳动者和劳动工具，不控制劳动对象。因此，对汽车货运企业而言，进行深入而详尽的市场调研，掌握货流的详细情况就显得尤为重要。通常可根据下列资料确定货物运输量。

（3）运输量计划的编制。①当运力小于运量时，应以车定产。运输产业活动中经常存在着运力与运量之间的矛盾。当运力不能满足社会需要时，只能通过对运输市场的调查（即掌握汽车客、货运输的流量、流向、运距），确定实载率和车日行程后，按照确保重点、照顾一般的原则，采取以车定产的办法确定货物运输量的计划值。

②当运力大于社会需要时，应以需定产。根据运输需求量，决定运输服务供给投入运力的多少。一般情况下，此种运输服务供给应在保持合理车辆运用效率指标水平的基础上，预测投入的车辆数，并将剩余运力另作安排。运距的长短、实载率的高低以及装卸停歇时间的长短等都会影响车日行程，并连锁反应到影响周转量上。因此，实载率和车日行程必须根据不同情况分别测算后综合确定。运输量的计划值，还必须通过与车辆运用计划平衡后确定。

2. 车辆计划

（1）车辆计划的含义与内容。车辆计划即企业计划期内的运力计划，主要表明企业在计划期内营运车辆类型及各类车辆数量的增减变化情况及其平均运力。它是衡量企业运输生产能力大小的重要指标，可为编制运输生产计划提供企业生产经营实力的依据。在编制运输量计划的同时，应编制车辆计划。车辆计划的主要内容包括：车辆类型及区分年初、年末及全年平均车辆数、各季度车辆增减数量、标记吨位等。

（2）车辆计划的编制过程。车辆计划是反映运输企业在计划期内营运车辆数及其参数的变化情况。它是确定企业运输量的主要依据之一，其主要内容包括：

①确定年初车辆数、增加与减少车辆数、标记吨位、年末车辆数、车辆数、平均总吨位数。年初车辆数及吨（座）位数应根据前一期统计期末实有数列入，对于这些车辆首先应对其技术状况进行鉴定。对于性能低、燃耗高、维修频繁的车辆，应考虑是否需要淘汰。再根据编制的运输量计划和预测的运输需求资料，研究原有类型车辆的适用程度，分析哪些车辆多余、哪些车辆不足，最后确定应该增减车辆的数量。

增加车辆包括由其他单位调入和新购入车辆，对于欲购新车应考虑是否具有足够的资金、车型是否适用、是否具备相应的技术人员及配套设施等。减少车辆包括报废车辆、调给其他单位的车辆、经批准封存的车辆和由营运改为非营运的车辆，对于欲减少的车辆应确定一个合理可行的处置方法。

车辆的标记吨位应以记载于车辆行驶证上的数据为准，不得随意更换改动。若车辆进行过改装，则应以改装后的数据为准。

年末车辆数及吨（座）位数，按计划期车辆增减变化后的实际数统计，其相关指标的计算公式如下：

$$\text{平均车数} = \frac{\text{计划营运车日总数}}{\text{计划期日历天数}}$$

$$\text{平均每日吨(座)位数} = \frac{\text{计划期营运车吨(座)位日总数}}{\text{计划期日历天数}}$$

车吨(座)日 = 总营运车日 × 总标记吨位

②确定车辆增减时间。增减车辆的时间通常采用“季中值”法确定，即不论车辆是季初还是季末投入或退出营运，车日增减计算均以每季中间的那天起算。这是因为在编制计划时很难预定车辆增减的具体的月份和日期。为简化计算工作，可采用表6－10所列近似值作为计算各季度车辆增减前车辆在企业的保有日数。

表6－10　增加车辆季中值计算日数

时间	第一季度	第二季度	第三季度	第四季度
增加后计算日数	320	230	140	45
减少后计算日数	45	140	230	320

3. 车辆运用计划

（1）车辆运用计划的含义与内容。运输量计划中所确定的运输任务能否如期完成，不但与车辆计划所确定的车辆数有关，而且还与车辆的运用效率直接有关。同等数量、同样类型的车辆，由于运用效率有高有低，所以完成的运输工作量也就不同。

车辆运用计划是运输企业计划期内全部营运车辆生产能力利用程度的计划，是计划期内车辆的各项运营效率指标应达到的具体水平。车辆运用计划是根据运输量计划、车辆计划来确定的，是平衡运力与运量计划的主要依据之一，同时也是企业生产经营计划、技术计划、财务计划和核算的重要组成部分，因此，车辆计划与车辆运用计划紧密

结合。

车辆运用计划由一整套完整的车辆运营效率指标体系所组成，通过这些指标的计算，可以求出车辆的计划运输生产效率。

（2）车辆运用计划编制的依据。

①企业运输组织管理水平和手段。包括企业车辆运营效率指标的历史水平、劳动组织方式、管理手段及车辆调度技术等。

②货源的分布及组织情况。在编制车辆运用计划时，对货源的充沛程度及货流量在时间上和空间上的分布情况等必须予以注意。若货源不足或货流在时间上和空间上不均衡，车辆就不能保持较高的实载率，还会使挂车不能充分利用，影响拖运率的提高。

③计算车辆完好率水平。车辆完好率与车辆工作率之间存在着一定的制约关系，在编制车辆运用计划时，必须首先确定车辆完好率的计划值，车辆工作率应以车辆完好率的计划值为极限。

（3）车辆运用计划的编制。车辆运用计划编制，关键的问题是确定各项车辆运用效率指标的值。各指标的确定应以科学、合理、可行、先进而有弹性为原则，应能使车辆在时间、速度、行程、载重量和动力五个方面得到充分合理的利用，还应充分考虑市场供求关系、企业经营方针、经济效益和安全生产等方面的因素。科学合理的指标为组织运输生产经营提供了可靠的保证。反之，不切实际的指标必然直接影响运输计划能否贯彻执行。

编制车辆运用计划的方法有以下两种：

①顺编法。顺编法是以“可能”为出发点，即先确定各项效率指标值，在此基础上确定计划可完成的运输量。其具体计算过程是：首先根据计算车辆生产率的顺序，逐项计算各项效率指标的计划数值，再计算保持相同水平时，可能完成的运输量，最后与运输量计划相对照。如果符合要求，表明可以完成任务，就可以根据报告期的统计资料和计划启动货源情况，计算计划启动各项利用效率指标的数值，编制车辆运用计划。如果计算的结果与运输量计划有较大差异，特别是低于运输量计划时，则应调整车辆运营效率指标，直到两者基本相符为止，才能据以编制车辆运用计划。

案例资料1：某货运企业第一季度平均营运货车数为100辆，其标记吨位为5吨。经分析测算，全年车辆完好率平均为95%，由于各种原因导致停驶的完好车辆占营运车辆总数的5%，技术速度为每小时60千米，工作车时利用率为70%，平均每日出车时间为10小时，总行程中的空驶行程占40%，吨位可得到充分利用，运输量计划中所示的平均运距为80千米，货物运输周转量为10200000吨千米。根据这些资料确定各项车辆运营效率指标的计划值，并编制车辆运用计划底稿，样式见表6－11。

②逆编法。逆编法是以“需求”为出发点，通过既定的运输工作量来确定各项车辆运营效率指标必须要达到的水平。各指标值的确定必须经过反复测算，保证具有完成运输任务的可能。同时也要注意不应完全受运输量计划的约束，若把各项车辆运营效率指标的计划值压得过低，则会抑制运输生产能力的合理发挥。

案例资料2：依上例该货运企业第二季度运输量计划中确定的计划货物运输周转量为7290000吨千米，货运量为91125吨，车辆计划中确定的平均营运货车数为100辆，其标记吨位为5吨。全年车辆完好率平均为95%，工作率为85%～90%，平均车日行程为178千米～200千米，里程利用率为65%～75%，载重量利用率为90%～100%，拖运率为30%，试用逆编法编制车辆运用计划底稿，样式见表6－11。

表6－11　车辆运用计划底稿

指标		单位	计算过程	计划值
汽车	营运总车日	车日		
	平均营运车辆	辆		
	平均每日吨位数	吨位		
	车辆平均吨位	吨位		
	车辆完好率	%		
	车辆工作率	%		
	工作车日数	车日		
	平均车日行程	千米		
	总行程	千米		
	里程利用率	%		
	载重行程	千米		
	载重行程吨位千米	吨位千米		
	载重行程吨位利用率	%		
	主车完成的运输周转量	吨千米		
挂车	拖运率	%		
	挂车完成的运输周转量	吨千米		
主挂车合计	主挂合计周转量	吨千米		
	平均运距	千米		
	货运量	吨		
	车吨期产量	吨千米/吨位		
	单车期产量	吨千米/辆		
	车千米产量	吨千米/千米		

4. 车辆运行作业计划

（1）车辆运行作业计划的概念。车辆运行作业计划，是为了完成运输生产计划和实现具体的运输过程而编制的运输生产作业性质的计划。它具体规定了每一辆汽车（列车），在一定时间内必须完成的运输任务、允许的作业时间和应达到的运用效率指标。

车辆运行作业计划的主要任务表现为两个方面：一方面是把企业基层车队、车站和车间以及有关职能部门有机组织起来，协调一致地开展工作；另一方面是不断提高运输效率，保证企业按日、按期均衡完成运输任务，全面完成各项技术经济指标。

（2）编制车辆运行作业计划的重要性。车辆运行作业计划是运输生产计划的具体执行计划，是运输生产计划的继续。运输生产计划虽然按年、季和月安排了生产任务，

但它只是粗略的、纲领性的生产目标，不可能对运输生产的细节做出细微的安排。所以，必须制定车辆运输作业计划，以便实现具体的运输生产过程。

（3）车辆运行作业计划的类型。车辆运行作业计划有不同的形式，根据其计划期间的长短，可分为以下几种：

①长期运行作业计划。

②短期运行作业计划。

③日运行作业计划。

（4）车辆运行作业计划的编制。车辆运行作业计划的编制依据当月的货运任务和已经接受的托运计划和运输合同、计划期的出车能力和装卸货地点的装卸能力、车辆运行作业计划的各项技术参数等，并且其编制必须按照一定的程序进行。

编制车辆运行作业计划是一项复杂细致的工作。在货源比较充足时，要编好车辆运行作业计划，保持良好的运输生产秩序，不失时机地完成尽可能多的运输业务。当货源比较紧张时，也要通过编制车辆运行作业计划，尽可能提高车辆运用效率。

■ 总结与回顾

为了降低物流成本，优化物流系统，首先要进行运输系统的优化和运输成本的降低。本章通过对运输优化的含义、内容的解释，分析了运输合理化的措施。在整个运输合理化过程中，运输工具的选择和路线的选择，尤为重要。因此本项目把这两个内容重点进行了阐述，介绍了运输工具选择时应该考虑的因素及常用的方法，运输路线的类型及运输线路优化的方法。

实训活动方案六（2） 运输计划与调度

1. 活动准备

（1）人员分工：按物流实训活动总体方案组建的公司，以公司为单位开展活动，公司内部进行人员具体分工，并注意一个流程结束后，进行角色互换。①计划组：运输量计划 1 人、车辆计划 2 人、车辆运用计划 2 人、车辆运行作业计划 3 人；②车辆调度组：调度员 2 人。

（2）资料准备：车辆运用计划底稿、产销平衡表、调度命令登记簿、交通线路简图等。

（3）案例放送：

①某企业 4 月初共有营运车辆 500 辆，其中有 10 辆自 4 月 11 日批准报废，20 辆自 4 月 21 日批准报废，车辆报废前为非完好车日；另有 20 辆从 4 月 16 日进入企业参加营运，其余车辆没动，试计算该企业 4 月份的营运总车日、完好车日、非完好车日、完好率、非完好率。

②某运输公司额定吨位是 10 吨的载货汽车一辆，8 月份工作车日是 25 车日，待运 4 车日，该月总的出车时间是 180 小时，路线行驶 120 小时，货物装卸 30 小时，空驶

1000千米，载重行驶7000千米，完成62000吨千米的货运任务，计算8月份该车的完好率、工作率、技术速度、营运速度、平均车日行程、吨位利用率、里程利用率、实载率、非完好率。

③根据某车队某月车辆运用情况资料，计算各种车型和全队的里程利用率、吨位利用率和实载率。

表6－12　车辆运用资料表

指标 车型	总行程 /千米	重车千米 /千米	总行程吨位 千米/千米	重车吨位千米 /千米	周转量 /吨千米
A型车	200000	120000	800000	480000	432000
B型车	40000	20000	100000	50000	50000
合计	240000	140000	900000	530000	482000

2. 活动方案

（1）根据案例放送资料，每组（模拟公司）温习相关知识，按能力目标、知识目标整理所收集的资料。

（2）熟悉运输计划的组成及编制方法，掌握车辆调度工作。

（3）在学院教室或实训室明确本活动的工作任务：指定扮演角色，完成作业流程及单证的流转。

课堂训练六

一、单项选择题

1. 集装箱堆场的布置方式有（　　）。

A. 一种　　B. 两种　　C. 三种　　D. 四种

2. 厂区出入口的设计往往采取（　　）字型辅助道路形式。

A. Y　　B. L　　C. S　　D. T

3. 我国目前设计采用的通道宽度垂直式取 10 ~ 12 米，平行式取 4.5 米左右，车辆双向行驶，最小宽度不宜小于（　　）。

A. 3.75 米　　B. 6 米　　C. 5 米　　D. 10 米

4. 停车车位数大于 50 辆时，应设置两个出入口；大于 500 辆时应设置 3 ~ 4 个出入口。出入口之间净距离必须大于（　　）。

A. 3.75 米　　B. 6 米　　C. 5 米　　D. 10 米

5. 车辆双向行驶出入口宽度不得小于 7 米，单向行驶出入口宽不得小于（　　）。

A. 3.75 米　　B. 6 米　　C. 5 米　　D. 10 米

6. 定挂运输和甩挂运输统称为（　　）。

A. 多班运输　　B. 专业运输　　C. 拖挂运输　　D. 直达运输

7. 物流运输线路从起点到终点，常见的有两大类（　　）。

A. 成圈和不成圈　　B. 汇集式和不成圈

C. 循环式和成圈　　D. 往复式和不成圈

8. 某额定吨位 8 吨的货车，5 月份完成的货物周转量是 12.5 万吨千米，总行驶里程为 2000 千米，实载率为（　　）。

A. 30%　　B. 50%　　C. 78%　　D. 80%

9. 在车辆吨位完全相同的条件下，若实载率为 60%，吨位利用率为 80%，则行程利用率为（　　）。

A. 50%　　B. 60%　　C. 70%　　D. 75%

二、多项选择题

1. 站台空间布置可分为（　　）区域。

A. 进货发货区　　B. 装卸搬运设备占用区

C. 车辆和人员出入通道　　D. 集装箱堆场区

2. 站台的设计形式主要有（　　）。

A. 锯齿形　　B. 直线形　　C. 平行形　　D. 垂直形

3. 站台进出货空间设计停车台形式的设计一般有（　　）。

A. 开放式　B. 齐平式　C. 内围式　D. 垂直式

4. 停车场设计的停车方式有（　）。

A. 平行式　B. 垂直式　C. 开放式　D. 斜角式

5. 停车场设计的发车方式有（　）等。

A. 前进式停车，前进式发车　B. 后退式停车，前进式发车

C. 前进式停车，后退式发车　D. 后退式停车，后退式发车

6. 在运输工具选择时，一般应考虑以下（　）费用等因素。

A. 品种　B. 时间　C. 距离　D. 数量

7. 选择运输工具的方法有（　）。

A. 运输成本比较法　B. 综合因素分析法

C. 服务质量比较法　D. 运输价格比较法

8. 运力选择不当主要包括（　）。

A. 弃水走陆　B. 铁路、大型船舶的过近运输

C. 运输工具承载能力选择不当　D. 车辆过分专用

9. 组织多班运输，在运输组织方面，主要应注意解决好驾驶员的（　）。

A. 劳动组织　B. 车辆行车调度

C. 发挥设备效率　D. 对外协调联系

10. 汽车运输生产率的提高取决于（　）等主要因素。

A. 汽车的载重量　B. 平均技术速度　C. 装卸停歇时间　D. 运输方式选择

11. 运输问题的表上作业法其做题步骤是在产销平衡表的基础上（　）。

A. 确定初始分配方案　B. 检验调整方案

C. 优化方案　D. 验证方案

12. 汽车运输生产计划是由以下（　）几部分组成。

A. 运输量计划　B. 车辆计划

C. 车辆运用计划　D. 车辆运行作业计划

三、判断题

1. 集装箱堆场场区内车流、货流的移动线路要通畅，且互不交叉。(　)

2. 集装箱堆场内有工艺联系的区域应使运输距离最短，可以交叉往返。(　)

3. 从企业的角度来说，运输合理化就是选择运输费用最低的运输费方式。(　)

4. 空驶是不合理运输中最为严重的表现形式。(　)

5. 线性规划数学模型的基本结构是由一个目标函数和一组约束条件所组成。(　)

6. 运输问题的表上作业法确定初始方案遵循就近供应原则，图上作业法确定初始方案运用最小元素法。(　)

7. 车辆运用计划的“顺编法”就是以需要为出发点来编制。(　)

8. 在编制运输量计划遇到运力小于运量时应“以车定产”。(　)

四、概念题

多班运输　运输生产计划

五、计算题

项目一：某公司现有A、B、C三个工厂，位于不同的三个城市。现有两个仓库Q、P，也位于不同的城市。为更好地服务客户，随时保证供货，现决定再建一个新仓库。每个仓库每月需供应市场2100吨产品。经调查研究和评价，X、Y两点可建仓库。其他资料如表6－13所示，单位运价为：元/吨。请用运输模型的表上作业法做出科学选择。

表6－13　工厂的生产能力及单位运价表

	从工厂到仓库的单位运价/（元/吨）				生产量/吨
	Q	P	X	Y	
A	25	45	30	35	2400
B	30	34	40	38	2400
C	35	20	55	66	1500
销售量/吨	2100	2100	2100	2100	6300

项目二：某运输公司额定吨位是10吨的载货汽车，8月份工作车日是25车日，待运4车日，该月总的出车时间是180小时，路线行驶120小时，货物装卸30小时，空驶1000千米，载重行驶是7000千米，完成62000吨千米的货运任务，计算8月份该车的完好率、工作率、技术速度、营运速度、平均车日行程、吨位利用率、里程利用率、实载率、非完好率。

项目七　物流运输成本与收入管理

知识目标

1. 理解运输成本的含义
2. 掌握运输成本的分类与构成
3. 掌握运费计算规则
4. 掌握各种运输方式运费的计算
5. 掌握影响运输成本的因素
6. 理解运输成本控制的原则
7. 掌握降低运输成本的途径

技能目标

1. 能够正确运用运输费用的计算规则
2. 能够计算各种运输方式的费用
3. 具有影响运输成本因素的分析能力

任务一　认识物流运输成本

在市场经济条件下，任何经济活动都有自己的成本，作为运输经济活动也有自己的成本，这对于运输企业的微观决策与政府的宏观调控，都是必须考虑的。

一、认知运输成本

运输成本是为完成客货运输而支出的各种费用，即运输费用，是以货币的形式来反映运输企业完成一定的运输工作量所支付的各种生产费用的总和。或表述为：运输成本是指运输经营者完成运输任务所消耗的全部物化劳动和活劳动的货币表现。可见，运输成本包括两部分。

1. 物化劳动消耗

物化劳动包括固定设施设备、能源、信息系统等消耗的燃料费、折旧费、维修费、信息费、通行费等。

2. 活化劳动消耗

活化劳动运输过程中投入的人力资源消耗，运输业务人员、运输管理人员的工资、福利、培训、管理等费用。

运输成本一般又以单位运输产品的营运支出表示，即千吨（千人）千米成本。用公式表示：

$$单位运输成本 = \frac{运输总成本}{运输周转量}(元/千吨千米)$$

二、认知运输成本的类型

运输成本可以按照不同标志进行分类，主要有以下几种。

1. 按照生产要素划分

按照生产要素可划分为：外购材料费、外购燃料费、外购动力费、外购低值易耗品、职工工资、职工福利费、固定资产折旧费、固定资产维修费、其他费用支出等。

2. 按照经济用途划分

（1）车辆费用。企业营运车辆从事运输生产活动所发生的各项费用。包括：司机工资福利费、燃料费、轮胎折旧费、车辆修理费、车辆折旧、燃油税、年审费、车辆保险费、事故处理费、车船使用税（按照吨位计算）、路桥费以及其他费用等。

（2）营运间接费。运输企业以下的基层分公司、车队、车站所发生的营运管理费用。

3. 按照成本性态划分

（1）固定成本。在一定的运量范围之内与行驶里程和运量无关的相对固定的成本支出。例如：管理人员的工资、营运间接费用、管理费用、按照规定比例计提的工会经费等。

（2）变动成本。①车千米变动费用：在汽车运输中随着行驶里程变动的成本。例如：车辆燃料消耗费、轮胎费、折旧费、维修费、燃油税等。②吨千米变动成本：随着运输周转量而变动的成本。例如：吨千米燃料附加，按照营运收入和规定比例计算缴纳的运输管理费，按照周转量计算的行车补贴等。货物运输以载货物为主，成本计算单位为元/千吨千米。货物周转量是运输部门所运货物吨数与其运送距离的乘积，是反映货车运输数量的实物指标。

4. 各种运输方式运输成本的比较

任何种类的运输方式，其运输费用均由两大部分构成：场站费用和途中运输费用。场站费用包括货物的装卸、仓库、码头、管理经营机构和保养等费用。这项费用的大小仅与货物的体积、重量等有关，与运输距离无关；途中费用包括线路折旧、管理维修、运输工具磨损、动力消耗、保险等。这部分费用的大小和货物运输距离成正比。

各种运输方式的运输费用是根据各种运输方式在生产过程中所消耗的各种支出费用构成的。由于各种运输方式的特点不同，运输费用的组成项目不一定相同，各种费用在总成本中所占的比例也不一样，各种运输方式的运费构成也不一致。

铁路运输费用是综合机务、车辆、车站等直接从事运输生产的单位发生的各种费用来进行计算的，各项费用中包括员工工资、材料、燃料、物料、电力、固定资产的折旧和管理费用等。

水运运输费用和铁路运输费用不同，水运运输企业的运费可分为船舶费用和企业管理费用两大类，其中船舶费用是指船舶从事运输生产所发生的各项费用，如船员工资、燃润料、材料、基本折旧、修理、港口费用、事故损失费和其他分摊的费用等。

港口费用则按不同业务所发生的费用分为装卸费用、堆存费用、拖驳运输费用等。港口装卸费用是由装卸作业费用和分摊的企业管理费组成。装卸作业费包括人员工资、机械费、装卸工具费、过驳费、库场费、劳保费、作业区管理费等。

汽车运输费用项目分为车辆费用和企业管理费两大类。车辆费用包括员工工资、燃料费、轮胎费、营运车辆保修费、大修理提存、折旧费、养路费等。

各种运输方式运输费用的组成各不相同，各项费用在总费用中所占的比重也不相同。在铁路运输费用中，铁路线路的维修包括在内，内河运费中则不包括航道维护费用，而道路运输费用中燃料费用则占很大比重。在铁路运费中，员工工资的比重较大，这是因为铁路运输中除了有庞大的运输组织工作人员外，还有线路维修和线路建筑物的维修和机车车辆维修人员；水运则不计航道和航标工作人员，工资支出所占比重相对铁路就小；汽车运输只计驾驶员及助手的工资，服务和管理人员的工资计入管理费用，工资在成本中的比重则较小。

任务二　运输服务收费的计算

一、认知运输服务收费的计算规则

为了根据按货种别、距离别、批量别以及要求不同运输条件的货物计算运费，各种运输方式均制定出简单易行、合理的有关货物运价的各项规定，如《铁路货物运价规则》《水路货物运价规则》《汽车货物运输规则》《中国民航国内货物运输规则》等。各个规则对运费的计算都做了具体的规定，是运输企业计算货物运输服务收费（简称运费）和杂费的依据。

货物运价分号表。对有相同性质、特点的货物进行分类，然后把运输条件和运输成本大致相等的划分为一级，构成货物运价分号表，铁路称运价号，水运称运价等级。货物的运价号表就是将拟采用同一运价率的各种货物品名划归为一个运价号，运价分号表划分的原则是：数量不能太多，也不宜太少。除此之外，还有货物运价率表和货物运价里程表等。

二、熟悉计算货物运输服务收费的程序

1. 运费与运价的关系

运费是托运人因托运货物而应该向承运人支付的费用，是承运人向客户提供运输劳务所收取的报酬，而运价是计算运费的单价或费率。一般来说，运费与运价的关系就是运费等于运价与运输量的乘积。

2. 货物运输服务收费的计算

（1）根据货物运单上填写的货物名称查找货物运价分号表。

（2）整车、零担货物按货物使用的运价率，集装箱货物根据箱型、冷藏车货物根据车种分别在运价表中查出适用的运价率。

（3）按货物运价里程表计算出发站至到达站的运价里程。

（4）货物适用的发到基价加上运行基价与货物的运价里程相乘之后，再与按规则确定的计费重量相乘，计算出运费。

（5）杂费按规则的规定计算。

三、认知铁路运费计算

1. 确定出适用的运价号

《铁路货物运价规则》包含四个附件：附件一为《铁路货物运输品名分类与代码表》（以下简称为《分类表》），附件二为《铁路货物运输品名检查表》（以下简称为《检查表》），附件三、附件四为《铁路货物运价里程表》（分上、下册）。根据运单上填写的货物名称和运输种别查找《分类表》和《检查表》，确定出适用的运价号。

如果是列名内的货物，先查《检查表》查出该品名的拼音码、代码和运价号。《分类表》《检查表》中有具体名称时，按具体名称判定类别和运价号，不属于该具体名称的不能对照。《分类表》《检查表》中无具体名称时，则按概括名称判定类别和运价号。如果未列明的货物，可列入总类目未列明的其他货物。

2. 查出适用的发到基价和运行基价

当货物运价号确定后，整车、零担货物按货物适用的运价号，集装箱货物根据箱型，冷藏车货物根据车种，分别在《铁路货物运价率表》中查出适用的发到基价和运行基价。表 7－1 为部分铁路货物运价率表。

表 7－1　铁路货物运价率表

办理类别	运价号	发到基价		运行基价	
		单位	标准	单位	标准
整车	1	元/吨	5.60	元/吨千米	0.0288
	2	元/吨	6.30	元/吨千米	0.0329
	3	元/吨	7.40	元/吨千米	0.0385
	4	元/吨	9.30	元/吨千米	0.0434
	5	元/吨	10.20	元/吨千米	0.0491
	6	元/吨	14.60	元/吨千米	0.0704
	7	元/吨	9.60	元/吨千米	0.0437
	8	元/吨	10.7	元/吨千米	0.0490
	9	元/吨		元/吨千米	0.1500
	10	元/吨		元/吨千米	
	加冰冷藏车	元/吨	9.20	元/吨千米	0.0506
	机械冷藏车	元/吨	11.20	元/吨千米	0.0730

续表

办理类别	运价号	发到基价		运行基价	
		单位	标准	单位	标准
零担	21	元/10 千克	0.115	元/10 千克千米	0.0005
	22	元/10 千克	0.125	元/10 千克千米	0.0007
	23	元/10 千克	0.150	元/10 千克千米	0.000526
	24	元/10 千克	0.165	元/10 千克千米	0.000631
集装箱	1 吨箱	元/箱	10.00	元/箱千米	0.0336
	5 吨箱	元/箱	57.00	元/箱千米	0.2525
	10 吨箱	元/箱	118.50	元/箱千米	0.4234
	20 英尺箱	元/箱	215.00	元/箱千米	0.9274
	40 英尺箱	元/箱	423.00	元/箱千米	1.4504

3. 计算运价里程

根据运单上填写的发站和到站，按《货物运价里程表》计算出发站至到达站的运价里程。

运价里程是指按《货物运价里程表》的规定计算出来的两个车站间的里程。一般按照最短路径计算，不包括专用线及货物支线的里程，但应将国境站至国境线的里程计算在内。

4. 根据运输种别、货物名称、货物重量与体积确定计费重量

（1）整车货物的计费重量。整车货物除下列情况外，均按货车标记载重量计算运费。计费时，以吨为单位，吨以下四舍五入。如果货物重量超过标重时，按货物重量计费。

① 经铁路局批准使用矿石车、平板车、砂行车装运《分类表》“01、0310、04、06、081”和“14”类货物时按 40 吨计费，超过时按货物重量计费。

② 使用自备冷板冷藏车装运货物时按 50 吨计费，使用自备机械冷藏车装运货物时按 60 吨计费；使用标记载重量低于 50 吨、车辆换长小于 1.5 倍的自备罐车装运货物按 50 吨计费；始发、中途不加冰运输的加冰冷藏车和替代其他货车装运非易腐货物的铁路冷藏车，均按冷藏车标重计费。

③使用标记载重量不足 30 吨的家畜车，计费重量按 30 吨计费。

④使用车辆换长超过计划 1.5 倍的货车（D 型长大货车除外），本条未明定计费重量的，按其超过部分以每米（不足 1 米的部分不计）折合 5 吨与 60 吨相加之和计费。

⑤铁路配发计费重量高的货车代替托运人要求计费重量低的货车，如托运人无货加装，按托运人原要求车的计费重量计费。例如托运人在某站托运化工机械设备一套，货物重量 20 吨，托运人要求用 40 吨敞车装运，经调度命令确认以一辆 50 吨敞车代用，托运人无货加装，则其计费重量按 40 吨计算。若有货物加装，如加装 5 吨，则加装后按 50 吨计费。

［例7－1］兰州西站发往银川站一台设备，重24吨，用40吨货车装运，计算其运费。

第一步，查《检查表》运价号为8号；

第二部，查《货物运价率表》运价号为8号，发到基价为10.7元/吨，运行基价为0.0490元/吨千米；

第三步，查《运价里程表》，兰州西站至银川站运价里程为479千米；

第四步，计算运费，运费＝（10.7＋0.0490×479）×40＝1366.84（元）

（2）零担货物的计费重量。零担货物的计费重量以10千克为单位，不足10千克进为10千克，具体分三种情况计算重量：

① 零担货物有规定计费重量的，按规定计费重量计费。规定计费重量如表7－2所示；

② 按货物实际重量计费；

③ 按货物重量和折合重量择大计费。为保证零担货物运价与整车货物之间合理的比价关系，避免货物运输中发生运费倒挂、化整为零的现象，除前述两项特殊规定外，凡不足300千克/立方米的轻泡浮零担货物均按其体积折合重量与货物重量择大确定计费重量。

折合重量＝300×体积（千克）

［例7－2］某站发送一批零担货物，重225千克，体积为0.90立方米，确定其计费重量。

解：在确定计费重量时，其折合重量＝300×0.90＝270千克。

由于折合重量270大于实际重量225，因此计费重量应为270千克。

表7－2 零担货物规定计费重量表

顺序	货物名称	计费单位	规定计费重量/千克
1	组成的摩托车		
	双轮	每辆	750
	三轮（包括正、侧带斗的，不包括三轮汽车）	每辆	1500
2	组成的机动车辆、拖斗车（单轴的拖斗车除外）		
	车身长度不满3米	每辆	4500
	车身长3米以上，不足4米	每辆	7500
	车身长4米以上，不足5米	每辆	1500
	车身长5米以上	每辆	19500
3	组成的自行车	每辆	100
4	轮椅、折叠式疗养车	每辆（件）	60
5	牛、马、骡、驴、骆驼	每头	500
6	未装容器的猪、羊、狗	每头	100
7	灵柩、尸体	每具	1000

续表

顺序	货物名称	计费单位	规定计费重量/千克
8	每立方米重量不足300千克的轻泡货物	立方米	300
9	“童车”“室内健身车”“209其他鲜活货物”“9914搬家货物、行李”“9960待定集装化货物”	实重	

（3）集装箱货物计费重量。集装箱货物运价以箱为单位，因此只需知道各种类型集装箱的个数。如货物运输采用的是标准尺寸的集装箱，则只需要知道运输过程中有多少个此种类型的集装箱，找到适用的发到基价、运行基价和运价里程，就可计算出运费。

5. 运费计算

（1）按《价规》规定的运价率核收的运费。由于铁路运输分为整车、零担和集装箱等货物运输形式，因此在计算运费时应按照不同形式分别计算运费。

①整车货物运费的计算。整车货物运费=每吨运价×计费重量（按重计费）。其中，每吨运价=发到基价+运行基价×运价里程。

②零担货物运费的计算。零担货物运费=每10千克运价×计费重量/10。其中，每10千克运价=发到基价+运行基价×运价里程。

零担货物每批的起码运费，发到基价为1.60元，运行基价为0.40元。

③集装箱货物运费的计算。集装箱货物运费=每箱运价×箱数。其中，每箱运价=发到基价+运行基价×运价里程。

（2）加收运费的计算。《铁路货物运价规则》有三个附录：附录一为铁路电气化附加费核收办法，附录二为新路新价均摊运费核收办法，附录三为铁路建设基金计算核收办法。

在铁路运输中有时需要加收运费，此时运费由两部分组成：①按《价规》规定的运价率核收的运费；②加收运费的运价率。计算时，首先将这两部分的运价率相加后，再乘以货物的计费重量，即：

发到运费=发到基价×计费重量（或箱数）

运行运费=（运行基价+加收运价率）×运价里程×计费重量

计算出的每批货物运费尾数不足0.1元时，按四舍五入计。

（3）铁路货运其他费用。铁路运费不仅包括运输过程中的费用，加收费用，还包括下列费用：

①使用冷藏车等运输货物的杂费，使用铁路专用货车运输货物核收的专用货车使用费，使用长、大货物列车运输货物收取的杂费等。

②铁路建设基金。

③新路新价均摊运费（表7-3）。

④电气化附加费（表7-4）。

⑤加价运费、印花税等。

表 7－3　新路新价均摊运费率表

<table>
<tr><th colspan="3">项目
种类</th><th>计费单位</th><th>费率</th></tr>
<tr><td colspan="3">整车货物</td><td>元/吨千米</td><td>0.0011</td></tr>
<tr><td colspan="3">零担货物</td><td>元/10 千克千米</td><td>0.000011</td></tr>
<tr><td colspan="3">自轮运装货物</td><td>元/轴千米</td><td>0.0033</td></tr>
<tr><td rowspan="10">集装箱货物</td><td colspan="2">1 吨箱</td><td>元/箱千米</td><td>0.00066</td></tr>
<tr><td colspan="2">5 吨箱</td><td>元/箱千米</td><td>0.0055</td></tr>
<tr><td colspan="2">10 吨箱</td><td>元/箱千米</td><td>0.00924</td></tr>
<tr><td colspan="2">20 英尺箱</td><td>元/箱千米</td><td>0.0176</td></tr>
<tr><td colspan="2">40 英尺箱</td><td>元/箱千米</td><td>0.0374</td></tr>
<tr><td rowspan="5">自备空箱</td><td>1 吨箱</td><td>元/箱千米</td><td>0.00033</td></tr>
<tr><td>5 吨箱</td><td>元/箱千米</td><td>0.00462</td></tr>
<tr><td>10 吨箱</td><td>元/箱千米</td><td>0.0504</td></tr>
<tr><td>20 英尺箱</td><td>元/箱千米</td><td>0.0088</td></tr>
<tr><td>40 英尺箱</td><td>元/箱千米</td><td>0.0187</td></tr>
</table>

表 7－4　电气化附加费率表

<table>
<tr><th colspan="3">项目
种类</th><th>计费单位</th><th>费率</th></tr>
<tr><td colspan="3">整车货物</td><td>元/吨千米</td><td>0.012</td></tr>
<tr><td colspan="3">零担货物</td><td>元/10 千克千米</td><td>0.00012</td></tr>
<tr><td colspan="3">自轮运装货物</td><td>元/轴千米</td><td>0.036</td></tr>
<tr><td rowspan="10">集装箱货物</td><td colspan="2">1 吨箱</td><td>元/箱千米</td><td>0.0072</td></tr>
<tr><td colspan="2">5 吨箱</td><td>元/箱千米</td><td>0.06</td></tr>
<tr><td colspan="2">10 吨箱</td><td>元/箱千米</td><td>0.1008</td></tr>
<tr><td colspan="2">20 英尺箱</td><td>元/箱千米</td><td>0.192</td></tr>
<tr><td colspan="2">40 英尺箱</td><td>元/箱千米</td><td>0.408</td></tr>
<tr><td rowspan="5">自备空箱</td><td>1 吨箱</td><td>元/箱千米</td><td>0.0036</td></tr>
<tr><td>5 吨箱</td><td>元/箱千米</td><td>0.03</td></tr>
<tr><td>10 吨箱</td><td>元/箱千米</td><td>0.0504</td></tr>
<tr><td>20 英尺箱</td><td>元/箱千米</td><td>0.096</td></tr>
<tr><td>40 英尺箱</td><td>元/箱千米</td><td>0.204</td></tr>
</table>

费用计算方法：费用=费率×运价里程×计费重量（或轴数、箱数）

课间练习：铁路货物运费的计算

资料：托运人宋某与济南铁路局于2017年8月31日签订了一份运输合同，货物是苹果1500箱，纸箱包装，限定承运人在6天之内运达南京南站交付收货人。济南铁路局配给宋某篷车一辆，货车标记吨位45吨，宋某自行装箱，实际装箱2700箱，货物表明“鲜活货物”。9月1日18时挂有该篷车的111次列车从济南发出，试计算这批货物的铁路运费。

四、认知航空运费计算

（一）计费重量

计费重量就是指计算运费的货物数量。航空公司规定，单一品种的货物进行运输时，按实际重量和体积重量两者之中较高的一种计收。

1. 实际重量

我国民航规定，重货是指每6000立方厘米的重量超过1千克或每166立方英寸重量超过1磅的货物。

采用实际重量作为计费重量时，重量不足0.5千克的按0.5千克计算，0.5千克以上不足1千克时按1千克计算，不足1磅的按1磅计算。

2. 体积重量

体积大、重量相对小的货物称为轻泡货物（轻货），具体指每6000立方厘米的重量不足1千克或每166立方英寸重量不足1磅的货物。

轻泡货物以体积重量作为计费重量：

$$\text{体积重量}=\frac{\text{货物的体积（立方厘米）}}{6000\text{（立方厘米）}}\text{（千克）或}$$

$$\text{体积重量}=\frac{\text{货物的体积（立方英寸）}}{155\text{（立方英寸）}}\text{（磅）}$$

（二）航空运价和费用

1. 主要的航空货物运价

（1）特殊货物运价（specific commodity rate or special cargo rate，SCR）。又称指定商品运价，是由参加国际航空协会的航空公司，根据在某一航线上经常运输某一种类货物的托运人的请求或为促进某一地区某一种类货物的运输，向国际航空运输协会提出申请，经国际航空运输协会同意所提供的优惠价格。特殊货物运价适用于在特定始发站和到达站的航线上运输的特殊货物。公布指定商品运价时，同时公布起码重量。国际航空运输协会公布特殊货物运价时，将货物划分为10种类型：

0001～0999　食用动物和蔬菜产品

1000～1999　活动物和非食用动物及蔬菜产品

2000～2999　纺织品、纤维及其制品

3000～3999　金属及其制品，不包括机械、车辆、电气设备

4000～4999　机械、车辆和电气设备

5000～5999　非金属矿产品及其制品

6000～6999　化工品及其制品

7000～7999　纸、芦苇、橡胶和木材及其制品

8000～8999　科学和贵重的仪器及其零件

9000～9999　其他货物

（2）普通货物运价（general commodity rate，GCR）。又称一般货物运价，是应用最为广泛的一种运价。普通货物运价的费率随运输量的增加而降低。

普通货物运价的分类如下：45 千克以下，运价类别代号为 N；45 千克以上运价代号为 Q；45 千克以上可分为 100 千克、300 千克、500 千克、1000 千克、2000 千克等多个计费重量分界点，但运价类别代号仍以 Q 表示。

在选择普通货物运价进行计费时，由于大运量货物有较低运价，航空公司规定在计算运费时，除了要按照实际重量和体积重量的较高者作为计费重量外，如果用较高的计费重量分界点计算出的运费更低，则可选用较高计费重量分界点的费率，此时货物的计费重量为较高计费重量分界点的最低运量。

（3）等级货物运价（class commodity rate，CCH）。等级货物运价适用于指定地区内部或地区之间的少数货物运输。通常是在普通货物运价的基础上增加或减少一定的百分比，等级货物运价可分为两种：一是等级货物加价，用“S”表示，适用于动物、活动物的集装箱和笼子、贵重物品、尸体和骨灰等。此类物品运价按 45 千克以下普通货物运价的 200% 计算。二是等级货物减价，用“R”表示，适用于报纸、杂志、期刊、书籍、商品目录、盲人和聋哑人专用设备、作为货物托运的行李等。此类物品的运价按 45 千克以下普通货物运价的 50% 计算。

2. 起码运费（Minimum Rate）

起码运费是航空公司办理一批货物所能接受的最低运费，是航空公司在考虑办理即使很小的一批货物也会产生固定费用后而制定的，不论货物重量或体积大小，在两点之间运输一批货物应收取的最低金额。不同地区有不同的起码运费。起码运费代号为 M，如果承运人收取的运费低于起码运费，就不能弥补运送成本。

航空公司规定无论所运送的货物适用哪一种航空运价，所计算出来的运费总额都不得低于起码运费，否则以起码运费计收。我国航空运价的起码运费是按货物从始发港到目的港之间普通货物运价 5 千克运费为基础，或根据民航和其他国家航空公司洽谈的起码运费征收。

3. 其他费用

航空运费除了上面介绍的费用外，还有声明价值附加费、货到付款劳务费、地面运费、中转手续费、制单费、货到付款附加费等。

（1）声明价值附加费。航空公司的承运人与其他运输方式的承运人一样，都对货主负有一定的责任。《华沙公约》对由承运人自身疏忽或故意造成的货物损坏、残缺或灭失规定了最高赔偿责任，限额为每千克 20 美元或 7.675 英镑或其他等值货币。如果货物价值超过了上述值，就增加了承运人的责任。在这种情况下，发货人在交运货物时，必须向承运人声明货物价值，并支付一定的费用，费率通常为 0.5%，否则即使出现更多的损失，承运人对超出部分也不承担赔偿责任。

（2）其他附加费。其他附加费包括地面运费、中转手续费、制单费、货到付款附

加费、提货费、送货费等，一般只有在航空公司或航空货运公司提供相应服务时才收取。

（3）货到付款劳务费。货到付款是由承运人接受发货人的委托，在货物到达目的地交给收货人时，代为收回运单上规定的金额，而承运人则按货到付款金额收取规定的劳务费。

4. 运价使用中的注意事项

航空运费计算时，首先适用特殊货物运价，其次是等级货物运价，最后是普通货物运价。无论适用何种运价，当最后计算的运费总额低于所规定的起码运费时，按起码运费计收。除起码运费外，运价一般以千克（kg）或磅（lb）为计算单位。

表 7－5　国际航空报价表

城市名称	M	N	45	100	300	1000
墨尔本	480	54.72	41.04	35.57	32.83	32.83
墨西哥	480	62.29	49.24	40.89	35.00	33.22
巴黎	380	50.37	41.43	41.43	37.90	30.71
旧金山	480	59.61	45.86	41.81	38.79	35.77
蒙特利尔	480	64.46	48.34	45.19	41.86	38.70
平壤	280	16.85	12.64	10.74	8.58	60.83
里约热内卢	480	118.84	88.44	85.22	73.49	65.05
罗马	380	45.72	37.98	36.00	34.24	28.71
西雅图	480	59.61	45.68	41.81	38.79	35.77
首尔	280	23.95	18.00	17.17	15.38	15.38
沙迦	3810	48.64	37.69	32.68	32.68	32.68
新加坡	280	36.66	27.50	27.50	23.46	23.46
悉尼	480	54.72	41.04	35.57	32.83	32.83
台北	280	31.32	23.49	23.49	23.49	23.49
东京	280	37.51	28.13	18.80	18.80	18.80

课间练习：计算航空运费。

资料：有三件普通货物分别重 5 千克、200 千克和 290 千克，分别要从北京运到首尔、旧金山和墨尔本，国际航空报价表见表 7－5，试计算其航空运费分别为多少。

五、认知水路运费计算

以班轮运输与租船运输为例来介绍。

（一）班轮运费的计算

班轮运价表又称运价本或费率本，是船公司承运货物和向托运人据以收取运费的费

率表的汇总。班轮运价表可分为等级运价表和单项费率运价表两种，等级运价表是将全部商品分成若干等级，每个等级有一个基本费率，一般分为 20 个等级，1 级商品的费率最低，20 级商品的费率最高。单项费率运价表是将每种商品及其基本费率同时列出，每个商品都有各自的费率。

按照运价表由谁制定，班轮运价表可分为班轮公会运价表、班轮公司运价表和货方运价表三种。班轮公会运价表是由班轮公会制定的，为参加公会的班轮公司所使用，规定的运价比较高，承运的条件也有利于船方，如远东水脚公会运价表。班轮公司运价表由班轮公司自己制定，如中远集团运价表。货方运价表是由货方制定、船方接受使用的运价表，能制定运价表的货方一般是较大的货主，并能保证常年有稳定的货源供应，如中国对外贸易运输集团公司。

1. 班轮运费的构成

班轮运费由基本运费与附加费两部分组成。即：

班轮运费=基本运费+附加费=基本费率×计费吨+附加费

（1）基本费率（Basic Rate）和基本运费。基本费率是每种物品必收的费率，是班轮运费的计价基础。基本费率有等级费率、货种费率、从价费率、特殊费率和均一费率之分。

基本运费是指在正常运输条件下，每一计费单位（如运费吨）普通货物从某基本港运至另一基本港，船方按规定收取的基本运费。基本港是班轮公司的船一般要定期挂靠的港口，多位于中心的较大口岸，设备条件较好，货载多而稳定，一般不限制货量，运往基本港的货物多为直达，无需中途转船。

①按货物的毛重计收。在运价表中以“W”表示，一般以吨为单位，吨以下取两位小数，这种计收标准适用于价值不大，体积较小，重量较大的货物，如钢材，电焊条等。

②按货物的体积计收。在运价表中以“M”表示，一般以立方米为计算单位，或 40 立方英尺计算，这种计收标准适用于价值不高、重量轻、体积较大的货物，如棉花、家具等。

③按货物的毛重或体积较高者计收。在运价表中以“W/M”表示，如机器、零件或小五金等。

④按货物的价值计收，又称从价运费。在运价表中以“A·V”表示，按照货物的 FOB 价格的百分之几计算运费。这种计收标准适用于贵重货物，如黄金、白银、精密仪器、手工艺品等。

⑤按货物的毛重或体积或价值的较高者计收。在运价表中以“W/M or A·V”表示。

⑥按照货物的重量或体积，再加上从价运费计算。即先按货物重量吨或尺码吨中较高者计算，再加收一定的从价运费。

⑦按照货物的件数或个数计收。如卡车按辆或牲畜按头计费。

⑧大宗低值货物按议定运价计收。如粮食、豆类、煤炭、矿砂等。

⑨起码运费，是指每一单货物按以上 8 种标准计算出来的运费，如果没有达到运价

表中规定的最低运费额时，则按最低运费计收。

（2）附加费（surcharges）。在实际运营过程中，由于船舶、货物、港口及其他种种原因，会使承运人在运输中增加一定的营运支出或损失，为了保持在一定时期内基本费率的稳定，又能正确反映出各个港的各种货物的航运成本，班轮公司为了弥补这部分损失，只能采取另外加收费用的方法来弥补，即附加费。附加费包括以下几种：

①燃油附加费，在燃油价格突然上涨时，船方为了弥补燃油价格上涨而加收的附加费。

②货币贬值费。在货币贬值时，船方为了避免实际收入贬值后的损失，按基本运价的一定百分比加收的附加费。

③转船附加费。凡运往非基本港的货物，需转船运往目的港，船方收取的附加费，包括转船费和二程费。

④直航附加费。当运往非基本港的货物达到一定货量，船方可安排直航该港而不转船时所加收的附加费。

⑤超重附加费、超长附加费和超大附加费。当一件货物的毛重、长度或体积超过或达到规定的数值时加收的附加费。

⑥港口附加费。船公司因为有些港口设备条件差或装卸效率低以及其他原因而加收的附加费。

⑦港口拥挤附加费。有些港口由于拥挤，导致船舶停泊时间增加而加收的附加费。

⑧选港附加费。货方托运时尚不能确定具体卸货港，要求在预先提出的两个以上港口选择一个港卸货，船方加收的附加费。

⑨变更卸货港附加费。货主要求改变货物原来规定的卸货港，在有关当局（如海关）准许，船方同意的情况下所加收的附加费。

⑩绕航附加费。由于正常航道受阻不能通行，船舶必须绕道才能将货物运至目的港时，船方所加收的附加费。

2. 运费的计算标准

不同运输过程的运费计算采用的标准有所不同，下面对运费计算的标准进行详细介绍：

（1）按货物重量计算，以 W 表示。如以 1 吨（1000 千克）、1 长吨（1016 千克）或 1 短吨（907.2 千克）作为一个计算单位，也称重量吨。

（2）按货物尺码体积计算，以 M 表示。如以 1 立方米（约合 35.3147 立方英尺）或 40 立方英尺作为一个计算单位，也称尺码吨或容积吨。

（3）按货物重量或尺码，选择其中收取运费较高者计算运费，以 W/M 表示。

（4）按货物 BOF 价收取一定百分比作为运费，称从价运费。

（5）按照货物重量或尺码或价值，选择其中一种收费较高者计算运费。

（6）按货物重量或尺码选择其中一种收费较高者，再加上从价运费计算运费。

（7）按每件作为一个单位计收，如活牲畜和活动物按每头计收，车辆有时按每辆计收，起码运费按每提单计收。

（8）临时议定的价格。按承托双方临时议定的价格收取运费，一般多用于低价货物。

3. 班轮运费的计算

班轮运费的计算可按以下几个步骤进行：

（1）选择相关的运价表。

（2）根据货物名称，在货物分级表中查到运费计算标准和等级标准。

（3）在等级费率表的基本费率部分，找到相应的航线、起运港和目的港，按照等级查到基本运价。

（4）再从附加费部分查出所有应收的附加费项目和数额（或百分比）及货币种类。

（5）根据基本运价和附加费算出运费，即运用公式：运费=基本运费＋附加费 =基本费率×计费重量吨或尺码吨＋附加费。

（二）租船的运费计算

租船市场的运价不是一个稳定的值，影响因素很多。因此，租船市场运费的计算大都是供需双方在签订合同时由双方约定费率来计算，承租合同中有的规定运费率，按照货物每单位重量或体积若干金额计算，有的规定整船包价。运费率的高低主要决定于租船市场的供求关系，但也与运输距离、货物种类、装卸率、港口使用、装卸费用划分和佣金高低有关。

合同中对运费按照装船重量或卸船重量计算。运费是预付或到付，均须写明。特别要注意的是应付运费时间是指船东收到的日期，而不是租船人付出的日期。

船次租船运费表现形式有运费率和包干运费两种。运费率是指每运费吨若干金额或每立方米若干金额；包干运费是指按提供的船舶确定一笔整船运费，不论实际装载货物多少一律照付，但船东必须保证船舶的载重量和装货容积。

定期租船在合同中规定了船舶说明、租期、交船、租金、停租与复租、还船及转租七项内容。其中“交船”是船东把船舶和船员交给租船人使用，此时即是租期和租金开始计算之时；“还船”租期届满时，承租人有义务按照合同规定的地点和条件将船还给船东，租金即停付之时；“转租”即在定期租船合同中，一般明确规定承租人在租期内可以把租来的船转租给第三方，但承租人仍必须履行原租船合同。

装卸费用的划分包括以下几种：

（1）船方负担装卸费，又称班轮条件。

（2）船方不负担装卸费，采用这一条件时，还要明确理舱费和平舱费由谁负担。一般规定由租船人负担，即船方不负担装卸费、理舱费和平舱费条件。

（3）船方管装不管卸条件。

（4）船方管卸不管装条件。

六、认知道路运费计算

汽车货物运输价格按不同的运输条件分别计价，其计算按照《汽车运价规则》办理。

（一）道路运输计费重量

1. 按托运货物的实际重量计算

道路货物运输运费计算采用实际重量计费时应注意以下内容：

（1）按重量托运的货物按实际重量（含货物包装、衬垫及运输需要的附属品）计算，以过磅为准。

（2）由托运人自理装车的，应装足车辆额定吨位，未装足的，按车辆额定吨位收费。

（3）统一规格的成包成件的货物，以一标准件重量计算全部货物重量。

（4）散装货物无过磅条件的，按体积和各省、自治区、直辖市统一规定的重量折算标准计算。

（5）接运其他运输方式的货物，无过磅条件的，按前程运输方式运单上记载的重量计算，拼装分卸的货物按照最重装载量计算。

2. 道路运输货物时计费重量标准

（1）整批货物运输以吨为单位，尾数不足 100 千克时，四舍五入。

（2）零担货物运输以千克为单位，起码计费重量为 1 千克，不足 1 千克时，四舍五入。

（3）轻泡货物每立方米折算重量 333 千克。

（二）道路运输计费里程

道路运输货物计算运费不仅需要知道货物的计费重量，而且还需要指定货物运输的里程，对于计费里程的计算应注意以下几点：

（1）道路运输计费里程以千米为单位，尾数不足 1 千米的进为 1 千米。

（2）计费里程以省、自治区、直辖市交通行政主管部门核定的营运里程为准，未经核定的里程由承托双方商定。

（3）同一运输区间有两条（含两条）以上营运线路可供行驶时，应按最短的路线计算计费里程，或按承托双方商定的路线计算计费里程。

（4）拼装分卸的按从第一装货地点起，到最后一个卸货地点为止的全部载重里程计算计费里程。

（三）道路运输的其他费用

除了运费之外，道路运输过程中还会产生下列费用：

（1）调车费。应托运人要求，车辆调出所在地而产生车辆往返空驶，计收调车费。

（2）装车落空损失费。应托运人的要求，车辆行至约定地点而装货落空造成的车辆往返空驶，计收装货落空损失费。

（3）装卸费。货物装卸费由托运人负担。

（4）保管费。货物运达后，明确由收货人自取的，从承运人向收货人发出提货通知书的次日（以邮戳或电话记录为准）起计算，第四日开始核收货物保管费。应托运人的要求或因托运人的责任造成需要保管的货物，计收货物保管费，货物保管费由托运人负担。

（5）延滞费。车辆按约定时间到达约定的装货或卸货地点，因托运人或收货人责任造成车辆和装卸延滞，计收延滞费。

（6）排障费。运输大型特型笨重物件时，需对运输线路的桥涵、道路及其他设施进行必要的加固或改造所发生的费用，由托运人负担。

（7）车辆处置费。应托运人的特殊要求，对车辆改装、拆卸、还原、清洗时，计收车辆处置费。

（8）车辆的检验费。在运输过程中国家有关检疫部门对车辆的检验费以及因检验造成的车辆停运损失，由托运人负担。

（9）通行费。货物运输需支付过渡、过路、过桥、过隧道等通行费由托运人负担，承运人代收代付。

（四）道路运输运杂费的结算

道路货物运输过程中，托运人一般缴纳运费和杂费，两者统称为运杂费，运杂费的结算应注意以下问题：

（1）货物运杂费在货物托运、起运时一次结清，也可以按合同采用预付部分费用的方式，其他费用随运随结或运后结清。

（2）托运人或收货人不支付运费、保管费以及其他运输费用的，承运人对相应的运输货物享有留置权，但当事人另有约定的除外。

（3）运费尾数以元为单位，不足1元时四舍五入。

（4）货物在运输过程中因不可抗力灭失，未收取运费的，承运人不得要求托运人支付运费。已收取的托运费可以要求返还。

七、认知集装箱运费计算

集装箱主要用于海运和铁路运输中，基本上分为两个大类：一类是以一个集装箱为计费单位（俗称包箱价）；另一类是沿用件杂货运费的计算方法，即以每运费吨为单位（俗称散货价）。下面分别介绍。

1. 包箱费率（box rate）

包箱费率以每个集装箱为计费单位，常用于集装交货的情况，即CFS—CY或CY—CY条款，常见的包箱费率有以下三种表现形式：

（1）FAK包箱费率（freight for all kinds）。对每一集装箱不细分箱内货类，不计货量（在重量限额之内）统一收取的运价。

（2）FCB包箱费率（freight for class或basis）。按不同货物等级或货类以及计算标准制定的费率。

（3）FCS包箱费率（freight for class）。按不同货物等级制定的包箱费率，集装箱普通货物的等级划分与杂货运输分法一样，也采用1~20级，但集装箱货物的费率级差远小于杂货费率级差，一般低价货物的集装箱收费高于传统运输，高价货物的集装箱收费低于传统运输。同一等级的货物，重货集装箱运价高于体积货物集装箱运价。因此，船公司鼓励人们把高价货物和体积货物一起装箱运输。在这种费率下，拼箱货运费计算与传统运输一样，根据货物名称查得等级、计算标准，然后去套相应的费率，乘以运费吨即得运费。

2. 件杂货基本费率与附加费

基本费率是参照传统件杂货运价，以运费吨为计算单位制定的费率，多数航线上采用等级费率。附加费是除传统杂货所收取的常规附加费外，还要加收一些与集装箱货物运输有关的附加费。

八、认知多式联运运费计算

联合运输路线长、环节多，运费的构成很复杂，联合运输经营人一般都向托运人一次收取运费。运费有内陆运输费（包括道路运费、铁路运费和内河运费）、海运费、航空运费、集装箱码头装卸包干费等。

1. 多式联运运费的组成

联合运输运费包括运输费用、节点费用、经营管理费用、利润等，下面对联合运输运费的组成加以详细介绍：

（1）运输费用。国际多式联运经营人与负责某区段运输的实际承运人订有分运合同，按分运合同规定的运费执行。运费一般包括各运输方式的基本运费和附加费用。

（2）节点费用。在起运地、目的地和中转地所发生的费用种类很多。如过桥过境费、提箱费、进出库费、堆存费、机械费、装拆箱费、港建费、交通费、制单费、手续费等。如需检疫检验、海关查验也会产生费用。此外，特殊情况下货物的移动，还会有疏港费、移动费、翻箱费等。

为了计算方便，在港口码头对集装箱采取装卸费用包干的办法，如进口作业中的加固、卸船、水平运输至堆场、重箱堆存、重箱装车、空箱卸车、空箱堆存和出口作业中的空箱装车、重箱卸车、重箱堆存、水平运输至船边、装船、进行一般加固等多项作业的运费按箱一次包干，便于费用的计算和管理。

（3）经营管理费用。包括联合运输经营人与货主、代理人、实际承运人等各有关方之间的信息、单证传递费用，单证的成本费用、经营活动的管理费用等。

（4）在联合运输经营人经营过程中，通常按前述各项费用的一定百分比确定其经营的利润。

经营利润=营业收入－营业成本费用－营业税及其附加

2. 多式联运费用核收方式

多式联运费用的核收方式主要有三种方式：

（1）发付。由发货人在发货地向联合运输经营人支付一切运输费用。

（2）到付。由收货人在收货地向联合运输经营人支付一切运输费用。

（3）分付。由发货人和收货人共同支付运输费用，发货人在发货地向联合运输经营人支付发货地发生的运费和杂费，收货人在收货地向到达的联合运输经营人支付到达地发生的费用。

3. 运输收入、税金和利润

运输收入是运输企业在某一期间通过运输生产或提供劳务所形成的货币收入。

运输收入=运输周转量×单位运价

税金：在经济评价中，涉及和考虑的税金主要分为两个部分，即营运税金及附加和所得税。

运输收入、运输成本、税金、运输利润的关系：运输利润=运输收入－运输成本－

营运税金及其附加，如图 7－1 所示。

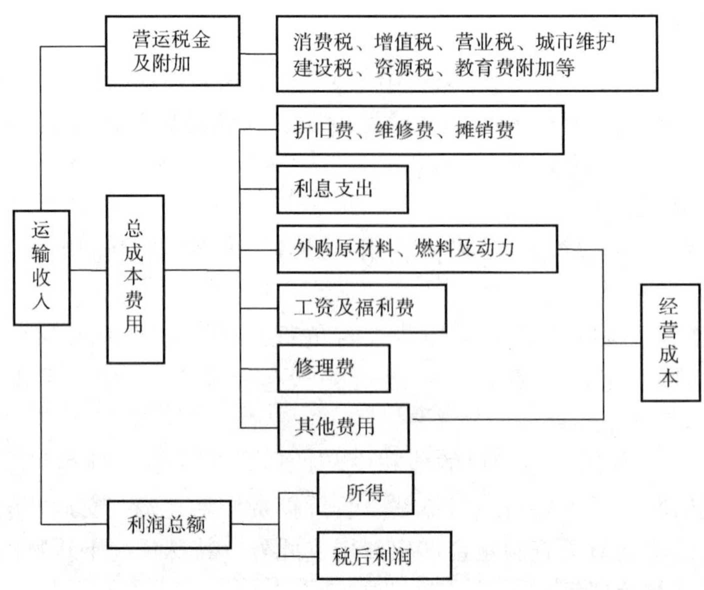

图 7－1　运输收入、成本、税金、利润的关系

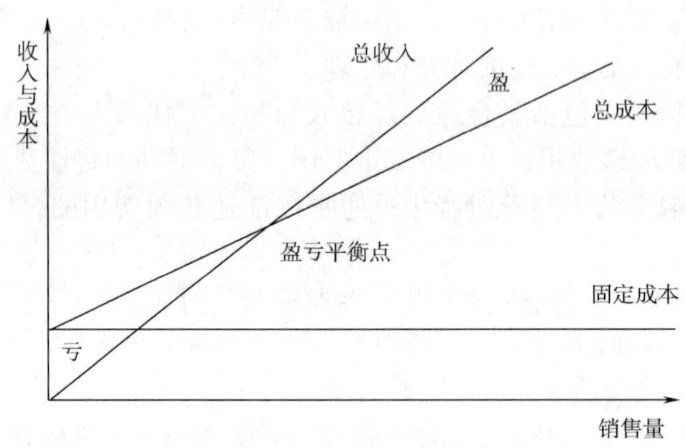

图 7－2　盈亏平衡分析图

任务三　掌握运输成本的控制

一、认知影响运输成本的因素

影响运输成本的因素有：运送距离、载货量、装载能力、积载因数（货物的积载因数）、装卸搬运的效率、运输事故损失和市场因素等。

二、认知运输成本控制的原则

运输成本控制的原则是：全面性原则、效益性原则、责权结合原则、及时性原则和例外管理原则等。

三、认知降低运输成本的途径

降低运输成本的着眼点在于设计规划运输系统时必须使运输成本最低，主要途径包括运输车辆选择、仓库布局及运输服务制度设定等。具体有：

（1）选择合适的运输方式。

（2）选择合理的运输工具。

（3）优化运输路线。

（4）优化运输方式。

①直达运输；②直拨运输；③直运战略；④集运方式；⑤分区产销合理运输。

（5）采用现代化信息技术，建立现代化物流信息系统。

（6）配备适当的设施与设备。

（7）降低装卸搬运成本。

①减少装卸搬运次数。

②缩短运输距离。

③选择恰当的作业机械和方式。

④加强安全生产管理。

（8）发展社会化的运输体系。

■ 总结与回顾

本项目主要论述了运输成本的含义、构成和类型，影响运输成本的因素。要求掌握降低运输成本的途径，学会运输费用计算步骤和方法。

实训活动方案七　运输成本与运输收入管理

1. 活动准备

（1）人员分工：按物流实训活动总体方案组建的公司，以公司为单位开展活动，公司内部进行人员具体分工，并注意一个流程结束后，进行角色互换。①成本中心 1 人；②收入中心 2 人；③利润中心 2 人；④运费计算中心 4 人。

（2）资料准备：部分货物运价分号表，整车、零担货物运价率表，某一城市运价里程表等。

（3）案例放送：

①有三件普通货物分别重 5 千克、200 千克和 290 千克，分别要从北京运到罗马、悉尼和巴黎，国际航空报价表见表 7 –5，试计算其航空运费分别为多少。

②抚顺市顺缘化工产品有限公司欲将其生产的化工产品送往广州市的客户，该化工产品每年在广州市的销量为3万吨。根据记录，该公司客户的订货提前期在8～12天，订货批量一般在300吨左右，而且要求及时送货。顺缘公司的物流经理获得了三家物流企业报送的运输方案，分别是：

沈阳汉九德物流有限公司，是一家道路货运企业，可以按照600元/千吨千米的费率提供直接到客户的运输服务，已知道路运输里程为1800千米，需要3天的时间可以运到客户。

中海集团物流有限公司，按140元/吨的费率提供到广州市的水路散货运输服务，从工厂到大连港码头的短途运费为15元/吨，广州市黄埔港码头至配送中心的短途运费为20元/吨，两地的码头费各为20元/吨。由于中转，整个运输时间需要7天，中海物流公司还提供广州市当地的中转仓库，仓储费率为每月10元/吨，平均仓储时间为3天，从中转仓库到客户的短途运费为40元/吨，进出库搬运费用总和为15元/吨。

深圳市华运通物流运输有限公司，是一家综合物流服务企业，提供集装箱水陆联运的服务，每个20英尺的集装箱可装载该产品16吨，整个水路运输时间为7天，该公司可以在广州市黄埔港码头提供5天的集装箱免费堆存，然后由汽车将集装箱直接从码头送至客户手中，该公司报价为4600元/TEU（标准集装箱）。

试计算上述三家物流企业的运输服务费，进行运输的组织和调度安排，并确定最佳的运输方案。

2. 活动方案

（1）根据案例放送资料，每组（模拟公司）温习相关知识，按能力目标、知识目标，整理所收集的资料。

（2）熟悉运输成本类型及其构成，运费的计算步骤及其计算方法等。

（3）在学院教室或实训室明确本活动的工作任务：指定扮演角色，完成运费计算及量本利分析报告。

课堂训练七

一、单项选择题

1. 在我国，固定成本占运营总成本比例最高的运输方式是（　　）。
A. 公路运输　B. 铁路运输　C. 水路运输　D. 航空运输

2. 下列哪种运输方式是基础设施和运转设备投入最大的（　　）。
A. 公路运输　B. 铁路运输　C. 水路运输　D. 航空运输

3. 场站费用最低的运输方式是（　　）。
A. 公路运输　B. 铁路运输　C. 水路运输　D. 航空运输

4. 下列哪项费用不能列入场站费用（　　）。
A. 制单费　B. 装卸费　C. 线路经营权费　D. 货物接送费

5.（　　）一般是由运输费用、税金及附加和利润三部分构成。
A. 运费　B. 场站费　C. 线路经营权费　D. 货物接送费

二、多项选择题

1. 运输成本主要由（　　）构成。
A. 基础设施成本　B. 运转设备成本　C. 营运成本　D. 作业成本

2. 汽车运输企业的运输成本中的变动成本可分为（　　）。
A. 随车公里变动成本　B. 随吨公里变动成本
C. 物流成本　D. 固定成本

3. 下列哪些费用属于汽车运输企业的可变成本（　　）。
A. 燃料费　B. 司助人员工资
C. 场站费用　D. 车辆维修折旧费

4. 班轮运价表可以分为（　　）两种。
A. 等级运价表　B. 单项费率运价表　C. 运价里程表　D. 航空报价表

5. 班轮运费由（　　）两部分组成。
A. 运费率　B. 包干运费　C. 基本运费　D. 附加运费

6. 船次租船的双方必须在租船合同中明确规定运费的费率，运费的表现形式有（　　）。
A. 运费率　B. 包干运费　C. 基本运费　D. 附加运费

7. 根据航空货物运价的影响因素，目前航空货运市场运价种类有（　　）。
A. 特殊运价　B. 等级运价　C. 普通运价　D. 起码运价

8. 提高装载量的主要做法有（　　）。
A. 组织轻重搭配　B. 实行解体运输　C. 实现联合运输　D. 改进堆码方法

三、判断题

1. 场站费用的大小与货物重量体积有关，与货物运输距离无关。(　　)
2. 途中运输费用的大小与货物重量体积有关，与货物运输距离无关。(　　)
3. 水路运输企业的费用可分为船舶费用和企业管理费用两大类。(　　)
4. 铁路运费计算中单位运价等于发到基价加运行基价乘以运价里程。(　　)
5. 航空公司对普通货物设置货物重量等级，货物重量越大，运价越高。(　　)

四、概念题

运输成本　成本性态

项目八　货物装卸与搬运管理

知识目标

1. 装卸搬运的意义、必要性和作业原则
2. 装卸搬运过程中使用的技术、方法和作业组织
3. 装卸搬运安全的重要性和注意事项，各种装卸搬运工具的操作流程

技能目标

1. 能够遵循装卸搬运的原则、正确运用装卸搬运技术
2. 学会装卸搬运的作业组织，进行安全装卸搬运

任务一　装卸搬运的意义与原则

一、认知货物装卸与搬运的意义

1. 装卸与搬运的含义

在同一地域范围内（如车站范围、工厂范围、仓库内部等）以改变“物”的存放、支承状态的活动（纵向移动）称为装卸，以改变“物”的空间位置的活动（横向移动）称为搬运，两者全称装卸搬运。有时候在特定场合，单称“装卸”或单称“搬运”也包含了“装卸搬运”的完整含义。

在使用习惯中，物流领域（如铁路运输）常将装卸搬运这一整体活动称作“货物装卸”；在生产领域中常将这一整体活动称作“物料搬运”。实际上，活动内容都是一样的，只是领域不同而已。在实际操作中，装卸与搬运是密不可分的，两者是伴随在一起发生的。因此，在物流中并不过分强调两者差别而是作为一种活动来对待。

2. 搬运与运输的区别

搬运的“运”与运输的“运”，区别之处在于，搬运是在同一地域的小范围内发生的，而运输则是在不同地域较大范围发生的，两者是量变到质变的关系，中间并无一个绝对的界限。

装卸搬运是伴随输送和保管而产生的必要的物流活动，但是和运输产生空间效用，和保管产生时间效用不同，它本身不产生任何价值。但这并不说明装卸搬运在物流过程中不占有重要地位，物流的主要环节，如运输和存储等是靠装卸、搬运活动联结起来的，物流活动其他各个阶段的转换也要通过装卸搬运联结起来，由此可见在物流系统的

合理化中，装卸和搬运环节占有重要地位。装卸、搬运不仅发生次数频繁，而且其作业内容复杂而又是劳动密集型、耗费人力的作业，它所消耗的费用在物流费用中也占有相当大的比重。

3. 装卸搬运活动对于整个物流活动的意义

（1）装卸搬运是附属性、伴生性的活动。装卸搬运是物流每一项活动开始及结束时必然发生的活动，因而有时常被人忽视，有时被看作其他操作时不可缺少的组成部分。例如，一般而言的“汽车运输”，就实际包含了相随的装卸搬运，仓库中泛指的保管活动，也含有装卸搬运活动。

（2）装卸搬运是支持性、保障性活动。装卸搬运的附属性不能理解成被动的，实际上，装卸搬运对其他物流活动有一定的决定性。装卸搬运会影响其他物流活动的质量和速度，例如，装车不当，会引起运输过程中的损失；卸放不当，会引起货物转换成下一步运动的困难。许多物流活动在有效的装卸搬运支持下，才能实现高水平。

（3）装卸搬运是衔接性、协作性的活动。在任何其他物流活动互相过渡时，都是以装卸搬运来衔接，因而，装卸搬运往往成为整个物流的“瓶颈”，是物流各功能之间能否形成有机联系和紧密衔接的关键，而这又是一个系统的关键。建立一个有效的物流系统，关键看这一衔接是否有效。比较先进的物流方式——联合运输方式，就是着力解决这种衔接而实现的。

二、认知货物装卸与搬运的作业原则

1. 减少环节，简化流程

要千方百计取消、合并装卸搬运的环节和次数，消灭重复、无意义的、可有可无的装卸搬运作业。必须进行的装卸搬运作业，应尽量简化作业流程，应不停顿、不间断地实行流水作业。在工步间、工序间，要紧密衔接，作业路径要走直线，消灭迂回和交叉作业。

2. 集中作业，集散分工

集中作业能使作业量提高到一定水平，为实现装卸搬运机械化、自动化创造条件。所以，装货点和卸货点尽可能集中，并把同类货物放在一个专业作业区进行。另外，成件货物集装化和散装货物散装化，是在装卸搬运过程中，实现物流合理化的两个重要方面，应实行集装、散装分工作业。

3. 协调兼顾，标准通用

要使装卸搬运作业与物流其他环节之间、各工序、工步之间，装载点与卸货点之间，以及在管理、工艺、装备、设施等方面，都要协调进行，才能提高效率。如铁路提出，“进货为装车做准备，装车为卸车做准备，卸车为出货做准备”等。装卸搬运的货物单元、包装、号志、用语等，应当标准化、系列化、通用化，这是实现装卸搬运现代化的重要条件。

4. 步步活化，省力节能

物料和货物的存放状态对装卸作业的方便程度称为物的“活性”。在装卸搬运过程中，下一步比前一步的活性指数高，下一步比上一步更便于作业时，即称为“活化”。

物料或货物的“活化”，可以省力节能，提高装卸搬运的工作效率。

5. 巧装满载，牢固稳定

在运输和储存的过程中，都要发生装载作业，而车船满载和仓容充分利用是提高经济效益的重要方法。装载时要根据货物形状、大小、轻重、物理化学性能、存放期限、流向及车船、仓库的类型等，采用适当的装载方法和堆码方法，巧装满载，以充分发挥车和仓容的利用率。在装卸搬运过程中，一般要求达到牢固稳定。

三、掌握货物装卸搬运合理化

1. 减少作业量

提高搬运纯度，只搬运必要的物资，如有些物资要去除杂质之后再搬运比较合理；避免过度包装，减少无效负荷；提高装载效率，充分发挥搬运机器的能力和装载空间；中空的物件可以填装其他小物品再进行搬运；减少倒搬次数。作业次数增多不仅浪费人力、物力，还增加物品损坏的可能性。物流过程中，货损发生的主要环节是装卸环节，而在整个物流过程中，装卸作业又是反复进行的，从发生的频数来讲，超过任何其他活动，所以，过多的装卸次数必然导致损失的增加。从发生的费用来看，一次装卸的费用相当于几十公里的运输费用，因此，每增加一次装卸，费用就会有较大比例的增加。此外，装卸又会大大阻缓整个物流的速度，装卸又是降低物流速度的重要因素。

2. 提高货物活性指数

活性是从物的静止状态转变为装卸搬运状态的难易程度。如果很容易转变为下一步的装卸搬运而不多做装卸搬运前的准备工作，则活性就高；如果难于转变为下一步的装卸搬运，则活性就低。物品放置时要有利于下次搬运，如装于容器内并垫放的物品较散放于地面的物品易于搬运。在装上时要考虑便于卸下，在入库时要考虑便于出库，还要创造易于搬运的环境和使用易于搬运的包装。为了对活性有所区别，并能有计划地提出活性要求，使每次装卸搬运都能按一定活性要求进行操作，对于不同放置状态的货物做了不同的活性规定，这就是“活性指数”。根据下一步装卸搬运前准备时间的多少，将活性指数分为 5 级。具体划分如下：

0 级——物料杂乱地堆放在地面上的状态

1 级——物料经装箱或扎捆后的状态

2 级——箱子或被扎捆后的物料，下面放在枕木或其他衬垫后，便于叉车或其他机械作业的状态

3 级——物料被放于台车或用起重机钓钩钩住，即刻移动的状态

4 级——被装卸、搬运的物料，已经被起动、直接作业的状态

从理论上讲，活性指数越高越好，但也必须考虑实际的可行性。例如，虽然活性指数为 4 的货物比活性指数为 3 的好，但是大批量的货物不可能存放在输送带或运输工具上。

3. 实现货物装卸搬运省力化

应减少人体的上下运动，避免反复从地面搬起重物。要避免人力抬运或搬送物品，应设法利用重力移动物品，如使物品在倾斜的辊道运输机上，在重力作用下移动，合理

利用机械。初期阶段，搬运机械大多在以下情况使用：超重物品；搬运量大、耗费人力多、人力难以操作的；粉体或液体的物料搬运；速度太快或距离太长，人力不能胜任时；装卸作业高度差太大，人力无法操作时。保持物流的均衡顺畅。物品的处理量波动大时会使搬运作业变得困难，但是搬运作业受运输等其他环节的制约，其节奏不能完全自主决定，必须综合各方面因素妥善安排，使物流量尽量均衡，避免忙闲不均的现象。集装单元化原则，将零放物体归整为统一格式的集装单元称为集装单元化。这对搬运作业的改善是至关重要的，可以达到以下目的：由于搬运单位变大，可以发挥机械的效能，提高作业效率，搬运方便，灵活性好；负载的大小均匀，有利于实行作业标准化；在作业过程中避免物品损伤；对保护被搬运的物品有利。当然，也要避免包装单元过大，包装过大过重，在装卸时实际上反复在包装上消耗较大的劳动，这一消耗不是必需的，因而也形成无效劳动。

4. 组织文明装卸

以往经验表明，货物的损坏、缺失大都发生在装卸搬运阶段，同时装卸搬运环节也是劳动安全事故发生率较高的环节。所以企业一定要组织文明装卸，科学运营。要采取一切有效措施，坚决杜绝“野蛮装卸”，保证货物完好无损，装卸搬运作业人员和设备、设施的安全。要改变装卸搬运只是一种简单的体力劳动的旧观念，对作业者的体力、脑力劳动强度和负荷等，都应控制在科学合理的范围内。

装卸搬运的合理化，可以促进物流的合理化，从而提高综合效果。物流过程中运输、仓储、包装和装卸搬运各环节的改善，必须考虑综合效益，不能仅从单方面考虑。

任务二　掌握货物装卸搬运技术

货物装卸搬运技术是货物在物流节点内部移动时使用的各种装卸搬运设备工具以及装卸作业方法的总和。

一、认知货物装卸搬运设备

按其结构可分为起重机械、输送机械、专用机械和工业车辆四类。

1. 起重机械

有各类起重机，如桥式类型、门式类型、臂式类型、梁式类型等起重机及升降机、电梯、绞车等。

2. 输送机械

包括有牵引构件的输送机，如带式输送机、板式输送机、悬挂输送机、链式输送机等，以及无牵引构件的输送机，如螺旋输送机、振动输送机、辊子输送机、气力输送机等。

3. 专用机械

有翻车机、取料机、堆垛机、拆堆机、分拣机、集装箱专用机械、托盘专用机械、船舶专用机械、车辆专用机械等。

4. 工业车辆

有叉车、跨车、挂车、牵引车、底盘车等。

二、认知货物装卸搬运方法

装卸搬运作业的方法，可按作业对象（货物形态）、作业手段、装卸设备、作业方式的不同，分别进行分类。

1. 按作业对象（货物形态）分

（1）单件作业法。即将单件货物，逐件地装卸搬运，它是人力作业的主要方法，也是一种传统的装卸搬运方法。单件作业对机械、装备、装卸条件要求不高，因而机动性较强，可在很广泛的地域内进行而不受固定设施、设备的地域局限。

单件作业可采取人力装卸、半机械化装卸及机械装卸。由于逐件处理，装卸速度慢，且装卸要逐件接触货体，因而容易出现货损，反复作业次数较多，也容易出现货差。

单件作业的装卸对象主要是包装杂货，多种类、少批量货物及单件大型、笨重货物。

（2）集装作业法。先将货物集零为整，再进行装卸搬运的方法，是一种先进的现代化装卸搬运方法。每装卸一次是一个经组合之后的集货货载，在装卸时对集装体逐个进行装卸操作的作业方法，和单件装卸主要异同在于，都是按件处理，但集装作业“件”的单位大大高于单件作业每件的大小。

集装作业由于集装单元较大，不能进行人力手工装卸，虽然在不得已时，可用简单机械偶尔解决一次装卸，但对大量集装货载而言，只能采用机械进行装卸，同时也必须在有条件的场所进行这种作业，不但受装卸机具的限制，也受集装货载存放条件的限制，因而机动性较差。

集装作业一次作业装卸量大，装卸速度快，且在装卸时并不逐个接触货体，而仅对集装体进行作业，因而货损较小，货差也小。

集装作业的对象范围较广，一般除特大、重、长的货物和粉、粒、液、气状货物外，都可进行集装。粉、粒、液、气状货物经一定包装后，也可集合成大的集装货载；特大、重、长的货物，经适当分解处置后，也可采用集装方式进行装卸。集装作业有以下几种方法：

①托盘装卸。利用叉车对托盘货载进行装卸，属于“叉上叉下”方式。由于叉车本身有行走机构，所以，在装卸同时可以完成小搬运，而无须落地过渡，因而有水平装卸的特点。托盘装卸常需叉车与其他设备、工具配合，以有效完成全部装卸过程。例如叉上之后，由于叉的前伸距离有限，有时需要利用托盘搬运车或托盘移动器来解决托盘水平短距离移动。由于叉车叉的升高有限，有时又需与升降机、电梯、巷道起重机等设备配套，以解决托盘垂直位移的问题。

②集装箱装卸。集装箱装卸主要用港口岸壁吊车、龙门吊车、桁车等各种垂直起吊设备进行“吊上吊下”式的装卸，同时，各种吊车还都可以做短距离水平运动。因此可以同时完成小范围的搬运。如需有一定距离的搬运，则还需与搬运车相配合。

小型集装箱也可以和托盘一样采用叉车进行装卸。

港口装卸，利用叉车或半挂车，可以进行“滚上滚下”方式装卸。

③货捆装卸。主要采用各种类型起重机进行装卸，货捆的捆具可与吊具索具有效配套进行“吊上吊下”式装卸。短尺寸货捆可采用一般叉车装卸，长尺寸货捆还可采用侧式叉车进行装卸。货捆装卸适于长尺寸货物、条块状货物、强度较高无须保护的货物。

④集装网、袋装卸。主要采用各种类型吊车进行“吊上吊下”作业，也可与各种搬运车配合进行吊车所不能及的搬运。

货捆装卸与集装网袋装卸有一个共同的突出优点，即货捆的捆具及集装袋、集装网本身重量轻，又可折叠，因而无效装卸少，装卸作业效率高，且相对货物而言，货捆具与集装袋、网成本较低，装卸后又易返运，因而装卸上有优势。

⑤挂车装卸。利用挂车的可行走机构，连同车上组合成的货载一起拖运到火车车皮上或船上的装卸方式。属水平装卸，是所谓“滚上滚下”的装卸方式。

其他集装装卸方式还有滑板装卸、无托盘集装装卸、集装罐装卸等。

（3）散装作业法。散装作业指对大批量粉状、粒状货物进行无包装散装、散卸的装卸方法。装卸可连续进行，也可采取间断的装卸方式。但是，都需采用机械化设施、设备。在特定情况下，且批量不大时，也可采用人力装卸。散装作业方法主要有以下几种：

①气力输送装卸。主要设备是管道及气力输送设备，以气流运动裹挟粉状、粒状物沿管道运动而达到装、搬、卸之目的，也可采用负压抽取办法，使散货沿管道运动。管道装卸密封性好，装卸能力高，容易实现机械化、自动化。

②重力装卸。利用散货本身重量进行装卸的方法，这种方法必须与其他方法配合，首先将散货提升到一定高度，具有一定势能之后，才能利用本身重力进行下一步装卸。

③机械装卸。利用能承载粉粒货物的各种机械进行装卸，有两种主要方式：

用吊车、叉车改换不同机具或用专用装载机，进行抓、铲、舀等形式作业，完成装卸及一定的搬运作业。

用皮带、刮板等各种输送设备，进行一定距离的搬运卸货作业，并与其他设备配合实现装货。

2. 按作业手段分

（1）人工作业法。即使用人力或人工作业，是一种古老的作业方法，劳动强度大，作业效率低，安全程度差，不适应现代化生产流通的要求。

（2）机械化作业法。使用各种装卸搬运机械代替人工操作，来完成装卸搬运作业。它是装卸搬运作业史上的一次革命，大大提高了装卸搬运的效率。

（3）综合机械化作业法。就是从以机械化人力作业为中心，转向以综合措施作业为中心，要求在物流全过程中，组织、运营、管理和工艺要协调，各种装卸搬运设备、设施、场地、机具要配套，并辅之以电子计算机管理为中心的自动化控制系统。

3. 按装卸作业原理分

（1）连续作业法。货物支承状态和空间位置的改变系连贯、持续地流水式进行的，主要使用连续输送机械和由该机组合成的专用机械进行作业。

（2）间歇作业法。货物支承状态和空间位置的改变系断续、间歇、重复、循环进行的，主要使用起重机械、工业车辆、专用机械进行作业。

4. 按作业方式分

（1）吊上吊下方式（亦称垂直装卸法）。采用各种起重机械从货物上部起吊，依靠起吊装置的垂直移动实现装卸，并在吊车运行的范围内或回转的范围内实现搬运或依靠搬运车辆实现小搬运。由于吊起及放下属于垂直运动，这种装卸方式属垂直装卸。

（2）叉上叉下方式（亦称水平装卸法）。采用叉车从货物底部托起货物，并依靠叉车的运动进行货物位移，搬运完全靠叉车本身，货物可不经中途落地直接放置到目的地。这种方式垂直运动不大而主要是水平运动，属水平装卸方式。

（3）滚上滚下方式。主要指港口装卸的一种水平装卸方式。利用叉车或半挂车、汽车承载货物，连同车辆一起开上船，到达目的地后再从船上开下，称“滚上滚下”方式。利用叉车的滚上滚下方式，在船上卸货后，叉车必须离船，利用半挂车、平车或汽车，用拖车将半挂车、平车拖拉至船上后，拖车开下船而载货车辆连同货物一起运到目的地，到达后再原车开下或拖车上船拖拉半挂车、平车开下。

滚上滚下方式需要有专门的船舶，对码头也有不同要求，这种专门的船舶称“滚装船”。

（4）移上移下方式。是在两车之间（如火车及汽车）进行靠接，然后利用各种方式，不使货物垂直运动，而靠水平移动从一个车辆上推移到另一车辆上，称移上移下方式。移上移下方式需要使两种车辆水平靠接，因此，对站台或车辆货台需进行改变，并配合移动工具实现这种装卸。

（5）散装散卸方式。对散装物进行装卸，一般从装点直到卸点，中间不再落地，这是集装卸与搬运于一体的装卸方式。

任务三　熟悉货物装卸搬运安全

装卸搬运工作是物流活动的一项重要功能，也是实现物品移动所必需的一项工作，在物流节点必须要有高效率的装卸搬运活动。装卸搬运一般都是劳动密集型的工作，一定要对工作人员做好劳动纪律、工作流程、安全教育工作。做好劳动保护，确保人员和物品的安全。

生产过程中，由于各种原因的影响，时有意外事故发生。所谓意外事故是指没有预料到的、不正常的，并给生产活动带来影响的事件，这些事件，或者给人带来一场虚惊，或者造成人身伤亡或财产损失，出现意外事故的主要原因有人的因素和环境因素。

人的因素主要有：生物节律、视力、疲劳、经验、年龄、不合理的组织管理、人们对工作的认识等。环境的因素也是很多的，例如装卸作业周围的自然环境、作业时的粉尘等。环境对于劳动安全的影响这里不再多讲述。下面就如何对人的因素进行管理，从而降低事故的发生率作简单的介绍。

一、重视对职工的安全教育

职工在思想上重视安全生产，在技术上懂得安全生产的基本知识，在操作上掌握安全生产的要领，这是做到安全生产的保证。

安全教育要经常抓，重点抓，反复抓，要领导亲自抓。新工作人员进厂，要集中进行一次安全生产教育，即进行安全生产的“三级”教育：首先，教育职工明确企业的工作特点、企业的整体流程以及企业的安全要求等。其次，要进行车间的安全教育，使职工明确本车间的生产规程、安全要求、注意事项等。最后是班组的安全教育，组织职工对本班组的作业流程、作业特点、注意事项、安全要求等进行学习。在进入岗位前，进行一次全面的安全教育，使得职工对企业、车间、班组的各方面的要求了然于胸。同时要进行多种方式的感性认识，例如结合本企业或者本行业的一些典型事故案例进行教育，针对忽视安全和劳动保护的思想进行有效的教育。

实验证明，人的内部智力、感觉和体力状况随其节律的变化而发生兴衰变化，例如智力周期为33天、感觉周期为28天、体力周期为23天。每当人的生物节律处于高潮时，注意力集中、反应灵敏就不容易出现安全事故，否则就容易出现安全事故。根据对视力与劳动事故的调查发现，视力与劳动事故也有着密切的关系，视力状况好，出现事故的概率就小，否则概率就高。疲劳程度同样会影响工作的效率和事故的发生率，研究表明疲劳后如果不及时恢复则工作效率降低并且容易发生事故。综上所述，安全事故的发生原因是多方面的，所以安全教育除了从思想上，流程以及注意事项上进行教育以外，还要从人的其余因素进行教育，使得他们不但了解生产的要求，而且懂得从自己的身体状况出发去降低或防止劳动事故的发生，确保安全生产。

二、加强职工的业务学习和技术训练

实践证明，经验与操作熟练程度直接关系到事故发生率，职工对工作越是熟练，越有经验，发生意外事故的可能性就越小，表8－1是一项劳动熟练程度与事故率之间的统计。

表8－1 熟练程度与事故的关系

工作时间	事故率	工作时间	事故率
不满一个月	18.1	8~12个月	6.2
1~3个月	12.7	1~5年	5.7
3~8个月	8.7	5年以上	小于5

所以企业一定要加强职工的业务学习和技术训练，以提高职工的熟练程度获得经验，主要通过以下形式开展业务学习。

对操作职工的培训主要是根据装卸搬运操作工具的操作技术登记标准的“应知”和“应会”的要求进行。由于我国高级技术工人的缺乏，我们必须在应知和应会两个方向同时进行。“应知”是指工人完成某一等级工作时需具备的专门知识和原理，如应熟悉自己所使用的机器设备的性能和结构、加工材料的特点和技术操作规程等，由于我国逐渐实行的资格证准入制度，对于应知的培训基本上在职业教育中予以解决。“应会”是指工人完成该工种某等级工作时应具备的实际操作技能和解决技术问题的能力，如会使用叉车进行装卸、使用吊车吊装等。由于机械设备等更新换代的加快，对于操作人员的培训主要采用送出去培训与请专家或者机械设备的厂家人员进厂培训相结合的形式，确实提高他们的实际操作能力。

三、严格操作规程

对于制定的操作规程，一定要严格遵守，有资料显示，安全事故有 80% 以上是违规操作造成的。

在对具体操作人员进行培训的同时，一定要加强对管理人员的培训，提高管理水平，提高制定操作规程和劳动纪律的水平，全方位提高劳动安全管理的水平。

严格操作规程包括两个方面：一方面是指制定操作规程的严格性，如果国家有规定的，按照国标要求制定本企业或班组的操作规程，如果无国标的，则应考虑制定本企业能达到的标准。另一方面指的是操作人员严格按照制定好的操作规程进行生产活动。

装卸安全的重点是由装卸司机掌握的，所以对装卸机械司机应制定以下安全守则：

（1）装卸机械司机必须经过体检和严格的训练，经考核合格后方可进行操作。

（2）司机的工作服必须做到三紧，即袖口紧、下摆紧、裤管紧。电动机械司机必须穿好绝缘工作服和带好验电笔。

（3）严禁司机酒后驾驶各种机械车辆。

（4）接班要严格执行“四交”和“八查”制度。四交即交装卸作业环境；交各种机构和安全装置运转情况；交安全质量措施和注意事项；交随车工具是否齐全、属具是否完好。八查即查机架、门窗、玻璃有无损坏；查轮胎气是否充足以及损坏，车轴螺栓、弹簧钢板是否完好；查机油、燃油以及润滑油的存量和质量；查冷却系统有无漏水现象以及风扇带的张紧度是否适当；查灯光、喇叭、仪表、电线、电瓶是否正常；查发动机、发电机和电动机运转情况以及各部位有无异声；查方向机构和制动器是否有效；查各部件连接是否有异常。

四、各种作业的安全操作

为了安全高效地工作，制定各种作业的操作规程时应注意以下几个问题：

（1）装卸搬运作业对象及其特点。

（2）工艺路线、作业过程（工序、工步）的合理性。

（3）每一工序、工步的操作要领。

（4）主型机械、配套机械、辅助机械等的性能、参数和操作要领。

（5）货场、仓库、泊位、站台；通道、装卸线等的性能和参数。

（6）人员、劳动组织及岗位责任制。

（7）工时总定额，如车船的装卸作业停时及其分配。

（8）劳动保护、安全防护、抗灾害、事故等措施。

（9）堆、取、码、拆操作和对货垛质量的要求。

（10）提高净载重的指标及其措施。

（11）货物组织作业与装卸搬运作业之间的配合。

（12）各种辅助作业及其标准。

目前，一部分机械设备的操作已经有了详细的安全操作规程，例如，起重设备、叉车等，而有些设备还没有国家标准的操作规范，这就要求各个企业在使用过程中，自己要制定相应的操作规范，以确保装卸搬运的安全生产。

五、货物装卸搬运组织

1. 装卸搬运作业的时间构成

装卸作业时间由两部分构成：等待时间和装卸时间。几种运输方式的运输组织方式不同，其装卸时间构成又不尽相同。

2. 装卸搬运作业的基本要求

明确装卸搬运的内容，装卸搬运包含了六个方面的作业：搬运、装卸、堆码、取出、分类、理货。对照需要进行的若干项作业，合理安排。

明确搬运对象的种类、形态、特性、数量、尺寸大小、所处环境，以便选用相应的搬运机械，使用相应的装卸搬运的方法。

在进行半自动化和人工操作时应考虑人体工学原理，制定合理的标准和方法。

充分把握装卸搬运的原则，提高机械化水平、提高搬运的活性、减少无效作业、实现装卸搬运的省力化、推广组块化、系统化。

3. 装卸搬运作业组织

按照分工与协作相结合、时间和空间相结合的原则构成了劳动组织的各种组织方式。装卸搬运作业的劳动组织就是按照一定的原则，将有关的人员和设备以一定的方式组合起来，形成一个有机的整体。装卸搬运作业的劳动组织大致上可分为两种基本形式，按照劳动时间的顺序和分工与协作相结合的工序制的组织形式和以劳动空间为分工主要依据的包干制的组织形式。

（1）工序制劳动组织。工序制劳动组织形式是按作业内容或工序，将有关人员和设备分别组合成装卸、搬运、检选、堆垛、整理等作业班组，由这些组共同组成一条作业线，共同完成各种装卸搬运作业。

工序制劳动组织按作业内容划分班组，每个作业班组的作业专业化，任务单纯，有利于作业人员掌握作业技术，容易提高作业的熟练程度。因此，对提高作业质量，确保作业安全，提高劳动生产率是有益的。同时，每个作业班组由于作业内容比较固定，可配备专门设备，能提高设备的利用率，便于对设备进行管理。由于设备能得到充分利用，还能提高作业效率和机械化水平。每个班组按作业内容配备人员和设备，人员与设备之间比例协调，能适应作业内容的要求。但是，工序型劳动组织由于一条作业线由几个班组共同完成，工序的衔接容易出现不紧密、不协调的现象。同时，当装卸搬运作业量不均衡或各工序作业进度不一致时，其综合作业能力容易被最薄弱的作业环节所影响。

（2）包干制劳动组织。它是将分工不同的各种人员和功能不同的设备，共同组合成一个班组，对装卸搬运活动的全过程均由一个班组承包到底，全面负责。

包干制劳动组织形式由于一个班组承担各种装卸作业内容，对整套作业线自始至终承包到底，因而责任明确，便于对作业班组的实绩进行考核。同时，由于一条作业线由班、组长统一指挥，各作业工序间能够较好地配合与协调，便于提高作业的连续性。当作业量出现不均衡的情况，包干制劳动组织适应性较强，可及时调整。他们可以集中人力作业，同时对工序上的人力、物力、设备调配自然，确保关键工序，有利于提高综合作业能力。但是，由于每个作业班组的人员和设备是固定配属，当作业内容不同时，人员与设备的比例关系不一定合适。同时，在一个作业班组配置几个工种的人员和多种机械设备，不利于实现生产作业专业化，对提高人员的技术熟练程度和劳动生产率不利。

上述两种搬运劳动组织形式各有优缺点，究竟采用哪种形式更好，不能笼统地下结论，应根据装卸作业的具体情况而定。一般来说，对于规模比较大的装卸作业部门，由于人员多，设备齐全，任务量大，可采用工序制组织形式，实现规模效益；否则，以采取包干制组织形式为宜。

■ 总结与回顾

本项目主要介绍了搬运装卸的意义和原则，要求熟悉搬运装卸的合理化，掌握搬运装卸的技术、安全和组织搬运装卸的方法等。

实训活动方案八　货物装卸与搬运管理

1. 活动准备

教师准备各种装卸搬运机械安全操作规程，学生深入物流企业仓库，通过物流主管和相关人员的走访调查，收集资料。

2. 活动方案

（1）熟悉装卸搬运的合理化以及装卸搬运安全，掌握装卸搬运原则、装卸搬运技术，能够正确合理地组织装卸搬运作业。

（2）在本活动单元主题范围内，选择若干知识点，进行深入讨论，自拟题目，将结果整理组成 PPT，用于全班交流与评价。

（3）建议可安排一周的叉车操作实训课，经训练可参加全国高职物流技能比赛，或考取《特种设备作业人员证》。

课堂训练八

一、单项选择题

1. 根据下一步装卸搬运前的准备时间的多少，将活性指数分为（　　）。

A. 2 级　B. 3 级　C. 4 级　D. 5 级

2. 货物在物流节点内部使用的各种装卸搬运设备以及装卸作业方法的总和是指装卸搬运的（　　）。

A. 技术　B. 方法　C. 手段　D. 组织

二、多项选择题

1. 装卸搬运活动对于整个物流活动的意义在于（　　）。

A. 附属性伴生性活动　B. 支持性保障性活动

C. 衔接性协作性活动　D. 合理性可行性活动

2. 货物装卸与搬运的作业原则是：减少环节，简化流程，（　　）。

A. 集中作业，集散分工　B. 协调兼顾，标准通用

C. 步步活化，省力节能　D. 巧装满载，牢固稳定

3. 货物装卸搬运合理化的措施有（　　）。

A. 减少作业量　B. 提高货物活性指数

C. 实现省力化　D. 组织文明装卸

4. 货物装卸搬运设备按结构分为（　　）。

A. 起重　B. 输送　C. 专用机械　D. 工业车辆

5. 货物装卸搬运方法，按作业对象（货物形态）分（　　）。

A. 单件作业法　B. 集装作业法

C. 机械化作业法　D. 散装作业法

6. 货物装卸搬运安全应做到（　　）以及做好货物装卸搬运组织。

A. 重视安全教育　B. 加强职工业务学习和技术训练

C. 严格操作规程　D. 各种作业的安全操作

7. 装卸搬运作业的劳动组织大致上可分为（　　）基本形式。

A. 工序制的组织形式　B. 包干制的组织形式

C. 日历承运制　D. 随时承运制

三、判断题

1. 以改变物的支撑、存放状态的活动称为搬运。（　　）

2. 搬运的“运”是指在小范围内，短距离的货物移动。（　　）

3. 包干制劳动组织形式，对装卸搬运活动的全过程均由一个班组承包到底，全面负责。(　　)

4. 工序制劳动组织比包干制劳动组织好。(　　)

四、概念题

活性　重力装卸

模块四

物流运输环境管理

项目九　物流运输承运商管理

知识目标

1. 理解承运商选择的原则与步骤
2. 掌握承运商选择评价因素
3. 掌握承运商监控的内容及需注意的问题
4. 理解承运商质量管理分析中的五种差距
5. 掌握承运商质量管理的方法
6. 了解承运商服务质量评估指标

技能目标

1. 学会运用承运商选择的原则，掌握承运商选择步骤和承运商选择评价因素
2. 学会运用“三阶段法”进行承运商的选择

任务一　选择承运商

一、认知承运商选择的原则

（一）核心能力原则

核心能力原则即要求承运商必须具有并能为运输需求企业贡献自己的核心能力，而这一核心能力又正是运输需求企业所需要的。核心能力是承运商所有能力中最重要、最关键、最根本的能力。核心能力的强弱决定了一个企业在市场竞争中的地位和命运。核心能力是企业在经营过程中所形成的不易被竞争对手效仿的，并能给企业带来超额利润的独特能力。它可以是核心技术能力、组织协调能力、对外影响能力、应变能力，也可以是承运商提供的真正好于、优于竞争对手的不可替代的服务、文化等。

（二） 总成本最小原则

运输需求企业总是关心运输服务的价格，价格在某种程度上是影响交易的主要因素，承运商往往根据竞争对手的价格确定自己的折扣或者优惠价，以有竞争力的价格提供运输服务，并能赢得更多货主。较低的运价可使承运商具有较大的价格竞争优势。所以总成本最低原则就是希望所选的承运商总运输服务成本应不大于其他承运商完成的全部费用。

（三） 敏捷性原则

敏捷性原则就是承运商选择要考虑快速准确地运输货物，以把握快速变化的市场机会。因此，要求各个承运商具有较高的敏捷性，对来自运输需求企业外部和内部的服务请求具有快速反应能力。

（四） 风险最小原则

承运商通常拥有不同的组织结构和技术标准、不同的企业文化和管理理念、不同的硬件环境等，这些因素大大增加了运输合作过程中的风险。因此，在进行承运商选择时必须考虑风险问题，选择正确的合作伙伴，以最大程度回避或减少运输过程中的风险。

上述几个原则只是承运商选择的一般性原则，由于具体问题的不同，以及企业在具体目标上的差异，在选择承运商时可能并不限于上述几条基本原则，企业可能会着眼于承运商服务所覆盖的区域，承运商的商誉、品牌、企业价值观等。

二、认知承运商选择的基本步骤

第一步：对市场需求进行分析，从市场上承运商提供的运输服务入手初步确定候选承运商。

第二步：确立评价准则及指标，根据这些评价指标对候选承运商进行市场调查、分析、搜集整理承运商的资料，力求资料的完整、准确。

第三步：选择合适的评价方法对候选承运商进行评价。

第四步：对结果进行评价验证，确定合适的承运商。

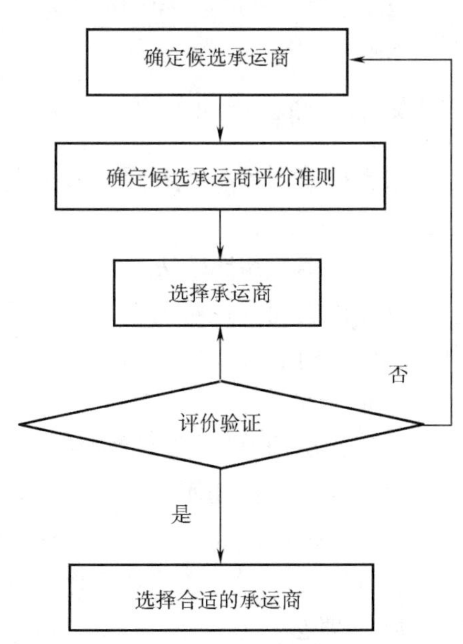

图9－1　承运商选择流程

三、认知承运商选择的评价因素

传统的准则一般是价格、质量、准时交货、服务等，尤其是价格和准时交货历来都是评价承运商的重要准则。随着社会的进步，市场环境瞬息万变，仅仅考虑这些因素是不够的，运输需求企业还要考虑其他方面的因素。

承运商选择是一个包含了定性和定量因素的多目标决策问题，企业必须对无形和有形的

因素进行综合分析。一个好的承运商应具备的特征为：经济实力雄厚，有稳定的业绩和良好的信誉，以合理而有竞争力的价格提供运输服务；能对运输需求企业不可预测的需求变化做出快速反应；能主动提供附加增值服务来帮助企业降低成本；技术力量强大，能为企业开发领先的优势技术，提供技术支持等。

现代承运商的评价因素一般可以归纳为：质量、价格、能力、服务。

1. 质量

质量是衡量承运商的最重要的因素，只有拥有良好的设备和技术并不断进行创新服务的承运商才能成为运输需求企业坚实的后盾。运输服务质量往往和时间概念联系在一起。

2. 价格

价格是选择承运商的主要因素，但不是最主要的因素。传统的承运商选择主要目标是运输服务价格最低，但是仅仅考虑价格往往会导致无法激励承运商提供其他增值服务，而且不利于双方建立长期合作关系。在评价承运商时，应将这一因素与其他因素综合考虑。

3. 能力

即承运商的运输服务能力、技术能力、组织管理能力、协调沟通能力、开发能力和快速反应能力等。这些因素旨在考察承运商能否保证运输服务质量、准时交货，能否协助企业开发新技术以及能否持续稳定地为企业带来增值服务等。

4. 服务

即承运商在指定的时间，将货物按要求的质量和数量送到指定地点，并为企业提供质量保证和相应的服务。当前，在提高客户服务水平上显得尤为重要，它是影响承运商选择的另一个重要因素。运输需求企业可以从服务的全面性、快捷性、满意性和方便性等方面考虑。

四、认知承运商选择的方法

不同客户对运输服务和运输服务商的要求是不同的，对承运商的选择主要有以下几种方法。

（一）服务质量比较法

客户在付出同等运费的情况下，总是希望得到更好的服务，因此服务质量往往成为客户选择承运商的首要标准。

1. 运输质量

运输所体现的价值是把货物从一个地方运送到另一个地方，完成空间上的位移，而无须对货物本身进行任何加工，但如果运输保管不当，就会对货物的质量产生影响。因此，客户在选择承运商时会将其运输质量作为一个重要的因素来考虑。如运输工具的状态、装卸质量、员工的经验及工作责任心、货物运输控制流程等。

2. 服务理念

随着承运商运输质量的提高，客户对服务的要求也越来越高，于是客户在选择承运商时还会考虑其服务理念和服务水平，主要包括以下几个方面：运输的准班率、班次及发班时间间隔、单证的准确率、信息查询的方便程度、运输纠纷的处理等。

（二）运输价格比较法

承运商为了稳定自己的市场份额，都会努力提高服务质量，随着市场竞争的日益激烈，承运商所提供的服务已近乎相同。因此，运价很容易成为各承运商的最后竞争手段。于是，客户在选择承运商时，面对几乎相同的服务质量，价格就成了一个重要的考虑因素。同时，运输价格也可以反映服务质量的高低，具体表现为所运货物的种类、数量，旅客舱位等级、舒适度，距离、方向、时间、速度等。

（三）综合评价法

客户在选择承运商时，同时会考虑诸多因素，如服务质量、运输价格，承运商的商誉、经济实力、服务网点的数量、密度等。此时就需首先确定因素，其次确定各因素的权重系数，再次给每个因素进行评分，最后运用下列计算公式计算各承运商的综合评价值，以评价值最高者选取承运商。

$$S = \frac{k_1 Q}{k_2 P} + k_3 B + k_4 C + k_5 N + \cdots + k_n O$$

公式中：S——综合评价值；

k_i——不同因素的权重；

Q——承运商的服务质量；

P——承运商的服务价格；

B——承运商的信誉；

C——承运商的资产状况；

N——承运商的服务区域；

O——其他因素。

（四）三阶段法

所谓“三阶段法”是将承运商的选样与优化过程分为三个阶段，如图 9 - 2 所示。

第一阶段：初选。在该阶段首先根据不同的市场机遇，以及企业所需的承运商类型，确定承运商的地域范围，然后在众多有希望合作对象的候选承运商中进行初步筛选，缩小选择范围。

第二阶段：单目标评价。根据运输需求企业选择的具体原则要求，进行分目标的讨论与量化计算，对潜在的承运商进行单目标的评价分析，为下一阶段的多目标综合评价和优化提供依据。

第三阶段：综合评价与优化。为了对潜在承运商进行综合评价和优化，采用多目标规划，根据影响承运商选择决策因素的重要程度，分别引入权重因子，进行多目标优化，以确定最佳的承运商组合。

经过以上三个阶段的计算和分析，如果仍然得不到令决策者满意的承运商，则需要采取以下调整措施：

（1）放松筛选过程中的关键约束条件，进一步扩大可供选择的承运商。

（2）调整多目标评价模型中的权重因子，重新进行优化计算。

重复上述过程，直到得到令决策者满意的承运商为止。

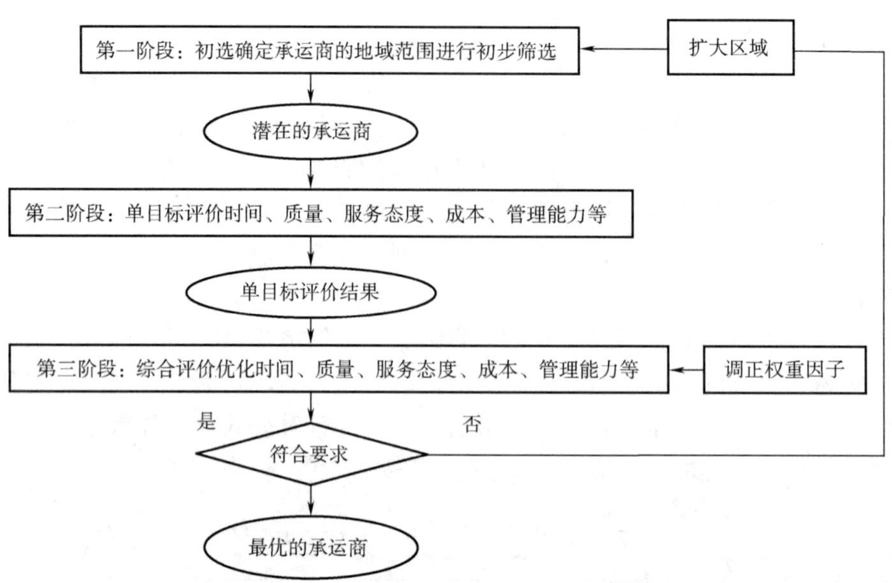

图9-2 承运商选择与优化的“三阶段法”

任务二 对承运商进行监控

一、认知承运商监控的目标

承运商监控是以正确的成本与效益的衡量为基础的。对承运商来说，监控的目标包括以下三个方面。

1. “三精”目标

物流运输系统必须以精确的时间、精确的地点以及精确的服务方式满足客户的要求。客户服务是物流运输系统的关键，优质的客户服务有利于被服务的企业获得竞争优势。

2. “降低存货”目标

物流运输系统的运作必须以不断降低存货水平为前提，而计划、生产、物流的重新组合可以减少周转时间，从而降低存货水平，也就是说要用信息替代存货，同时要加快信息处理速度。

3. “低成本高效率”目标

迫于竞争需要，必须以最低成本和高效率运作完成物流运输。

因此，承运商对物流运输系统的合理监控对被服务企业的物流管理非常重要。监控系统必须建立客户服务满意度、过程可控性以及成本控制三个方面的标准。

二、认知承运商监控的内容

承运商监控的内容主要包括客户服务质量监控和运输过程监控。

1. 客户服务质量监控的内容

对综合型、管理型的承运商来说，它们对企业各要素的协调负有基本责任，即应使物流运输系统有效运作，达到以精确的时间、精确的地点将货物送达客户的目标。物流运输服务的目标是使客户满意。因此，客户服务监控系统需要测量两大类变量：产品交货过程中的客户满意度和内部统计数据。

产品交货过程中的客户满意度是一个“软”数据的领域，即并非很精确且主观性较强的数据，然而这个变量又是非常重要的。

内部统计数据是对客户满意度最具影响的变量。这些数据的内容随时间与行业的不同而有所区别，客户最关心的是运输服务的准时率、完整率、信息和通信系统的反应速度等。这些方面的表现水平是可以测量的。但必须注意不同时间、不同行业对不同的指标可以有不同的重视程度。

为了确定客户对服务水平的满意度，进行客户服务监控是必要的。监控重点考虑的三个关键问题是以什么方式与客户联系、哪些客户服务要素需要监控以及监控多少客户。

2. 客户服务质量监控的步骤

（1）进行客户调查。客户调查可以确定客户的需要，竞争对手的能力和表现水平以及由于当前服务水平的改变而引起的经济上的得失。

（2）内部审计。审计主要确定当前的服务水平、取得当前服务水平的成本、需要改进的服务方面的问题及较好的服务对成本的影响。

（3）确定服务目标。每一个服务变量的目标都必须以客户需求、竞争对手的服务水平以及企业内部的经济水平为基础。

（4）设计监控系统以衡量每一个服务变量。常以实时方式进行，以交易行为过程系统中的统计数据积累为手段。在某些情况下，必须从分包协作者那里取得必要的信息，如道路运输企业的送达时间和公共仓库的订单处理时间等。

（5）设计报告系统。每一服务要素都应以定期的管理报告给出，通常报告按月制作并递交，而负责的部门应以天与周来检查详细数据。

3. 客户服务质量监控的间隔

对客户满意程度进行连续调查与监控是十分必要的，可以通过两种不同的方式来完成。

（1）每隔一年或两年重复一次客户服务调查，精练样本和调查问卷并保留一些关键性、长期性的调查因子，以获取连续的调查记录。

（2）遵循一些企业的做法，每一季度以信函或电话的方式对 100 名顾客中 25 个进行抽样调查。这也就为管理系统提供了一种每季度和内部统计测量数据相比较的方法。

三、认知承运商监控的方法

承运商的绩效在很大程度上影响着企业的运作效率，并不是所有承运商的绩效都令人满意，也不是所有承运商都十分合作。作为承运商的直接监管部门——运输部门，就

要根据承运商的不同表现对其施以不同力度的监管，即采取“胡萝卜加大棒”的手段。

（一）承运商监控的方法

（1）安排合适的人员常驻承运商企业，以便监控承运商的运作调度等问题，并可在一定程度上作为企业的代表及时处理部分业务及相关事务。

（2）对承运商的关键工序进行重点关注，要求承运商提供重点工序的工艺参数或关键工序检验记录。

（3）工商企业管理人员或其他相关人员定期或不定期到承运商企业进行监督检查。

（4）要求承运商对运输物资的包装等在变更前必须征得企业相关人士的许可。

（5）托运与收货人一起对承运商进行审核与检查。

（6）由企业资深运输管理人员对承运商相关人员进行辅导，以提高承运商的运输服务能力。

有些诚信不佳的承运商工作人员在合作过程中会以种种借口或手段欺骗运输需求企业，企业的运输管理人员要根据所掌握的信息对这种情况做出分析判断，一旦识破其借口或欺骗手段，除了应予以严厉警告外，还需要找其主管或承运商企业负责人进行沟通，以防止类似情况重演。

（二）承运商“制裁”措施

如果承运商的高层管理者在合作过程中对多次发生的运输质量、交货时间等问题不以为然，或对企业的合理要求置之不理时，企业运输管理人员除了应报告相关负责人或企业高层管理者外，还要对承运商施加“制裁”措施，并及时采取补救措施，如即时开发新承运商等，否则就会产生物资不能被及时送达的风险。“制裁”措施主要有以下几种：

（1）减少订单量或暂停采购。

（2）根据签订的采购合同或品种合同进行处罚。

（3）暂时停止支付承运商的货款。

（4）用法律的手段对承运商施压或挽回损失。

（三）承运商的激励

为了使与承运商的合作关系更趋密切，物流运输部将通过一套激励机制，以促进承运商提供更好、更高质量的服务，达成经营者与承运商双赢的结果，激励方式有三种：商誉激励、订单激励、淘汰激励。

（四）对承运商监控时需注意的问题

（1）把重点放在重要数据上，而不要浪费时间整理那些琐碎无用的资料。

（2）确定适当的报告周期，适当的报告期一般应30天为宜。

任务三　承运商服务质量评估

一、认知承运商服务质量的含义

承运商服务质量是指承运商提供的运输产品满足明确或隐含需要能力的特征和特性

的总和。

承运商服务是运输主体通过运输设备与顾客的物品之间接触来为顾客提供服务的。服务是指能够满足明确和隐含要求的功能、特性之总和。承运商服务质量指运输服务提供者能够满足顾客基本运输要求和个性化要求的程度。

物流运输服务活动过程中，由于服务人员的素质、能力以及客户的需求差异，物流运输服务很难有统一的标准衡量，这决定了物流运输的质量评价的复杂性。一般物流运输的质量采用安全性、及时性、经济性、方便性四项指标来衡量。

（1）安全性。通常采用旅客安全运输率、货物损失赔偿率和运输工具安全率等几个指标。

（2）及时性。运输货物快捷、迅速、准确。

（3）经济性。一是要降低生产成本，二是要提高生产效率。反映这两方面的部分主要指标有生产量、生产率和生产成本。

（4）方便性。办理货物托运便捷、手续简便，货物送达便利等。

表9－1　各种运输方式的运输安全可靠性比较表

运输类别	主体（运输）可靠性	客体（防丢失损失）可靠性	综合评价
铁　路	良、优	中	良
公　路	中、良	良	良
水　路	中	良	中
航　空	差	良	中
管　道	优	优	优

二、认知物流运输质量管理

承运商服务质量管理就是对物流运输的全程进行计划、组织、领导、协调、控制，目的是为客户提供满意的服务。

由于运输活动的特殊性，不占有劳动对象、生产过程与消费过程的同一性，这些特点决定运输质量的管理比工厂的生产管理更加困难，实体产品生产出来如果不合格，检测出来则不予出厂，这种损失是工厂可以接受的。而如果将货物运到指定地点后发现没有满足质量要求，则不可能重新运输，不但要给客户给予赔偿，给运输企业造成了巨大经济损失，而且还有可能影响企业信誉，丧失一些潜在的客户。也就是说物流运输的管理更要注意过程的管理。

运输质量的衡量指标是以四性指标来衡量的。运输质量，实际上是客户的一种感觉，运输服务是否满意是客户个人的感觉，这表明客户服务并没有统一的标准，比如一辆零担车与正点的误差不超过5分钟，被认为是符合运输质量要求的，但是恰好有一个客户由于迟到3分钟而没有赶上这一班车，对于他来说则认为运输服务是不可接受的。所以在运输质量管理中一定先要分析客户的一般需求和特殊需求，认识到关键的或者具体的因素，然后针对这一需求制定出管理措施。对于这种要求，必须要全面地进行收

集，逐个的予以解决，这确实是一项复杂的任务。要求管理任务必须落实到每一个人，实行全员管理。

三、认知承运商服务质量管理方法

（一）主次因素排列图法

主次因素排列图法也叫帕累托图法，是一种分析影响产品质量的有效方法。影响质量问题的因素多种多样，但通过分析发现，最关键的往往只是少数几个。主次因素的排列图能够直观地反映影响质量的主要因素，解决质量问题就要抓住关键的少数。

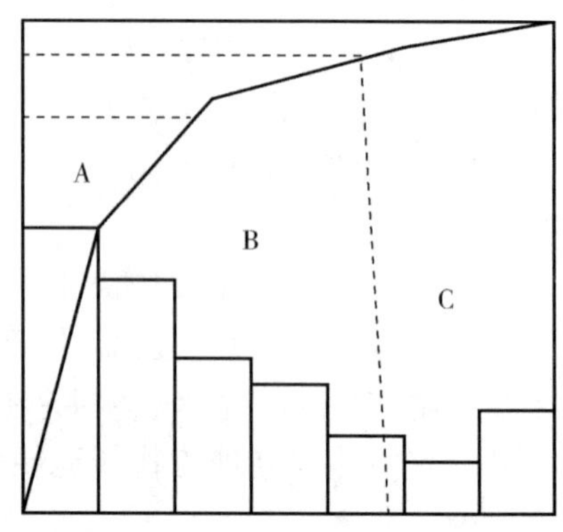

图 9 -3　主次因素排列图

1. 主次因素排列图的构成

主次因素排列图由一个横坐标、两个纵坐标和几个直方图和一条曲线构成。横坐标表示质量种类，纵坐标一个表示频数、另一个表示频率，直方图表示某一种类质量问题出现的频数，曲线表示累计频率。

2. 主次因素排列图的绘图步骤

（1）收集质量数据并排列。

（2）列表计算频次、频率及累计频率。

（3）画出排列图。

表 9 -2　零担货运责任事故频数统计表

质量原因	件数/件	频率/%	累计频率/%
货损	392	41.0	41.0
丢失	212	22.1	63.1
票货分离	190	19.8	82.8
污损	103	10.8	93.7
湿损	47	4.9	98.9
其他	13	1.4	100.0
合计	957	100.0	

图 9 -3 是对某承运商一年来的零担货运责任事故进行分析的资料绘制的，根据这些质量问题的性质首先列表计算频次、频率及累计频率（表 9 -2），其次再绘制主次因素排列图。

3. 注意事项

（1）主要因素最好 1 ~2 个，最多不宜超过 3 个。

（2）影响小于5%时，可归结为其他，列到表的最下列、图的最右端。

（二）分层图法

分层图法的具体做法与主次因素排列图法基本相似，所不同的是先分层、再排列，其目的主要是分清职责、落实责任。

分层就是把收集到的数据按照不同的目的加以分类，把性质相同，在同一生产条件下收集的数据归结到一起。分层是分析影响质量原因时常采用的一种方法，可以明确责任部门或责任单位，落实责任制。例如上述零担货运责任事故问题可事先划分为装卸部门、运调部门、保管部门、车辆部门等层次，再进行排列分析。

（三）因果分析图法

因果分析图因其形状像鱼刺，又称鱼刺图、树枝图，最早是由日本教授石川首先运用它来分析质量问题，故也称为“石川图”。它是用来寻找质量问题原因的一种工具。因为一个质量问题的产生，往往不是一个或几个原因造成的，而是由大大小小错综复杂的原因共同作用的结果。因果分析图法主要是运用追本溯源的方法，根据已发现的质量问题，进行逐步深入、由大到小、从表及里的方法探究造成质量问题的最初原因，即找到引起质量问题的最终原因，然后采取措施，达到对症下药的效果。

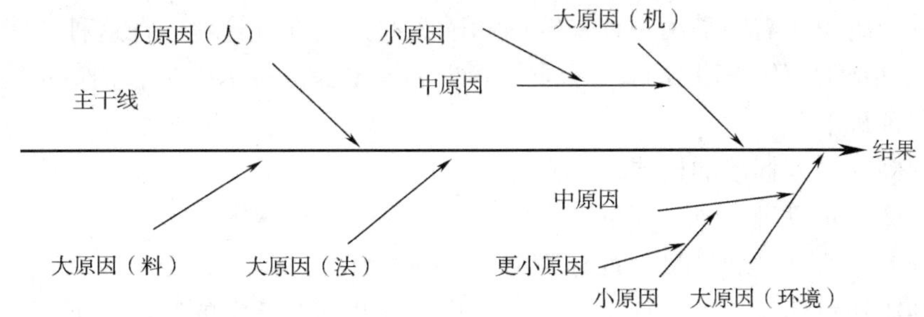

图9－4　因果分析图

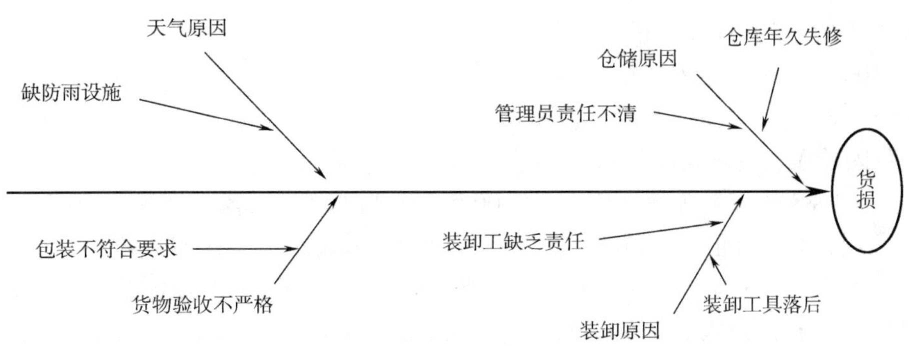

图9－5　航空货运地面损失因果分析图

此外，还有相关图法、调查表法等。

（四）认知承运商提高服务质量的有效措施

（1）增强顾客服务意识，包括创新、服务竞争、信息、公关、风险意识。

（2）掌握供应链技术，提升承运商的物流服务能力。

（3）树立顾客至上的观念，深刻了解客户的需求。

（4）实施差异化策略，为客户创造出新价值。

（5）实现与客户业务流程的有效协调和对接。

（6）保持与客户的紧密联系，建立与客户的战略合作伙伴关系。

（7）加强人才管理。

（五）了解 ISO 9000 族标准

1. ISO 9000 系列标准的由来

第二次世界大战期间，军事工业得到了迅猛发展，各国政府在采购军品时，不但提出产品特性要求，还对供应商提出质量保证的要求。20 世纪 50 年代末，美国发布了 MIL－Q－9858A《质量大纲要求》，成为世界上最早的有关质量保证方面的标准。20 世纪 70 年代初，美国标准化协会和机械工程师协会分别发布了一系列有关原子能发电和压力容器生产的质量保证标准。

随着各国经济的相互合作和交流，对供方质量体系审核已逐渐成为国际贸易和国际合作的前提，世界各国先后发布了许多关于质量体系及审核的标准。由于地区化、集团化、全球化经济的发展，市场竞争日益激烈，顾客对质量的要求越来越高。为了成功领导和运作一个组织，需要采用一种系统的和透明的方式进行管理，在这种要求下，国际标准化组织（ISO）于 1979 年成立了质量管理和质量保证技术委员会，负责制定质量管理和质量保证标准。

2. ISO 9000 系列标准的构成

ISO 8402 质量管理和质量保证——术语

ISO 9000 质量管理和质量保证标准

ISO 9001 质量体系——设计、开发、生产、安装和服务中的质量保证模式

ISO 9002 质量体系——生产、安全、安装和服务中的质量保障模式

ISO 9003 质量体系——最终检验和试验的质量保障模式

ISO 9004 质量管理和质量体系要素

ISO 10011 质量体系审核指南

ISO 10012 检测设备的质量保证要求

3. 我国的质量管理与质量保证标准

我国于 1988 年发布等效采用 ISO 9000 系列国际标准的 GB/T 10300《质量管理和质量保证》国家系列标准，为了进一步与国际接轨，国家决定采用 ISO 9000 系列国际标准，并于 1992 年正式颁布 GB/T 19000－ ISO 9000 双编号系列国际标准，国际标准化组织于 1994 年颁布修改版后，我国也采用了相应的等同修订。

四、认知质量认证及质量体系认证

1. 质量认证及其认证标志

质量认证也称合格认证，是依据产品标准和相应技术要求，经认证机构确认并通过颁发认证证书和认证标志来证明某一产品符合相应技术要求的活动，是指“由可以充分

信任的第三方，证实某一经鉴定的产品、过程或服务符合特定标准或其他技术规范的活动"。包括产品质量认证和质量体系认证。

国际互认是由国际互认组织（IAF，1991 年成立）通过签署国际互认协议的形式实现的，即 IAF/MLA 的全体签约机构组成 IAF/MLA 集团，IAF/MLA 集团于 1998 年 1 月 22 日在中国广州召开了 IAF 第十一届全体会议，共有 17 个国家的 16 个认可机构首批获得国际互认资格，具体国家是中国、美国、加拿大、日本、澳大利亚、新西兰、荷兰、德国、英国、瑞典、西班牙、意大利、丹麦、瑞士、法国等。

我国的产品质量认证工作启动于 1981 年，质量体系认证工作始于 1992 年。我国的 GB/T 19000 实质上是 ISO 9000 国际标准的中文版。我国的认证标志分为：合格标志（有方圆标志、长城标志和 PRC 标志）、安全标志、食品标志和环境标志四大类。

2. 质量体系认证的概念

质量体系认证是指由第三方认证机构依据公开发布的质量体系标准，对供方的质量体系实施评定，评定合格的由第三方认证机构颁发质量体系认证证书，并予以注册公布，证明供方在特定的产品范围内具有必要的质量保证能力的活动。

3. 质量体系认证的程序

（1）供方申请。

（2）了解是否接受申请。

（3）供方预计认证费用。

（4）确定认证依据。

（5）供方提供有关文件。

（6）评定通知供方有关事宜。

（7）供方现场准备。

（8）现场审核。

（9）提出修改意见。

（10）批准注册发证并公布。

（11）认证后的监督管理。

（12）重新评定。

4. 质量体系认证的作用

（1）提高供方的质量信誉和市场竞争能力。

（2）促进企业完善质量管理体系，提高管理水平。

（3）有利于保护消费者的利益。

（4）减少社会重复评定费用。

■ 总结与回顾

承运商服务质量在很大程度上影响着运输需求企业的运作效率，被选的承运商是否按照客户需求提供运输服务，是否有保证能够提供完善的运输服务，对于运输需求企业

来说是非常重要的 。因此，必须掌握承运商服务质量的含义、分析方法、承运商质量管理方法、提高承运商服务质量的有效措施。

实训活动方案九　承运商管理

■ 课堂实训

实训资料：零担货运责任事故中的货损问题，按责任部门统计如表 9－3 所示。试运用分层图法对装卸部门、运调部门、保管部门、车辆部门进行责任分析，并绘制排列图。

表 9－3　零担货运责任事故频数统计表

责任部门	件数/件	频率/%	累计频率/%
装卸	208	53.1	53.1
运调	118	30.1	83.2
保管	38	9.7	92.9
车辆	26	6.6	99.5
其它	2	0.5	100.0
合计	392	100.0	

课堂训练九

一、单项选择题

1.（　　）是衡量承运商的最重要的因素。

A. 质量　　B. 价格　　C. 能力　　D. 服务

2.（　　）是选择承运商的主要因素，但不是最主要的因素。

A. 质量　　B. 价格　　C. 能力　　D. 服务

3. 承运商监控的方法（　　）。

A. 服务质量比较法　　B. 运输价格比较法

C. 综合评价法　　D. "胡萝卜加大棒"

4. 国际标准化组织（ISO）于（　　）成立了质量管理和质量保证技术委员会。

A. 1979 年　　B. 1988 年　　C. 1992 年　　D. 1994 年

5. 我国的产品质量认证工作启动于（　　），质量体系认证工作始于（　　）。

A. 1979 年；1992 年　　B. 1981 年；1992 年

C. 1992 年；1994 年　　D. 1988 年；1994 年

二、多项选择题

1. 选择承运商的原则是（　　）。

A. 核心能力原则　　B. 总成本最小原则

C. 敏捷性原则　　D. 风险最小原则

2. 选择承运商的基本步骤是（　　）。

A. 初步确定候选承运商　　B. 确立评价准则及指标

C. 对候选承运商进行评价　　D. 对结果进行评价验证

3. 现代承运商的评价因素一般可以归纳为（　　）。

A. 质量　　B. 价格　　C. 能力　　D. 服务

4. 对承运商的选择主要有以下几种方法（　　）。

A. 服务质量比较法　　B. 运输价格比较法

C. 综合评价法　　D. 三阶段法

5. 所谓"三阶段法"是将承运商的选择与优化过程分为三个阶段，即（　　）。

A. 初选　　B. 单目标评价

C. 运输价格比较　　D. 综合评价与优化

6. 对承运商来说，监控的目标包括以下几个方面（　　）。

A. "三精目标"　　B. "降低存货目标"

C. "低成本高效率目标"　　D. "风险最小目标"

7. 对承运商的激励方式有（　　）。

A. 商誉激励　　B. 订单激励　　C. 效益激励　　D. 淘汰激励

8. 一般物流运输的质量采用（　　）几项指标来衡量。

A. 安全性　　B. 及时性　　C. 经济性　　D. 方便性

三、判断题

1. 承运商运输服务即承运商在指定的时间、将货物按要求的质量和数量送到指定地点。(　　)

2. 客户在选择承运商时，面对几乎相同的服务质量，价格就成了一个重要因素。(　　)

3. 承运商监控的内容主要包括客户服务质量监控和运输价格监控。(　　)

4. 分层图法的具体做法与主次因素排列图法基本相似，所不同的是先分层、再排列。(　　)

5. 因果分析图法主要是运用追本溯源的方法。(　　)

四、概念题

核心能力　承运商服务质量

项目十 运输合同、运输保险与运输纠纷

知识目标

1. 了解运输合同的概念，理解运输合同的条款以及签订程序
2. 掌握运输货物保险、险别及其业务体系
3. 掌握运输货物保险相关知识，海运保险、陆运保险以及航空保险等相关内容
4. 了解运输纠纷的内容、类型，理解运输纠纷责任，掌握运输纠纷解决的方法和途径

技能目标

1. 通过本章相关内容的学习，能够按要求程序正确签订运输合同
2. 能够根据保险的程序办理运输货物保险，并能够及时办理保险索赔等
3. 能够正确划分运输纠纷责任，正确处理和解决运输纠纷

无论是道路运输、铁路运输、水路运输还是航空运输的承运人，都切实意识到了货运质量对企业生存发展的重要性，都不同程度地建立了质量保障体系，有些企业还进行了 ISO 9000 质量体系认证。但是，由于货物在长途的运输途中所涉及因素的复杂性，多环节作业以及各种不可预见的情况，货运事故、货损、货差及其他损失造成的运输纠纷难以完全避免。

任务一 如何签订货物运输合同

一、认知运输合同的概念

运输合同是承运人将旅客或货物运到约定地点，旅客、托运人或收货人支付票款或运费的合同。货物运输合同的制定应根据中华人民共和国合同法、货物运输规则、货物运输质量标准及其他有关规定。货物运输合同的主体是承托双方，客体是承运人将一定的货物运到约定地点的运输行为。

二、认知运输合同的主要条款

由于运输货物种类、方式的不同，运输合同的内容就会不同，但各种运输合同有共同的基本条款，缺少这些基本条款，运输合同的效力或履行就会存在问题。运输合同的

主要条款包括以下几个方面。

（一）货物的名称、性质、体积、数量及包装标准

托运人必须如实填写，货物名称不得谎报。需要说明货物规格、性质的，要在品名之后用括号加以注明。在运输合同中必须明确规定运输货物的实际数量，数量必须严格按照国家规定的度量衡制度确定标的物的计量单位。货物数量的计量办法，凡国家或有关主管部门有规定的，必须按规定执行；国家或主管部门没有规定的，由供需双方商定。对某些产品，必要时应在合同中写明交货数量和合理磅差、超欠幅度、在途自然减量等。

在运输合同中，当事人应根据货物性质、重量、运输种类、运输距离、气候以及货车装载等条件，选择包装种类，如木箱、麻袋等。有国包装标准或部包装标准（专业标准）的，按有关标准执行；无统一标准的，按当事人双方协商的暂行标准加以规定。

（二）货物起运或到达地点、运距、收发货人名称、联系方式及详细地址

在运输合同中，托运人应完整准确填写货物发运地和货物送达地的名称，其所属的省、市、自治区名应清楚明确。收货人或发货人的名称地址必须详细完整，必要时还需填写联系方式和电话等。

（三）运输质量及安全要求

需要运输的货物，根据其性质、运输距离、气候条件等选择合适的包装以及符合标准的车辆，以保证运输质量、减少运输途中的损失。为了运输安全，对于需要特殊照料的货物必须派人押运。

（四）货物装卸责任和方法

由发货人组织装车的货物应按照有关规定的装载技术要求装载，并在约定的时间内装载完毕。发货人组织装货时，应认真检查货车的车门、车窗、盖、阀等是否完整良好、有无机修通知或通行限制；应认真检查车内是否清洁，是否有有毒物污染，并按合同规定的时间完成装货任务。收货人组织卸货时，应清查货物在途中的损失量，并按有关技术规定，在合同规定的时间和地点安全卸货。收发货人必须对货物装卸时造成的损失承担相应责任。

（五）货物的交接手续

在货物装卸和运输过程中，合同双方当事人都应按合同规定办好货物交接手续，做到责任分明。托运人应凭约定的装货手续交货，装货时双方当事人应在现场点件交接，并检查包装及装载是否符合规定标准，承运人确认无误后应在托运人发货单上签字。

货物运达指定地点后，收货人和承运人应现场点件交接，收货人确认无误后，应在承运人所持的运费结算凭证上签字。如发现有错，双方当事人应共同查明情况、分清责任，由收货人在运费凭证上批注清楚。

（六）批量货物运输起止日期

运送批量货物应详细写明货物的起运日期和到达日期。在起运日期和到达日期填写过程中，一定注意避免用“几天”这样的词语。例如合同中最好不要直接写五天内送达，应该写从某年某月某日起，至某月某日送达。

（七）年、季、月度合同的运输计划提送期限和运输计划的最大限量

托运人在交运货物时，应在合同商定的时间内，以文书、表式或电报等方式向承运人履行合同的年、季、月度的运输计划，注明提送期限和运输计划的最大限度作为运输合同的组成部分。

（八）运杂费结算标准及结算方式

通常运输合同的运杂费由合同当事人自行协商确定。结算方式主要有逐笔结算、定期结算、定额结算等，具体采用哪一种方式可以由双方当事人协商确定。

（九）运输合同的变更与解除

1. 运输合同变更与解除的概念

运输合同变更，是指经合同双方同意，在法律允许的范围内和合同规定的时间内，对运输合同内容进行更改的法律行为。

运输合同的解除，是指合同有效成立后，基于当事人双方的意思表示，使特定的运输合同托运人与承运人之间权利义务关系归于消失的行为。

2. 运输合同变更与解除的条件

合同变更与解除都改变了原合同关系，两者有许多相似之处。但是并不是在任何条件下都能进行合同的变更与解除。运输合同的变更或解除的条件主要有：

（1）合同签订后，任何一方不得擅自变更或解除。如确有特殊原因不能继续履行或需要变更时，须经双方同意，并在合同规定的时间内办理变更。如在合同规定的期限外提出，必须负担对方已造成的实际损失。

（2）涉及国家指令性计划的运输合同，在签订变更或解除协议前，需报下达计划的主管部门核准。

（3）因自然灾害造成运输路线断阻或执行行政命令等原因影响按时运输合同时，承运人应及时通知托运人提出处理意见。

（4）变更或解除运输合同，应当以书面形式提出或答复。

（十）违约责任（在运输纠纷中介绍）

（十一）双方商定的其他条款

除合同中规定的基本条款之外，订立合同的双方还可以在其他条款里加注一些双方协定之外的内容，如双方未尽事宜的处理可以依据什么标准、合同条款的解释权、出现纠纷的解决方法等问题。

三、掌握运输合同的签订程序

（1）托运人提出货物托运申请或意向。

（2）承运人审查是否受理。

（3）若承运人受理，则承托双方协商有关条款。

（4）当双方达成意见一致时签订合同。

实训活动方案十（1） 运输合同的签订

1. 活动准备

（1）本实训模拟进行，以模拟公司为单位，每个公司分承托双方，将人员分为主谈判、副谈判、业务员、记录员等若干，共同完成一份运输合同的协商、谈判、签订的过程。根据运输内容自行草拟运输合同，在教师的指导下进行协商谈判。要求合同内容全面、科学、合理。并注意一个流程结束后，进行角色互换。

（2）资料准备：合同法、托运单、谈判知识、记录本等。

（3）案例放送：省建运输公司二队将沙井驿砖瓦厂的红砖500万块运到和平镇某建筑工地，运距大约60km，红砖售价0.33～0.36元/块，红砖运输市场指导价0.09～0.11元/块，装车卸车费0.006～0.01元/块。

2. 活动方案

（1）根据案例放送资料，每组温习相关知识，按能力目标、知识目标，整理所收集的资料。

（2）熟悉运输合同的含义、主要条款和签订步骤，掌握协商谈判的技巧和方法。

（3）在学院教室或实训室明确本活动的工作任务：指定扮演角色，完成运输合同的签订。

（4）在本活动单元主题范围内，选择若干知识点，进行深入讨论，自拟题目，将结果整理成PPT，用于全班交流与评价。

任务二 熟悉运输货物保险

保险是一种经济补偿制度，从法律的角度看，它是一种补偿性契约行为，即被保险人向保险人提供一定的对价（保险费），保险人对被保险人将来可能遭受的承担范围内的损失负责赔偿责任。

保险的种类很多，其中包括财产保险、责任保险、保证保险和人身保险，运输货物保险属于财产保险的范畴。

运输保险是承保各种交通运输工具及所承运的货物在保险期间因各种灾害事故造成的意外损失。运输保险通常分为两大部分：运输货物保险；运输工具保险。运输工具保险又包含了机动车辆保险、船舶保险、航空保险和其他运输工具保险。运输保险的业务体系如图10－1所示。

运输保险的基本特征：

运输保险的最大特征是保险标的处于运行状态，这一特征决定了运输保险的危险结构也是动态的和广泛而复杂的，包括陆地上的各种危险、内河及海洋中的各种危险以及各种空中危险。

运输保险的第二个特征是保险标的的出险地点多在异地，从而相对增加了保险人的理赔难度。如飞机出事往往远离机场或在异地机场，船舶碰撞多发生在异地水域，货物

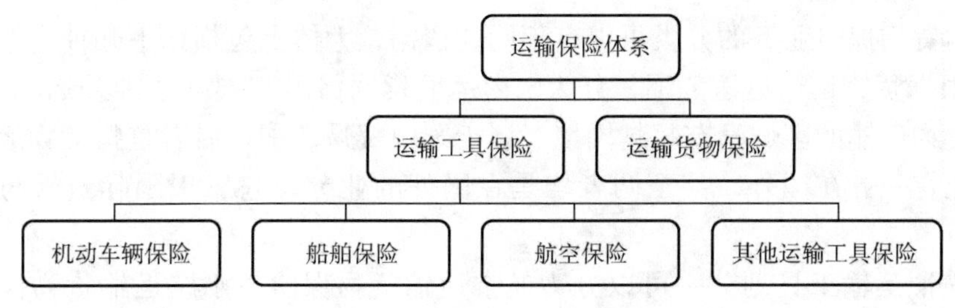

图 10－1　运输保险业务体系

出险更是多发生在运输途中。

运输保险的第三个特征是意外事故的发生通常与保险双方之外的第三方有密切关系，如车辆、船舶受损大多是碰撞事故所致，碰撞方或被碰撞方即构成了保险双方之外的第三方。运输中的货物更是直接控制在承运人的手上，其在运输中遭受的损失大多与保险双方之外的承运人密切相关。

一、认知运输货物保险

货物在运输过程中可能会遇到各种风险和遭受各种损失，为了保障货物遭受损失时能得到经济上的补偿，承运方与托运方应在货物起运前向保险公司办理运输货物保险手续。

1. 运输货物保险及其特点

运输货物保险是指被保险人（货物的承运方与托运方）将运输的货物向保险人（保险公司）按一定金额投保一定险别的保险并缴纳保险费，保险人承保后如果所保货物在运输过程中发生约定范围内的损失，应按投保货物保险单的规定给予被保险人经济上的补偿。

运输货物保险的特点主要表现在以下几个方面：

（1）承保标的的流动性。即运输货物保险所承保的货物是处于流动或运行状态下的货物，它不受一个固定地点的限制。

（2）保险合同可以背书转让。运输货物保险合同可以随着货物所有权的转移而自由转移，即它在实践中往往被看成是提货单的附属物，随着提货单的转移而转移，不需要保险人事先同意。这种现象是运输货物保险中特有的现象。

（3）保险期限以约定航程为准。即运输货物保险通常不是采取一年期的定期制，而是采用航程保险单，即通常所说的“仓至仓条款”。它一般规定保险人的责任起讫以约定的运输途程为准，从起运地的仓库到目的地指定的仓库整个运输过程即为一个保险责任期。

此外，运输货物保险中承运人的影响大也是一个其他保险业务中所不具有的特征。一方面，承运人是承担货物运输任务的人，其对货物安全运抵目的地负有直接责任，任何货物发生货损都离不开向承运人调查取证，因而需要承运人的密切配合；另一方面，许多货物损失案件事实上与承运人的行为有关，从而还需要向承运人追偿。

2. 运输货物保险分类

对运输货物保险业务的分类可以有不同的依据，大体上包括如下几种：

（1）根据货物运输运送范围，分为国内运输货物保险和国际或涉外运输货物保险，前者是指货物运输的区域没有超越国境，属于国内贸易范围；后者是指货物运输的起运地或目的地有一方在国外，甚至两者均是在国外的业务，它属于国际贸易与国际运输范围。

（2）按照运输工具划分，可以分为航空运输货物保险、水路运输货物保险和陆上运输货物保险及联运险。其中联运险是指运输货物需要经过两种及两种以上的主要运输工具联运，才能将其从起点地运送到目的地的货物保险。

（3）按照险别承保范围及相关关系，可以将运输货物保险分为基本险、综合险、一切险以及附加险，其中基本险、综合险、一切险可以单独承保，而附加险则必须附加在基本险、综合险或一切险之上。

3. 保险责任范围

运输货物保险的责任范围比较复杂，但保险人承担责任的方式大体上可以概括为基本险、综合险、一切险和附加险四类。

（1）基本险。以下原因造成的责任由保险人负责赔偿：

①自然灾害——火灾、爆炸、恶劣气候、雷电、海啸、地震、洪水等。

②运输工具发生意外事故。

③装卸或转载过程中因包装不善或装卸人违反操作规程等导致的损失。

④共同海损分摊费用、合理的施救费用等。

（2）综合险。在货物运输综合险中，除承担基本险中的保险责任外，保险人还承担如下保险责任：

①因受震动、碰撞、挤压而造成破碎、弯曲、凹瘪、折断、开裂或包装破裂致使货物散失的损失。

②液体货物因受震动、碰撞或挤压致使所有容器（包括封口）损坏而渗漏的损失，或用液体保藏的货物因液体渗漏而造成保藏货物腐烂变质的损失。

③遭受盗窃或因承运人责任造成的整件提货不着的损失。

④符合安全运输规定而遭受雨淋所致的损失。

⑤因铁路承运人责任致使保险货物发生灭失、短少、污染、变质、损坏的损失。

以下责任除外：战争、军事行动、核事件、核爆炸、保险货物本身的缺陷或自然磨损、包装不善、被保险人故意行为、道路运输货物被盗、整件提货不着的损失以及其他不属于保险责任范围内的损失，保险人不负赔偿责任。

（3）一切险。一切险是运输货物保险中保险人承担责任范围最广的一种保险，保险人不仅对基本险中的保险责任完全负责，而且对被保险货物在海、陆、空运输过程中因各种外来原因造成的损失，不论全部或部分损失，都负责赔偿。包括偷窃提货不着险、淡水雨淋险、短量险、混杂沾污险、渗漏险、碰撞破碎险、串味险、受潮受热险、钩损险、包装破裂险、锈损险共 11 种附加险，即只要投保了一切险，上述 11 种附加险就全部投保了，但投保人也可根据货物性质和运输特点单独选择一种或数种附加险投保。

（4）附加险。由于货物种类繁多，性质各异，基本险与综合险均不可能完全满足各种保险客户对危险损失转嫁的需要。因此，保险人通常设立多种附加险供投保人选择，附加险构成了运输货物保险承保责任的重要组成部分。附加险包括：

①集合附加险。即一切险中已经阐述的 11 种附加险。

②单独附加险。如国内运输货物保险中就设立了提货不着险、破碎渗漏险、包装破裂险、电视机破碎险等，保险客户可以根据需要选择投保。

③特别附加险。如海洋运输货物特别附加险、交货不到险、进口关税险、舱面险、拒收险、黄曲霉素险等，需要经过特别约定才能承保。

4. 保险险别的选择

险别不同，保险公司的责任范围不同，保险费也不同。险别选择不当，可能造成货物受损得不到应有的赔偿，或因投保了不必要的险别而多交保险费。选择投保险别时，应根据货物的种类、性质和特点，货物的包装情况，目的地货物市场价格变动的趋势，季节、气候和安全等具体情况全面考虑，做到既要使货物得到充分的保险保障，又要尽量减少保险费的支出。例如，易碎的玻璃制品要保一切险；笨重不易短失、损坏的钢铁制品可不保一切险；散装的粮食等应加保短量险；当货物出口到经常下雨的地区，若未投保一切险，则应加保淡水雨淋险。

5. 保险金额的确定

运输货物保险为避免货物价值经常受市场价值变动及地域价格差异的影响，一般采取定值保险方式，即双方签约时，约定货物的保险价值，并据此确定保额，当发生损失时，在保额范围内按损失程度赔偿。通常按如下三种价格标准择一确定：

（1）离岸价。即以起运地发票价加装船前的一切费用作为保险金额。

（2）成本加运费价。即以起运地货物本身的价格加运杂费作为保险金额。与离岸价相比，到岸价增加了运费。

（3）到岸价格。即以起运地货物本身的价格加运杂费再加保险费作为保险金额。

二、认知运输工具保险

（一）机动车辆保险

1. 机动车辆保险

机动车辆保险是以机动车辆本身及其第三者责任等为保险标的的一种运输工具保险，其所承保的机动车是指汽车、电车、电瓶车、摩托车、各种专用机械车和特种车等。机动车保险合同为不定值保险合同，既可以按重置价值即按照投保时同类机动车辆的市场价格确定，也可以由双方协商确定，或者可以按照投保车辆的使用年限通过计算确定。主要险别包括车损险、第三者责任险及附加险。

2. 车损险（也称车身保险）

车辆损失保险的保险责任包括碰撞责任与非碰撞责任，其中碰撞是指被保险车辆与外界物体的意外接触，如车辆与车辆、车辆与建筑物、车辆与电线杆或树木、车辆与行人、车辆与动物等碰撞，均属于碰撞责任范围之列。非碰撞责任则可以分为以下几类：

（1）保险单上列明的各种自然灾害，如洪水、暴风、雷击、泥石流等。

（2）保险单上列明的各种意外事故，如火灾、爆炸、空中运行物体的坠落等。

（3）其他意外事故，如倾覆、冰陷、载运被保险车辆的渡船发生意外等。

以下原因造成的损失，保险人不负责：

（1）战争、军事行动或暴乱等导致的损失。

（2）被保险人故意行为或违章行为导致的损失。

（3）被保险人车辆自身缺陷导致的损失。

（4）未履行相应的义务（如增加挂车而未事先征得保险人的同意等）的情形下出现的损失。

3. 第三者责任险

机动车辆第三者责任险是承保被保险人或其允许的合格驾驶人员在使用被保险车辆时因发生意外事故导致的第三者的损害索赔危险的一种保险。由于第三者责任保险的主要目的在于维护公众的安全与利益，在实践中通常作为法定保险并强制实施。

机动车辆第三者责任保险的保险责任，即是被保险人或其允许的合格驾驶员在使用被保险车辆过程中发生意外事故，致使第三者人身或财产受到直接损毁且被保险人依法应当支付的赔偿金额。在此，保险的责任核定应当注意两点：一是直接损毁，实际上是指现场财产损失和人身伤害，各种间接损失不在保险人负责的范围；二是被保险人依法应当支付的赔偿金额，保险人依照保险合同的规定进行补偿，这两个概念是不同的，即被保险人的补偿金额并不一定等于保险人的赔偿金额，因为保险人的赔偿必须扣除除外不保的责任或损失。例如，被保险人所有或代管的财产、私有车辆的被保险人及其家庭成员以及他们所有代管的财产、本车的驾驶人员及本车上的一切人员和财产在交通事故中的损失，不在第三者责任保险负责赔偿之列。被保险人的故意行为、驾驶员酒后或无有效驾驶证开车等行为导致的第三者责任损失，保险人也不负责赔偿。

4. 附加险

机动车辆的附加险是机动车辆保险的重要组成部分。被投保人在投保车损险的基础上可加保全车盗窃险、自燃损失险、新增加设备损失险、车辆停驶损失险、玻璃单独破碎险等，保险客户可根据自己的需要选择加保。

（二）船舶保险

1. 船舶保险及其适用范围

船舶保险是以各类船舶及其附属设备为保险标的的运输工具保险，建造或修理中的船舶不包括在内，附属设备包括海洋石油开发中的钻井平台。船舶保险主要承保船舶在水上航行或在港内停泊时遭遇自然灾害和意外事故所造成的全部损失或部分损失，以及可能引起的责任赔偿。船舶保险责任仅以水上为限。船舶保险的适用范围是所有船东。

2. 船舶保险的责任范围

因海上自然灾害和意外事故及其他原因所造成的保险船舶损失，由保险人根据保险合同规定负责赔偿。自然灾害和意外事故包括八级及八级以上大风、洪水、海啸、崖崩、滑坡、泥石流、冰凌、雷击、水灾、爆炸、碰撞、搁浅、触礁、倾覆、沉没、船舶航行中失踪6个月以上。

共同海损分摊费用、海难中的救助费用和海损事故中发生的施救费用等，保险人均可以按照船舶保险合同的规定给予赔偿或损失补偿。

3. 保险金额的确定

船舶保险的保险金额的确定依据有如下三种：

（1）按照新船的市场价格或出厂价格确定保险金额。除新船外，使用年限不久（如5年以内的钢质船舶和3年以内的木质船舶）的船舶也可以按此方式确定保险金额。

（2）按照旧船的实际价值确定保险金额。在此，船舶的使用年限、新旧程度、船舶结构和用途均对保险金额的确定有影响。

（3）保险双方协商确定保险金额。

4. 船舶保险的赔偿

保险人的赔偿包括以下三项：

（1）船舶损失赔偿。它赔偿被保险船舶在海损事故中遭受的全部损失或部分损失。只要每次赔款达不到保险金额，保险人就应连续承担和履行赔偿责任，而且每次均以保险金额为限，所赔金额不在保险金额中予以扣除。如果一次赔偿额达到了保险金额，则意味着保险人履行了全部义务，保险合同终止。

（2）费用损失赔偿。包括共同海损公摊费用、救助费用以及合理的施救费用，保险人亦给予赔偿，但以不超过保险金额为限，且与船舶本身的赔偿分别计算。

（3）碰撞责任赔偿。即对被保险人依法应负的碰撞责任赔偿，保险人在保险金额限度内给予补偿。此种赔偿的处理类似于机动车辆保险中的第三者责任保险。

由此可见，船舶保险的保险金额实际上适用于三个方面，即船舶本身的损失、碰撞责任和共同海损、施救、援助抢救费用，每次事故的最高赔偿额均分别以保险船舶的保险金额为限。对于由于第三方导致的被保险船舶的损失，保险人可以行使代位追偿权。

（三）航空保险

1. 航空保险

航空保险是以飞机及与其有关的法律责任危险等为保险标的的一种运输保险，它通常由若干可以独立承保的基本险和若干附加险构成。如英国的航空基本险有机身险、第三者责任险、旅客法定责任险、机场责任险、产品责任险、机组人员人身意外险、丧失执照险、飞机表演责任险和塔台指挥人员责任险等。在中国，航空保险的基本险有机身险、第三者责任险和旅客法定责任险三种，但航空公司在投保上述基本险的同时，还可以加保承运货物责任险、战争与劫持险等。

2. 飞机机身险

飞机机身险是航空保险领域的主要险种，它承保飞机本身在飞行或滑行及在地面时因意外事故造成的损失或损坏。如飞机因坠落、碰撞、失火、灭失、失踪等造成全损或部分损失，以及清除残骸等费用，由保险人负责赔偿。

在保险金额方面，机身险采用定值保险的方式。

3. 第三者责任险

飞机第三者责任险在性质上与机动车辆第三者责任保险是一致的，它主要承保飞机在营运中由于坠落或因机上坠人、坠物而造成第三者的人身伤亡或财产损失，应由被保

险人承担的赔偿责任。但属于由被保险人支付工资的机内、机场工作人员，以及被保险飞机上的旅客的人身伤亡或财产损失，保险人不负责赔偿或者不能在此险种内赔偿。保险人对第三方责任险规定了赔偿的最高限额。

4. 旅客责任险

旅客责任险是以航空旅客为保险对象的一种航空责任保险业务，凡航空公司在营运过程中造成乘客人身伤亡和行李损失且依法应负的经济赔偿责任，由承保人负责补偿，此外，还有承运货物责任保险、飞机战争劫持保险等业务。

三、认知国际货物运输保险相关知识

1. 国际货物运输可保风险与可保利益

可保风险是指保险人（保险公司）可以接受承保的风险。风险的种类很多，但并非所有的风险都可以通过进行转嫁并取得保障。

在通常情况下，保险人接受承保的风险还必须具有以下几方面的条件：

（1）非投机性。

（2）损失必须是可以用货币计量的。

（3）必须具有偶然性和不可预知性。

（4）必须是意外发生的。

（5）必须要有大量标的发生重大损失的可能性。

保险人所承保的标的是保险所要保障的对象。但被保险人（投保人）投保的并不是保险标的本身，而是被保险人对保险标的所具有的利益，这个利益叫可保利益。

2. 国际运输货物保险的作用

（1）有利于企业经营的正常进行。

（2）有助于推动国际物流和国际贸易的顺利开展。

（3）可以为国家增加外汇收入。

（4）有利于防灾防损工作的开展。

3. 国际运输货物保险单据

保险单据是保险公司和投保人之间的保险合同，也是保险公司对投保人的证明，还是保险人与被保险人之间订立有关权利和义务的法律文件。一旦发生承保范围内的损失，它是被保险人凭此向保险公司索赔的依据。

（1）批单、保险单据的出单日期。保险单出立后，投保人如需补充或变更其内容时，可根据保险公司的规定，向保险公司提出申请，经同意后即另出一种凭证，注明更改或补充的内容，这种凭证即称为批单。

保险单据的出单日期不得迟于运输单据所列货物装船或发运、承运人接受监管的日期。因此，办理投保手续的日期必须不迟于货物装运日期。

（2）国际运输货物保险单的作用。

①保险单是保险双方订立保险合同的书面凭证。

②保险单是被保险人提出索赔的主要依据。

③保险单具有有价证券的性质。

四、了解国际货物海运保险

海运保险是保险人和被保险人通过协商，对船舶、货物及其他海上标的所可能遭遇的风险进行约定，被保险人在缴纳约定的保险费后，保险人承诺一旦上述风险在约定的时间内发生并对被保险人造成损失，保险人将按约定给予被保险人经济补偿的商务活动。

在海运货物保险中，保险人的承保范围包括可保障的风险、可补偿的损失及承担的费用三个方面。

（一）海运风险

1. 海上风险

海上风险又称海难，是指船舶或货物在海上运输过程中所遇到的自然灾害和意外事故。

（1）自然灾害。自然灾害是指不以人的意志为转移的自然界力量所引起的灾害，如恶劣天气、雷电、海啸、地震或火山爆发、洪水等。

（2）意外事故。意外事故是指人或物体遭受到外来突然的、非意料之中的事故，如船舶搁浅、触礁、沉没、碰撞、失踪、火灾以及爆炸等。

2. 外来风险

（1）一般外来风险。一般外来风险是指由于一般外来原因所造成的风险，主要包括：偷窃、渗漏、短量、碰损、钩损、生锈、雨淋、受潮受热、短少和无法交货等。

（2）特殊外来风险。特殊外来风险是指战争、种族冲突或异国的军事、政治、国家政策法令和行政措施等的变化，如战争、罢工、被拒绝进口或没收等。

（二）海上损失

1. 全部损失简称全损

全部损失是指运输途中的整批货物或不可分割的一批货物全部损失。

实际全损是指被保险货物的实体已全部灭失；被保险货物遭受到了严重的损失，已失去原有的用途和价值；被保险人对保险货物的所有权已无可挽回地被完全剥夺；载货船舶失踪达到一定时期仍无音讯。

实际全损的构成条件是：

第一，保险标的发生保险事故后灭失。

第二，保险标的发生保险事故后受到严重损坏完全失去原有形体、效用。

第三，保险标的发生保险事故后不能再归被保险人所拥有。

第四，船舶在合理时间内未从被获知最后消息的地点抵达目的地，除合同另有规定外，满 2 个月后仍没有获知消息的，为船舶失踪。

2. 推定全损

推定全损是指货物在海上运输途中遭遇承保风险后，虽未到达完全灭失的状态，但是进行施救、整理、恢复原状所需费用，或者再加上续运至目的地的费用总和，估计要超过货物在目的地的完好状态的价值。分两种情况：企业、船舶发生保险事故后，认为实际全损已经不可避免，或者为避免发生实际全损所需支付的费用超过保险价值的，为

推定全损；货物发生保险事故后，认为实际全损已经不可避免，或者为避免实际全损所支付的费用与继续将货物运至目的地的费用之和超过保险价值的，为推定全损。

3. 部分海损

（1）共同海损。共同海损是指载货船舶在海运途中遇到危及船、货的共同危险，船方为了维护船舶和货物的共同安全或使航程得以继续完成，有意并且合理地做出某些特殊牺牲或支出的特殊费用。

共同海损的成立应具备以下条件：

①船方在采取措施时，必须确有危及船、货共同安全的危险存在，不能主观臆测可能有危险发生而采取措施。

②船方所采取的措施必须是有意的、合理的。有意是指共同海损的发生必须是人为的、有意识行为的结果，而不是一种意外的损失。

③所做出的牺牲或支出的费用必须是非常性质的。非常性质是指这种牺牲或费用不是通常业务中所必然会遇到或支出的。

（2）单独海损。单独海损是指货物受损后，未达到全损的程度，而且是单独一方的利益受损并只能由该利益所有者单独负担的一种损失。

（三）海上费用

保险人承担的费用是指保险标的发生事故后，为减少货物实际损失而支付的合理费用，包括以下几种。

1. 施救费用

施救费用是指在遭遇保险责任范围内的灾害事故时，被保险人或其代理人、雇佣人员和保险单证受让人等为抢救保险标的物，以防止其损失扩大所采取的措施而支出的费用。

2. 救助费用

救助费用是指保险标的物遇到上述灾害事故时，由保险人和被保险人以外的第三者采取救助行为而向其支付的报酬。

构成施救费用必须具备以下几个条件：

一是施救行为必须是由被保险人或其代理人、雇佣人或受让人所采取；二是施救费用的支出受保险责任范围的限制；三是施救费用应该是必要的、合理的费用。

救助费用的成立和产生应具备以下条件：

第一，被救的船舶或货物必须处于不能自救的危险境地。

第二，救助人员是与被保险人和保险人无关的第三方。

第三，救助行为必须是自愿的，救助人员必须是没有救助以外的第三者。

第四，救助行为必须具有实际效果。

3. 续运费用

续运费用是指海运工具遭遇海难后，为防止或减轻货物的损害，在中途港或避难港由于卸货、仓储以及运送货物所产生的费用。

4. 额外费用

额外费用是指为了证明损失索赔的成立而支付的费用，包括被保险货物受损后，对其进行检验、查勘、公证、理算或拍卖受损货物等支付的费用。

（四）海运货物保险险别

1. 基本险

海运货物保险的基本险分为平安险、水渍险和一切险三种。

2. 附加险

海运附加险有一般附加险和特别附加险两种。

一般附加险有：①偷窃提货不着险；②淡水雨淋险；③短量险；④混杂、沾污险；⑤渗漏险；⑥碰损、破碎险；⑦串味险；⑧受热、受潮险；⑨钩损险；⑩包装破裂险；⑪锈损险 11 种。

特别附加险有：①战争险；②罢工险；③黄曲霉素险；④货物不到险；⑤舱面险；⑥进口关税险；⑦拒收险等。

实训活动方案十 （2） 办理国际货物运输保险手续

一、活动准备

1. 本实训模拟进行以模拟公司为单位，每两个公司分别扮演保险人和被保险人，人员分工有投保人、营业员、收款员、审单员等若干，共同完成一份运输保险的咨询、协商、填制的过程。

根据运输保险内容，在教师的指导下办理国际货物运输保险手续，并进行索赔与理赔。要求程序正确，内容全面、科学、合理。并注意一个流程结束后，进行角色互换。

2. 资料准备：保险合同、保单、记录本等。

3. 案例放送：根据本项目运输合同中提供的案例资料，广西柳州市有色金属冶炼进出口公司与澳大利亚 A 公司签订了一份销售合同，办理国际货物运输保险手续，填写保单，缴纳保费。

二、活动方案

1. 根据案例放送资料，每组（模拟公司）温习相关知识，按能力目标、知识目标，整理所收集的资料。

2. 熟悉运输保险的含义、运输保险业务体系，掌握海上运输货物保险的相关知识。

3. 在学院教室或实训室明确本活动的工作任务：指定扮演角色，完成投保运输险的任务。

任务三 如何解决运输纠纷

一、认知运输纠纷的含义

运输纠纷是在运输过程中由于合同双方当事人的原因造成的没有按合同规定履行义

务的行为。运输纠纷的发生既有承运人的原因也有托运人的原因。承运人因货损等各种原因会造成对托运方的损失，托运方也会因提供的资料不全造成对承运方的损失。

二、认知运输纠纷的类型

1. 货物灭失纠纷

由于承运人的运输工具、政府法令、承运人的过失或故意造成的货物灭失。

（1）事故。如船舶沉没、触礁、飞机失事、车辆发生交通事故、火灾等。

（2）不可抗力。政府法令禁运和没收、战争、自然灾害、盗窃等。

（3）承运人的过失。如绑扎不牢导致货物跌落、货物遮盖不严造成湿损等。

（4）承运人的故意。如恶意毁坏运输工具以骗取保险、明知运输工具安全性能不符合要求而继续使用的导致货物灭失。

2. 货损、货差纠纷

货损、货差是货物在运输过程中发生的货物损坏和数量的短缺。货损包括货物破损、水湿、汗湿、污染、锈蚀、腐烂变质、焦损、混票和虫蛀、鼠咬等。货差即货物数量的短缺。造成货损、货差的原因：①货物自身的缺陷，如货物本身标志不清、包装不良、货物自身的性质发生改变等；②托运人的过失，货物在交付承运人之前的质量、数量与运输凭证不符等；③承运人的过失，如积载不当、装卸操作不当、未按要求控制货物运输过程中的温度、载货舱室不符合载货要求、混票等。

3. 货物的延迟交付

货物的延迟交付是承运方没有按运输合同规定的时间将货物交付收货方。主要原因：①发生事故，承运货物的交通工具在承运期间发生事故；②载货能力不足延误，承运人在接受托运时未考虑到本班次的载货能力而必须延误到下一班期才能发运；③中转地滞留，货物在中转时因承运人的过失使货物在中转地滞留；④承运人为自身的利益绕航而导致货物晚到卸货地等。

4. 单证纠纷

单证纠纷是承运人应托运人的要求倒签、预借提单，从而影响到收货人的利益，收货人在得知后向承运人提出索赔，继而承运人又与托运人之间发生纠纷；或因承运人（或其代理人）在单证签发时的失误引起承托双方的纠纷；或因货物托运过程中的某一方伪造单证引起的单证纠纷。

5. 运费、租金等纠纷

因承租人或货方的过失或故意，未能及时或全额交付运费或租金，双方在履行合同过程中对其他费用如滞期费、装卸费等发生纠纷等。

6. 运输工具损害纠纷

因托运人的过失，造成对承运人的船舶、集装箱、汽车、火车及航空器等损害的纠纷。

三、认知承运人的责任期间

责任期间是指承运人自接受货物起至将货物交付收货人止，货物在承运人掌管之间的全部期间，它是货物运输合同中所特有的概念。包含两层含义：一是在时间上，必须是承运人接收货物时起，经过整个运输，到交付货物时止的一段时间过程；二是货物必须处于承运人掌管状态之下。责任期间在一般合同中没有规定，合同存续的期间就是合同双方根据合同约定履行的期间。

1. 海运运输承运人的责任期间

我国海商法第46条规定了承运人的责任期间，分为非集装箱装运的货物的责任期间和集装箱装运的货物的责任期间。

（1）非集装箱装运的货物的责任期间是从货物装上船时起至卸下船时止，货物处于承运人掌管之下的全部期间。如果使用船上吊杆装卸货物，则以吊钩挂起货物为标志，确认“装船”和“卸船”，即“钩至钩”；如果使用岸吊，则以货物越过船舷为标志，确认“装船”和“卸船”，即“舷至舷”；如果使用管道装卸，则以货物通过船中接管口处为标志确认“装船”和“卸船”，即“管至管”。

（2）集装箱装运的货物的责任期间是从装货港接收货物起至卸货港交付货物时止，货物在承运人掌管之间的全部期间。即无论货物是否已经装船，只要处于承运人的掌管之下，承运人就是“接受货物”了。集装箱货物运输的责任期间大于传统件杂货运输的责任期间。

2. 道路运输承运人的责任期间

道路运输承运人的责任期间，根据我国《汽车货物运输规则》，是指承运人自接受货物起至将货物交付收货人（包括按照国家有关规定移交给有关部门）止，货物处于承运人掌管之下的全部时间。我国《集装箱汽车运输规则》规定，承运人的集装箱整箱货物或拼箱货物运输责任期间，从收到整箱货物或拼箱货物起，到运达目的地，将整箱货物或拼箱货物交付收货人止。但承运人与托运人还可就货物在装车前和卸车后对所承担的责任达成协议，如果达成协议的，按协议执行。

3. 铁路运输承运人的责任期间

按国际货协运单承运货物的铁路，应负责完成货物的全程运送，直到在到达站交付货物时为止。如向非参加国际货协的国家铁路办理货物转发送时，则直到按另一种国际协定的运单办完运送手续时为止。因此，发送铁路和每一继续运送的铁路，自接收附有运单的货物时起，即认为参加了这项运送契约，并由此承担义务。参加运送国际联运货物的铁路，从承运货物时起至到站交付货物时为止，对货物逾期运到以及因货物全部或部分灭失、重量不足、毁损、腐坏或其他原因降低质量所发生的损失负责。如由于铁路过失而使发货人或海关在运单上已作记载的添附文件遗失，以及由于铁路过失未能执行运送契约变更申请书，则铁路应对其后果负责。

4. 航空运输承运人的责任期间

根据我国1958年和1975年参加的《华沙公约》和《海牙议定书》的规定，航空运输承运人的责任期间，是指货物交由承运人保管的全部期间，“不论在航空站内、在航空器上或在航空站外降停的任何地点”。但为了履行航空运输合同，在机场外陆运、海运或者河运过程中为了装货、交货或转运时发生的货物的灭失或损坏，承运人也予以负责。

5. 多式联运经营人的责任期间

我国《海商法》规定，多式联运经营人对多式联运货物的责任期间，是从接收货物时起至交付货物时止。国际货物多式联运公约对多式联运经营人的责任期间也是一样的。

四、认知承运人的免责事项

由于货物在运输过程中的复杂性及危险的不可预见性，我国《海商法》《汽车货物运输规则》等中规定了承运人对于货物在其责任期间发生的灭失或者损坏可以免责的事项，这些事项是法定的，可以减少或放弃，但不能在合同中增加。

1. 海运承运人的免责事项

（1）船长、船员、引航员或者承运人的其他受雇人在驾驶船舶或者管理船舶中的航行过失。航行过失主要包括“驾驶过失”和“管船过失”两大类。驾驶过失，指在采取船舶移动措施时判断失误导致损失，如船长、船员疏于瞭望，致使船舶触礁、搁浅、与他船相撞等。管船过失，指船舶航行中对于船舶注意不够，如船长、船员忘记给锅炉加水，应该通风的时候没有打开通风设备等。

管船和管货义务在实际操作中难以区分，根据法律规定，承运人在管船中的过失是可以免责的，但在管理货物过程中发生的过失则不能免责。

（2）火灾。根据我国法律规定，承运人主张火灾免责时不负举证责任，所以这一免责是对承运人特殊保险的一条规定，但是由于承运人本人的过失所造成的除外。如果索赔方能够证明火灾是由于承运人本人的过失或故意而引起的，则不能免责。承运人本人一般指参与公司经营管理的主要人员，也有观点认为是公司的董事会成员或有所有权的经理人才是承运人本人。

（3）类似于“不可抗力”的免责。例如：①海上或者其他可航行水域的危险或者意外事故。主要指暴雨、雷电、海风、海浪、触礁、撞到冰山等；②战争或者武装冲突。战争不仅包括正式宣战的战争，也包括没有正式宣战的战争，不仅包括两国间的战争，也包括内战；③政府或者主管部门的行为、检疫限制或者司法扣押。政府或主管部门的行为是指因为政府命令、禁止或限制货物的输出或卸载、禁运、封锁港口、检疫、拒捕、管制、征用、没收等行为而导致货物的损害后果，司法扣押限于政府通过高压手段进行干预的情况，不包括通过正常的司法程序而对船舶进行的扣押，因此承运人和托运人之间由于发生纠纷进行诉讼而导致船物被扣押不属于免责事项；④罢工、停工或者劳动受到限制。包括因劳资纠纷而发起的罢工或同情罢工或其他不能正常进行工作的情形；⑤在海上救助或者企图救助人命或者财产的。

（4）由于货方原因的免责有：①托运人、货物所有人或者他们的代理人的行为；②货物的自然特性或因有缺陷；③货物包装不良或者标志不清。

（5）其他原因有：①经谨慎处理仍未发现的船舶潜在缺陷；② 由于非承运人或者承运人的受雇人、代理人的过失造成的。

2. 道路运输承运人的免责事项

根据我国《汽车货物运输规则》，货物在承运责任期间和站、场存放期间，发生毁损或灭失，承运人、站场经营人应负赔偿责任。但有下列情况之一者，承运人、站场经营人举证后可不负赔偿责任：

（1）不可抗力。

（2）货物本身的自然性质改变。

（3）合理损耗。

（4）包装内在缺陷，造成货物受损。

（5）包装体外表面完好而内装货物毁损或灭失。

（6）托运人违反国家有关法令，致使货物被有关部门查扣、弃置或作其他处理。

（7）托运人或收货人过错造成的货物毁损或灭失。

（8）押运人员责任造成的货物毁损或灭失。

3. 铁路运输承运人的免责事项

（1）由于铁路不能预防和不能消除的情况而造成的后果。

（2）由于发送铁路规章允许使用敞车类货车运送货物而造成的后果。

（3）由于货物在发站承运时质量不符合要求或由于货物的特殊自然性质，以致引起自燃、损坏、生锈、内部腐坏和类似的后果。

（4）由于容器或包装的缺陷，在承运货物时无法从其外表发现而造成的后果。

（5）由于发货人或收货人的过失或由于其要求而造成的后果。

（6）由于发货人或收货人或他们委派的货物押运人未采取保证货物完整的必要措施而造成的后果。

（7）由于发货人或收货人装车或卸车的原因而造成的后果。

（8）由于发货人用不正确、不确切或不完全的名称托运不准运送的物品而造成的后果。

（9）由于发货人在托运应按特定条件承运的货物时，使用不正确、不确切或不完全的名称，或未遵守国际货协的规定而造成的后果。

（10）由于国际货协规定的标准范围内的货物自然减量，以及由于运送中水分减少，或货物的其他自然性质，以致货物减量超过规定标准。

（11）在下列情况下，对未履行货物运到期限，铁路也不负责任：①发生雪（沙）害、水灾、崩塌和其他自然灾害，按有关铁路中央机关的指示，期限在 15 天以内；②发生其他致使行车中断或限制的情况，可按有关国家政府的指示执行。

4. 航空运输承运人的免责

我国的民用航空法规定，在航空运输期间造成货物毁灭、遗失或者损坏的，承运人应当承担责任。但是承运人证明货物的毁灭、遗失或者损坏完全是由于下列原因之一造成的，不承担责任。

（1）货物本身的自然属性、质量或者缺陷。

（2）承运人或者其受雇人、代理人以外的人包装货物的，货物包装不良的。

（3）战争或者武装冲突。

（4）政府有关部门实施的与货物入境、出境或者过境有关的行为。

由此可见，我国的航空运输承运人承担的是严格责任制。

五、认知托运人的责任

1. 海运托运人的责任

我国《海商法》第四章第三节规定了托运人的责任，主要有以下几条：

（1）妥善包装货物并正确申报货物资料。包装货物是托运人的基本义务。如果货物包装不良或者标志欠缺、不清，由此引起的货物本身的灭失或损坏，承运人可免除对托运人的赔偿责任。但如果货物的这些不良状况引起其他货主的损失，承运人在赔偿后可向托运人追偿。

托运人在交付货物时，还应将货物的品名、标志、包装或者件数、重量或者体积等相关资料早报给承运人。托运人必须保证其申报的资料正确无误，托运人对申报不实造成的承运人的损失要负赔偿责任。

（2）办理货物运输手续。托运人应当及时向港口、海关、检疫、检验和其他主管机关办理货物运输所需要的各项手续，并将已办理各项手续的单证送交承运人；因办理各项手续的有关单证送交不及时、不完备或者不正确，使承运人的利益受到损害的，托运人应当负赔偿责任。

（3）托运危险品的责任。托运人托运危险货物时，应当依照有关危险货物运输的规定，妥善包装，明确标出危险品标志和标签，正式并以书面形式通知承运人危险货物的名称、性质以及应当采取的预防危害的措施。

如果没有通知会导致两种严重的后果。首先，承运人不对任何灭失或损坏负责，这种免责不仅对托运人而且对无辜的第三方收货人也同样有效；其次，托运人在承运人因此遭受损失还应负责赔偿。

即使托运人尽到了通知义务，而且承运人明确同意装运危险品，但承运人所承运的危险货物对于船舶、人员或者其他货物构成实际危害时，仍然可以将货物卸下、销毁或者采取其他措施使之不构成危害，承运人的这种行为不对该危险货物的损失负赔偿责任。

（4）支付运费。支付运费是海上货物运输合同下托运人最基本的义务。班轮运输和航次租船合同中的运费不同，定期租船合同中货方支付的不是运费而是租金。运费的支付形式有两种：预付运费和到付运费。如果合同没有明确约定运费支付时间，则英国普通法认为运费应在承运人将货物运至目的地交付给收货人时支付。如果货物到达港口时处于受损状态，或发生了短缺，仍然应该支付全额运费，收货人无权扣减。

运费支付也有例外情况。首先是解除合同，即船舶在装货港开航前，如果托运人要求解除合同的，除非合同另有约定，托运人应当向承运人支付约定运费的一半；如果是因不可抗力或者其他不能归责于承运人和托运人的原因致使合同不能履行的，双方均可解除合同，托运人无须支付运费，已经支付的，承运人应当退还。其次是发生绕航后，绕航不能使货物到达终点的，原合同终止，托运支付运费的义务解除。如果货物仍然被运到了目的港，托运人仍应付合同的费用。第三是合同履行不能。如果货物在运输途中已经全部灭失，则不能继续履行，运费也就不用支付。

（5）托运人对共同海损的分摊。共同海损是指在同一海上航程中船舶、货物和其他财产遭遇共同危险，为了共同安全，有意合理地采取措施所直接造成的特殊牺牲、支付的特殊费用，应该由受益的各方进行分摊，它是海上货物运输中的一项特别制度。受益各方包括货主。如果货物由于共同海损行为得到了保全，货主应该参与共同海损牺牲和费用的分摊；如果货物由于共同海损行为而牺牲，货主也可以要求将损失列入共同海损牺牲而得到补偿。

未申报或者谎报的货物也应该参加共同海损分摊，但其遭受的牺牲则不得列入共同海损。不正当地以低于实际价值作为申报价值的，按照实际价值分摊共同海损，却以申报价值计算牺牲金额。

（6）托运人对承运人的赔偿责任。由于托运人或者托运人的受雇人、代理人的过失造成对承运人、实际承运人的损失，或船舶的损失，由托运人承担赔偿责任。如在装货和卸货过程中，由托运人雇用的装卸工人对船舶和货物所造成的损害，有缺陷的货物对船舶和其他货物造成的损害。危险货物对船舶、货物、船员以及其他第三方造成的损害等。托运人由于装卸迟延导致承运人承受的高额滞期费也计入损失。

2. 铁路运输托运人的责任

货物托运人在铁路运输中应承担的责任：

（1）对在货物运单和物品清单内所填记事项的真实性由托运人完全负责，如托运零担货物时，应在每件货物上标明清晰明显的标记。

（2）对托运的货物，托运人应根据货物的性质、重量、运输要求以及装载等条件，使用便于运输、装卸，并能保证货物质量的包装。对有国家包装标准或专业包装标准，应按其规定进行包装。对没有统一规定包装标准的，托运人应会同车站研究制定货物运输包装暂行标准。

（3）凡在铁路车站装车的货物，托运人应在铁路指定的日期将货物运至车站，车站在接受货物时，应对货名、件数、运输包装、标记等进行检查。对整车运输的货物如托运人未能在铁路指定的日期内将货物全部运至车站，则自指定运至车站的次日起再次指定装车之日或将货物全部运出车站之日止。

（4）及时支付运费。

3. 道路运输托运人的责任

道路运输托运人应负的责任基本与铁路、海上运输相同，主要包括：按时提供规定数量的货载；提供准确的货物详细说明；货物包装完整，标志清楚，适于运输；按规定支付运费。如因托运人的责任所造成的车辆滞留、空载，托运人须负延滞费和空载费等损失。

4. 航空运输托运人的责任

货物托运人在航空运输中应承担的责任：

（1）支付运费。

（2）填写航空货运单，提交必要的单证。同时应对航空货运单中有关货物的各项说明、声明的正确性负责，如因填写不当使承运人或其他任何有关方遭受损失的，托运人应予赔偿。如托运政府限制托运的货物，以及需要办理公安和检疫等各项手续的货物，均应附有效证明文件。

（3）托运的货物中不准夹带禁止运输和限制运输的物品、危险品、贵重物品、现

钞和证券等。

（4）货物托运人对货物的包装应保证在运输途中货物不致散失、渗漏、损坏或污染飞机设备和其他物件。凡国家主管机关规定有标准包装的货物，则应按国家标准包装。

六、认知运输纠纷解决的途径

我国解决运输纠纷的途径一般有四种：当事人自行协商解决、调解、仲裁和诉讼。其中诉讼和仲裁是通过司法和准司法的途径解决。

1. 当事人自行协商解决

运输纠纷出现后，大多数的情况下，纠纷双方考虑到多年或良好的合作关系和商业因素，就双方争议的问题一般采取友好协商解决的办法，同时为以后的进一步合作打下基础。

2. 调解

运输纠纷出现后，双方自行无法就争议的问题协商解决，还可以通过调解来结束纠纷或争议，即通过纠纷处理机构或第三人的调解，对双方争议的问题达成一致意见，从而解决纠纷。

3. 仲裁

如果双方产生的分歧比较大，无法通过友好协商或调解解决，这时候就必须通过仲裁或诉讼来解决。

仲裁是指争议双方在争议发生前或争议发生后达成协议，自愿将争议提交仲裁机构做出裁决的一种解决争议的方法。

纠纷双方提出申请，并按仲裁规则指定一名或多名仲裁员，仲裁员通常是与该行业有关的商业人士或专业人士，仲裁员根据仲裁规则对该纠纷做出裁决，一经做出即发生法律效力，对双方均具有约束力。

仲裁机构做出的仲裁裁决在我国执行相对容易，我国仲裁裁决在国外的执行和外国仲裁裁决在我国执行比较复杂，仲裁裁决国外执行的公约是1958年制定的《承认与执行外国仲裁裁决的公约》（《纽约公约》）。我国于1986年12月2日参加了该公约。这样，在我国和其他公约国之间的仲裁裁决的相互执行应依据该公约的规定进行。在和没有加入公约的国家之间，裁决的执行在我国是按对等原则进行。用仲裁解决纠纷，由于仲裁员具有该行业的专业知识、经验和相应的法律知识，因此所做出的裁决通常符合商业精神，而且仲裁速度较快，费用也较法院诉讼节约。

4. 诉讼

诉讼是解决经济纠纷的重要手段，凡是其他方法难以解决的纠纷均可以由法院审理查明，做出判决、裁定，并在必要时强制执行。按照我国的诉讼程序，各种运输纠纷均可以由一方或双方向有管辖权的法院起诉，然后由法院根据适用法律和事实进行审理，最后做出判决。对做出的判决，当事双方或其中一方不服的，可以根据诉讼法进行上诉、申诉等。采用法院诉讼方式解决纠纷，耗时又费钱。

为了更好地处理运输类纠纷，我国设立了专门受理海事纠纷的法院——海事法院，还颁布了专门适用于海事案件审理的程序法——《中华人民共和国海事诉讼特别程序法》。

5. 索赔时效和诉讼时效

各种纠纷如果必须诉之于司法或准司法机构，则索赔时效和诉讼时效是一重要概念。规定时效是为了促进当事人及时行使自己的权利，早日消除不确定的法律关系，而由法律规定的一段特定的时间。如果一方当事人超过时效才行使自己的索赔和诉讼请求权，则通常会丧失胜诉权。

（1）索赔时效。①海上运输的索赔时效。我国海商法规定，就海上货物运输向承运人要求赔偿的请求权，时效期间为一年，自承运人交付或者应当交付货物之日起计算。在时效期间内或者时效期间届满后，被认为负有责任的人应向第三人提起追偿请求，时效期间为 90 日。自追偿请求解决原赔偿请求之日起计算。有关航次租船合同的请求权，时效期间为二年，自知道或者应当知道权利被侵害之日起计算。

②道路运输的索赔时效。因道路运输的纠纷要求赔偿的有效期限，从货物开票之日起，不得超过 6 个月。从提出赔偿要求之日起，责任方应在 2 个月内做出处理。

③铁路运输的索赔时效。发货人或收货人根据铁路运输合同向铁路提出赔偿请求，以及铁路对发货人或收货人关于支付运送费用、罚款和赔偿损失的要求，可在 9 个月期间内提出；货物运到逾期的赔偿请求，应在 2 个月期间内提出。上述期限按如下方法计算：关于货物部分灭失、毁损、重量不足、腐坏或由于其他原因降低质量以及运到逾期的赔偿请求，自货物交付之日起计算；关于货物全部灭失的赔偿请求，自货物运到期限期满后 30 天起计算；关于补充支付运费、杂费、罚款的赔偿请求，或关于退还上述款额的赔偿请求，或由于运价适用不当以及费用计算错误所发生的订正清算的赔偿请求，自付款之日起计算。如未付款时，从货物交付之日起计算；关于支付变卖货物的余款的赔偿请求，自变卖货物之日起计算。

④航空运输的索赔时效。根据《华沙公约》，货物损害的索赔时效是 7 天，货物延迟的索赔时效是 14 天。《海牙议定书》的规定，货物损害索赔时效是 14 天，货物延迟的索赔时效是 21 天。

（2）诉讼时效。诉讼时效指权利人在法定期间内不行使权利就丧失请求人民法院予以保护的权利，即丧失胜诉权。诉讼时效期间从知道或者应当知道权利被侵害时起计算。诉讼时效因提起诉讼，当事人一方提出要求或者同意履行义务而中断。从中断时起，诉讼时效期间重新计算。诉讼时效中断后，出现新的中断事由可以引起诉讼时效再次中断，但要受 20 年最长诉讼时效的限制。

诉讼时效期间分为三种：普通诉讼时效期间为二年；特别诉讼时效期间为一年（身体受到伤害要求赔偿的；出售质量不合格商品未声明的，延付或拒付租金的，寄存财物被丢失或损毁的），最长诉讼时效期间为二十年。

■ 运输纠纷处理案例

1. 基本资料

2018 年 3 月初，美国纽约的高拉德兹公司（卖方）向伊朗的沙尼科 – 利昂达公司

（买方）出售13000吨袋装混合精炼白糖，双方签订了一份食糖销售合同，价格条件是CFR. Free out（船方不负责卸货费，由买方支付）。装运期为2018年的3～4月份，装运港为美国的波特兰港，卸货港为伊朗的伯思达·夏帕港。上述合同是参照"精炼糖公会"规定的基础上制定的，其中特地写道：

（1）一旦货物到达装运船船边，买方就得开始承担风险。

（2）买方一旦被提示载有"运费已付"字样的全套两份清洁提单，便须立即现付货款。

（3）仲裁在伦敦举行。

2018年3月20日，船舶靠泊印度的凯斯特拉港，4天后突发大火，致使200袋重约200.8吨的食糖遭受损害，其受害程度已排除作为商业价值的可能性。于是这批受损的食糖被重新卸船，其余一万多吨食糖则按时安全运抵目的港。

同年4月6日，船方签发两张提单，第一张写明装运的重量是12999.2吨，第二张写明装运的重量是200.8吨，它是以"Congen Bill"（"康金提单"是波罗的海国际航运公会提供的样板提单，适用于航次租船合同，不能作为联运提单使用）的格式签发的，上面载明"重量、尺码、数量、状态、内容和价值不详。鉴于遭到了火灾或用之于灭火的损失，本船宣布了共同海损，本提单所列之物业已全部卸于凯斯特拉港"。这两张提单交由银行议付结汇时，买方只接受第一张提单，买方和其开户行认为第二张提单"是一张不清洁提单"，以此为由拒绝接受。同时卖方的银行也拒收第二张提单。

2. 案件结果

关于本提单纠纷，首先交由精炼糖公会属下的法律委员会仲裁，仲裁委员们认为本提单确实是一张不清洁提单，从而作出了有利于买方，不利于卖方和船方的裁决。卖方和船方对裁决不服，于同年11月将这一诉讼交地方法院的法官康纳尔顿先生处理，康纳尔顿法官本案发表了精辟的见解，认为仲裁结果是不适当的，买方应该付款，银行应该结汇。接下来是买方不服向上一级法院提出上诉，上级法院的法官赞同康纳尔顿法官的判决。维持原判，买方败诉，买方和其银行最终还得按本提单的规定向卖方支付200吨的糖款，而卖方银行则应向船方支付这批食糖的运费。

■ 案例讨论

1. 基本理论

由承运人收到托运人交运的货物或将其装船后签发的国际海上货运提单，是国际海上货物运输中使用最广泛的一种合同形式。收货待运提单经承运人在提单正面加注"已装船"字样和装船日期并签字，也可以装船提单。在提单正面上，承运人必须对货物名称、数量、表面状况加以记载，承运人在提单上关于货物表面状况的描述是唯一能证明货物或其包装在装船时是否有缺陷的法律依据，从而在卸货时发现货物残损，承运人可以据此负责。提单内一般都印有"上列表面状况良好的货物已装船"字样，所以只要承运人确认货物表面状况良好，就不需要在提单上另加批注了。

2. 案例分析

在国际货物运输中，提单清洁与否与当事人有重要的利害关系。

（1）买方一般不愿意接受不清洁提单，因为一旦这种提单项下的货物因批注的事项在运输中遭到天灾或损害时，买方就不能要求承运人赔偿损失。

（2）银行也不愿接受不清洁提单，不清洁提单不能作为议付货款的依据。

（3）在实践中，不清洁提单很难作为物权凭证进行自由转让。

提单清洁与否完全是由承运人是否在提单上加注不良批注决定的。本案中承运人签发的两张提单上均无不良批注，对货物表面状况的描述是“货物表面状况良好”，据此足以认定本案中承运人签发的两种提单均应是清洁提单。

■ 总结与回顾

运输合同仅仅区分了承托双方的责任、义务和权利，对于运输途中货物可能的潜在风险起不到很好的保护作用，随着运输作业量的增加，运输中的不确定因素越来越多。因此运输货物保险随之产生，并取得了全面发展。本项目介绍了运输合同的含义、运输合同的主要条款以及《中华人民共和国合同法》中对运输合同的一般规定。陆上运输货物保险（火车、汽车）、海洋运输货物保险、航空运输货物保险等的险别、运输保险中的除外责任以及责任的起讫时间、索赔时效等。尽管运输合同尽可能明确责任，但是由于很多原因，会使运输中可能存在很多纠纷，对于这些纠纷的解决目前常用的方法有四种，分别为：协商谈判、调解、仲裁和诉讼。

实训活动方案十（3） 运输纠纷处理

1. 活动准备

（1）本实训以模拟公司为单位分别扮演原告、被告和审判委员会三方，要求人员分工有：审判长 1 人、审判员若干人、书记员 1 人；原告若干人、原告方辩护律师若干人；被告若干人、被告方辩护律师若干人。自行设计相关内容，以法律为准则、以事实为依据，在教师的指导下进行辩论，人人发言，积极参与，最后由审判长做出公正、合理的裁决——该损失由谁来承担。同时详细记录整个审判辩论过程，每个环节中存在的问题，解决方法。最后经整理资料、分析合议，做出具有一定水平的判决书。

（2）资料准备：运输纠纷案例、法庭组成人员标牌、记录本等。

（3）案例放送：以本项目运输货物合同中的案例资料，由柳州冶炼公司向澳大利亚 A 公司出售价值 14. 8 万美元的氧化锌 20 吨，在澳大利亚交货。在办理出口过程中，柳州冶炼公司委托黄埔集装箱公司装箱，这批氧化锌先被配装到一个 20 英尺的集装箱。同年 12 月 17 日，这批货被正式装箱，中国外轮理货总公司广州分公司（船公司——承运人）进行了理货。随后办理了相关的货物出口报关手续，黄埔海关验讫放行。货物在黄埔港装船时，广州理货公司进行了再次理货。当货物运抵澳大利亚布里斯班，收货人打开集装箱时，却惊觉里面不是氧化锌，而是磷酸三钠。由于货物不符，收货人拒收。

柳州冶炼公司发的货物没了下落，只好重新向收货人发货。为了挽回经济损失，随即向广州海事法院提起诉讼。

2. 活动方案

（1）根据案例放送资料，每组（模拟公司）温习相关知识，按能力目标、知识目标，整理所收集的资料。

（2）熟悉运输纠纷的含义、运输纠纷类型，掌握运输纠纷解决的途径和方法。

（3）在学院教室或实训室明确本活动的工作任务，指定扮演角色，完成公正合理的运输纠纷处理，形成判决书，上交教师收集，归类存档。

课堂训练十

一、单项选择题

1. 运输合同的主体是（　　）。

A. 承托双方　B. 货物　C. 旅客　D. 运输行为

2. 运输工具保险和运输货物保险属于（　　）。

A. 责任保险　B. 人身保险　C. 财产保险　D. 保证保险

3. 运输保险的最大特征是保险标的（　　）。

A. 以约定航程为准　B. 处于运行状态

C. 出险地点多在异地　D. 意外事故的发生通常与第三方有密切关系

4. 货物运输保险采取自愿的原则，一般由（　　）自行确定。

A. 托运人　B. 承运人　C. 收货人　D. 保险公司

二、多项选择题

1. 签订运输合同的程序是（　　）。

A. 提出托运申请　B. 审核受理

C. 协商谈判　D. 签订合同

2. 运输货物保险的特点主要表现在（　　）。

A. 承保标的的流动性　B. 保险合同可以背书转让

C. 保险期限以约定航程为准　D. 海洋货物运输保险业务量最大

3. 按照险别承保范围及相关关系，以下哪些险种可以单独承保（　　）。

A. 基本险　B. 综合险　C. 附加险　D. 一切险

4. 附加险只能附加在（　　）之上。

A. 基本险　B. 综合险　C. 附加险　D. 一切险

5. 附加险包括（　　）。

A. 集合附加险　B. 单独附加险　C. 一般附加险　D. 特殊附加险

6. 机动车辆保险主要险别包括（　　）。

A. 商业险　B. 旅客法定责任险

C. 交强险　D. 附加险

7. 在中国，航空保险的基本险有（　　）。

A. 机身险　B. 第三者责任险

C. 旅客法定责任险　D. 附加险

8. 在海运货物保险中，保险人的承保范围包括（　　）。

A. 可保障的风险　B. 可补偿的损失

C. 可承担的费用　　　　　　　　D. 可获得的利益

9. 全部损失是指运输途中的整批货物或不可分割的一批货物的全部损失，可分为（　　）。

A. 实际全损　　B. 推定全损　　C. 共同海损　　D. 单独海损

10. 我国解决运输纠纷的途径一般有（　　）。

A. 自行协商解决　　　　　　　　B. 第三方调解

C. 仲裁机构仲裁　　　　　　　　D. 法院诉讼

11. 协商谈判中必须遵守（　　）。

A. 合法原则　　　　　　　　　　B. 公平与自治原则

C. 合情合理原则　　　　　　　　D. 自律和诚信原则

12. 当事人申请仲裁应当符合下列条件：（　　）。

A. 有争议双方的仲裁协议　　　　B. 有具体的仲裁请求、事实和理由

C. 属于仲裁委员会的受理范围　　D. 程序灵活、费用低

三、判断题

1. 第三者责任保险的主要目的在于维护公众的安全与利益。（　　）

2. 机动车辆第三者责任险是承保所有在使用被保险车辆时因发生意外事故导致的第三者的损害索赔危险的一种保险。（　　）

3. 本车的驾驶人员及本车上的一切人员和财产在交通事故中的损失，不在第三者责任保险负责赔偿之列。（　　）

4. 机动车辆的附加险客户不能根据自己的需要选择，而是作为法定保险并强制实施。（　　）

5. 船舶保险主要承保船舶在水上航行或在港内停泊时遭遇自然灾害和意外事故所造成的全部损失或部分损失。（　　）

6. 运输纠纷出现后可以通过调解方式来解决，成功与否完全依赖于双方当事人的意愿。（　　）

四、概念题

运输合同　保险　海上风险　运输纠纷

参考文献

[1]石磊.物流运输管理[M].上海:上海交通大学出版社,2009.
[2]朱仕兄.物流运输管理实务[M].北京:北京交通大学出版社,2009.
[3]杨庆云.物流运输管理[M].北京:中国轻工业出版社,2005.
[4]刘来平.物流运输管理实务[M].北京:化学工业出版社,2007.
[5]张周堂.现代物流与道路货物运输[M].北京:人民交通出版社,2003.
[6]姜宏.物流运输技术与实务[M].北京:人民交通出版社,2002.
[7]杜鹃.保险学基础[M].上海财经大学出版社,2003.
[8]杨茅甑.集装箱运输实务[M].北京:高等教育出版社,2004.
[9]尹东年,郭瑜.海上货物运输法[M].北京:人民法院出版社,2000.
[10]钟永祺,张慧兰.装卸安全须知[M].北京:人民交通出版社,1996.
[11]夏洪山.现代航空运输管理[M].北京:人民交通出版社,2000.
[12]徐天亮.运输与配送[M].北京:人民交通出版社,2001.
[13]徐大振,陈道军.交通运输管理概论[M].北京:人民交通出版社,2003.
[14]何景师,潘旲明.物流运输组织与管理[M].北京:中国轻工业出版社,2015.